Foto: Thomas Dietrich

Katja Aschke, geb. 1936 in Hanau am Main. Aufgewachsen in der DDR. Nach dem Abitur abgeschlossene Ausbildungen als Modegraphikerin und Schauspielerin (Max-Reinhardt-Schule) in Berlin (West).

Veröffentlichung von Gedichten, Feuilletons, Hörspielen beim Rundfunk. 1970–74 Chefredakteurin der Zeitschriften ‹Wir heiraten› und ‹Der Mann› in München. 1975–1981 Studium der Publizistik und Germanistik in Berlin. Parallel dazu Arbeit als freie Filmemacherin. Insgesamt 33 Filme, darunter: Karriere in Kasernen (1976), Keine Lust zum Kinderkriegen (1978), Frauen um 85 (1979), Ich kann doch nicht einfach jemanden ansprechen (1979), Haben Sie denn nie gearbeitet? (1980), Christiane F. (1982), Leute machen Kleider (1983), Junge Spinner, alte Knacker (1985), Mode – made in Germany (1988), Jede Menge Stoff (1989). Mehrere erste Preise für Filme über alte Menschen in unserer Gesellschaft.

Buchveröffentlichung: Was geh'n mich alte Leute an? (Beltz, 1984)

Katja Aschke (Herausgeberin)

Kleider machen viele Leute

Mode machen – aber wie?

rororo
Rowohlt

Herausgegeben von Alice Franck

Umschlaggestaltung Walter Hellmann

Originalausgabe
Veröffentlicht im Rowohlt Taschenbuch Verlag GmbH,
Reinbek bei Hamburg, November 1989

Gesetzt aus der Garamond (Linotron 202)
Gesamtherstellung Clausen & Bosse, Leck
Printed in Germany
1280-ISBN 3 499 12568 4

Inhalt

Vorwort

Kleider machen viele Leute

Was dieses Buch will...

«Ein Modebuch ohne Bilder...? Das ist ja wie Disco ohne Musik!» Das war noch die freundlichste Bemerkung zu diesem Buchprojekt, wenn ich Fachleute ansprach, um sie als Autoren zu gewinnen.

Der Einwand ist richtig – und falsch zugleich.

Bilder über Mode können wir jeden Tag an jedem Kiosk hundertfach sehen, kaufen – und wieder vergessen. Morgen kommen neue Bilder, übermorgen neuere. Das ist Mode, ist ihr erbarmungsloser Hunger nach dem immer und immer wieder Neuesten.

Und doch hat die Mode eine Grundlage, die nach einem weniger gnadenlosen Rhythmus funktioniert: das Handwerk, das Wissen, die Erfahrung.

Jedes Jahr strömen allein aus den staatlichen Modeschulen in der Bundesrepublik tausend diplomierte Designer auf den Modemarkt. Die Zahl der an privaten Schulen ausgebildeten Designer ist um ein Vielfaches höher. Sie alle wollen in einem Beruf arbeiten, von dessen Glanz und Möglichkeiten sie fasziniert sind, von dessen Praxis jedoch die wenigsten Genaueres wissen.

Alles Wissenswerte läßt sich vielleicht in einer Enzyklopädie zusammentragen, nicht in einem kleinen Buch wie diesem. Was dieses Buch jedoch leisten kann, ist, die Tür einen Spalt breit zu öffnen und einen Einblick in die sehr unterschiedlichen Bereiche der Modeszene zu vermitteln, in das facettenreiche Kaleidoskop eines Industriezweiges, der nach langen Jahren der Krise heute so erfolgreich ist wie kaum ein anderer.

Designer, Konfektionäre, Stoffeinkäufer, Textilingenieure, Redakteure, Fotografen, Stylisten und Ausbilder berichten vom Alltag eines Metiers, das den meisten nur als eine hochglanzpolierte Welt aus

Glamour und Glitzer bekannt ist. Doch hinter dem Glanz steht immer harte, pünktliche und präzise Arbeit, und mehr denn je gilt heute das geflügelte Wort der alten Berliner Konfektionäre: «Jeklatscht is noch nich jekooft…!»

Und deshalb ist dies kein Modebericht zum Blättern wie unsere Modezeitschriften, sondern Lese-Buch für alle, die die Mode lieben und besonders für jene, die am Anfang des Weges stehen, der sie vielen interessanten Berufen – und vielleicht auch – ihrem Traumberuf entgegenführt, denn: Kleider … Kleider machen viele Leute…

Katja Aschke
Herbst 1989

I Der Traumberuf

«Das Leben ist gar nicht so,
Es ist ganz anders.»

Kurt Tucholsky

Katja Aschke

Der Traumberuf

Eigentlich wollen alle nur Designer werden...

Die Welt aus Samt und Seide, Champagner, Klatsch und Tratsch. Gleißendes Scheinwerferlicht, rote, blaue, violette Verfolger. Künstlicher Nebel. Das leise Trommelfeuer klickender Kameraverschlüsse. Fernsehteams, die sich auf die Füße treten – und dann – Applaus:

Von Models umringt, umarmt, geküßt, erscheint, mal strahlend, mal scheu, der Star: der Designer – die Designerin.

Hundertmal hat man das im Fernsehen gesehen oder sogar life, im «richtigen Leben»... Ist es ein Wunder, daß fast alle jungen Leute, die ‹irgendwas› mit Mode machen wollen, sich am liebsten in dieser Rolle sähen?

«Sie haben Rosinen im Kopf», sagen die Leute aus der Praxis, die Lehrer an den Berufsfachschulen, Fachschulen, Fachhochschulen und an den Hochschulen. «Sie wollen alle nur Designer werden, träumen vom Starruhm, haben ja keine Ahnung von der Wirklichkeit», und die Leute aus der Praxis meinen damit, daß sie x-mal mehr zerborstene Designerträume als erfolgreiche Designer erlebt haben.

Wie ist die Wirklichkeit?

Die Wirklichkeit bietet im Bereich Mode mehr Möglichkeiten als je zuvor. Der Textilindustrie fehlt es an Nachwuchs. Fehlt es ihr an Designern? An ausgezeichneten immer, an durchschnittlichen nicht. Was ihr fehlt, sind Textilingenieure und Bekleidungstechniker, möglichst mit Sprachkenntnissen für die immer größer werdende internationale Verflechtung der Fertigungsbereiche. Aber dahin drängt es den Nachwuchs kaum. Für die meisten ist, umgeben von einer Aura unbegrenzter Kreativität mit allen ihren glänzenden Entfaltungsmög-

lichkeiten, allein der «Designer» das erstrebenswerte Ziel. Und ich frage, aller Unkenrufe zum Trotz:
Na und? Warum denn nicht?

Wir leben in einer Gesellschaft, in der die meisten Menschen mehr übereinander als miteinander sprechen, in der Familie, in der Partnerschaft, im Berufsleben. Wieviel glauben wir von anderen zu wissen, ohne jemals selbst mit ihnen gesprochen zu haben! Mit wieviel Hochmut maßen sich Erwachsene täglich an, über «die Jugend» zu urteilen, ohne direkten Kontakt zu ihr zu haben. Wir kennen die Klischees: wie leicht sie es heute hat (früher... und so weiter, und so weiter), wie verwöhnt sie ist, wie faul...

Ich wollte direkt etwas von den jungen Leuten (von denen, die die Rosinen im Kopf haben) erfahren und habe einen Fragebogen konzipiert. In ihm habe ich sie nach ihren Berufszielen, ihrer Motivation, dem eventuellen Idealbild ihrer angestrebten Tätigkeit gefragt, auch nach den Bereichen, in denen sie mit ihrer Ausbildung auf keinen Fall arbeiten wollen, und nach ihrem Verhältnis zu den ihnen immer wieder von den Erwachsenen gepredigten Begriffen wie «Disziplin», «Fleiß» und «Pflichterfüllung». Diesen Fragebogen habe ich mit der freundlichen Unterstützung der jeweiligen Lehrer in unterschiedlichen Schulen an Studenten der Fachbereiche Mode-Design und Textil-Design verteilt. Das Ergebnis: hundert vollständig ausgefüllte Bögen kamen zurück. Das ist nicht überwältigend viel und schon gar nicht repräsentativ, aber es gibt – besonders durch die große Übereinstimmung vieler Antworten – doch einen lebendigen und interessanten Einblick in die Einstellung junger Menschen zu einigen Fragen, zu denen sie sich gewöhnlich nicht so offen äußern. Möglicherweise ist die gezeigte Offenheit durch die Anonymität, die ich ihnen angeboten hatte, begründet.

Wieder einmal, wie bei meinen Filmen, die ich mit und über junge Menschen gedreht habe, wurde deutlich, wie ernsthaft und aufrichtig geantwortet wurde. Zwar haben die meisten Studenten absolut nebulöse Vorstellungen von der Arbeit eines Designers, andererseits aber erstaunlich viel idealistische Ansätze, wie sie ihrer Vorstellung nach dem Traumziel näherkommen wollen. Vielleicht sind die überwiegend positiven Antworten auf die Frage, welche persönlichen Eigenschaften sie als wichtigste Voraussetzung für den beruflichen Erfolg ansehen, nur leicht dahingeschriebene Worte. Aber das Spektrum unserer Worte ist groß, warum also immer die gleichen – und warum gerade diese?

Bezeichnenderweise tauchten Begriffe wie:

– Ellenbogen,
– Starrsinn,
– Frechheit,
– Härte,
– Ehrgeiz

viel seltener auf als zum Beispiel:

– Charakterfestigkeit,
– Offenheit,
– Verantwortungsbewußtsein,
– Ausdauer,
– Selbstdisziplin oder
– Begeisterung.

Das ist immerhin, neben dem kreativen Potential, das alle ganz selbstverständlich zu besitzen glauben, ein erstaunlicher Beweis von Einsicht – oder vom guten Zugehörthaben im Unterricht.

Wenn Jugendliche Berufe ergreifen wollen, von denen Erwachsene gewöhnlich sagen: «Lern' erst mal was Ordentliches!», also, wenn sie Schauspieler, Tänzer, Sänger, Maler oder eben Designer werden wollen, müssen sie ein ganz besonderes Feuer in sich haben. Mit Larifariträumen allein läßt sich die Aufnahmeprüfung nicht bestehen, denn nur jeder 10. Bewerber wird im Durchschnitt aufgenommen. Haben sie mit ihrer «Mappe» jedoch diese Hürde erst einmal genommen, wird es sich schon erweisen, ob sie den Anforderungen der Ausbildung und später denen der Praxis standhalten können – und wollen. Wo sonst, wenn nicht auf einer Schule, sollen sie die Möglichkeiten und auch die Grenzen ihrer eigenen Begabung kennenlernen? Interessanterweise kamen die Antworten der wenigen, die nicht Designer werden wollen – unter hundert ganze sieben –, von Studenten, die bereits länger in der Praxis gearbeitet hatten: sie wollten Coloristin, Stoffeinkäufer und Textilrestaurator werden («weil ich den Stress als Designer nicht aushalten könnte.») Zwei möchten als Illustratoren, zwei andere als Modejournalisten arbeiten. Ohne Träume ist das Leben arm. Nur sie ermutigen uns, uns auszuprobieren. Es ist das Recht der Jugend, alles zu wollen und alles für möglich zu halten. Noch liegt das Leben vor ihr wie ein Ozean von Zeit. Gottfried Keller hat die

Unvereinbarkeit der Lebensansprüche junger und älterer Menschen gut beobachtet, als er schrieb:

> «Für die Jugend ist das Leben eine unendlich lange Zukunft, für die Alten eine unendlich kurze Vergangenheit. Man muß sehr lange gelebt haben, um zu wissen, wie kurz das Leben ist.»

So alt muß man gar nicht sein, um eines Morgens erstaunt im Spiegel festzustellen: Das bist du? Gestern warst du doch noch ganz jung... Plötzlich weiß man, daß man vieles, was man immer noch machen wollte, nun nicht mehr machen kann. Also lernt man, sorgfältiger mit der Zeit umzugehen, Überflüssiges wegzulassen, sich auf das Wesentliche zu konzentrieren.

Von jungen Leuten kann man das nicht erwarten, sie müssen eine Chance haben, vieles zu versuchen, um ihren Weg zu finden. Und natürlich wollen fast alle ganz neue Wege gehen, Ideen umsetzen, die es noch nie gegeben hat, wollen anders leben als die Erwachsenen, die sie oft zu Recht für bescheuert halten, für spießig und unaufrichtig.

Noch haben sie, jedenfalls sehr viele von ihnen, eine überraschend ideale Vorstellung von der Welt, in der sie leben und arbeiten möchten, trotz der alltäglichen Bedrohung dieser Welt. Noch sind sie der Spiegel dessen, was ihnen in ihrer Kindheit und Jugend von den Erwachsenen vorgelebt und als bewußter oder unbewußter Wertmaßstab mitgegeben worden ist: so sind viele schon total auf wirtschaftlichen Erfolg programmiert, andere aber haben sehr viel mehr Ideale, als viele Erwachsene sich vorstellen können. Immer wieder haben sie auf die Frage nach für sie positiven Begriffen aus der Arbeitswelt geantwortet:

- Achtung füreinander,
- Teamwork,
- Gutes Arbeitsklima,
- Genaues Arbeiten,
- Handwerkliches Können,
- Zuverlässigkeit,
- Verantwortung,
- Kompetenz,
- Liebe zur Arbeit.

Dem gegenüber steht bei vielen die deutliche Erwartung des finanziellen Erfolges, ausgedrückt in den Klischees vom Highlife des Designerlebens:

- Viel Geld,
- viele Reisen,
- schnelle Autos,
- Luxus,
- viel Freiheit,
- viel Freizeit.

Alle aber bauen darauf, daß ihre Kreativität, die sie fast ausnahmslos als persönliche Motivation für das Berufsziel angeben, die ausreichende Basis für die Bewährung im rauhen Wind der Praxis ist. Nur eine Studentin mit abgeschlossener Schneiderlehre gab in beachtlicher Offenheit als Motivation an: «...weil ich nichts anderes kann...»

Bertolt Brecht hat den Wert der Begabung für den Erfolg so eingeschätzt: «Talent sind zehn Prozent, die anderen neunzig sind Arbeit.»

Schlechte Karten für Träumer? Irgendwann ja, wenn sie aus dem Schutzwall der Ausbildung kommen und immer noch der festen Überzeugung sind, die Welt draußen warte ganz allein nur auf sie. Aber tun das so viele? Daß die Mode in ihrem unerbittlichen Hunger nach immer Neuem ein Moloch ist, der die, die sich mit ihr einlassen, fast verschlingt, ist nicht erst seit dem erbarmungslosen Rhythmus unserer immer schneller aufeinanderfolgenden Saisons bekannt. Christian Dior, der in den fünfziger Jahren schon 3000 Angestellte und Niederlassungen in 24 Ländern hatte, fühlte sich von ihr ebenso fasziniert wie von ihrer Gier fast erdrückt. Für ihn war die Mode: «ein teuflischer Kreislauf, der mein Leben verzaubert – zu Glück und zu Qual.»

Mode kann eigentlich nur machen, wer besessen ist von diesem seltsamen Phänomen. Sein Herz darf nicht lauwarm sein, es muß brennen. Erbarmungslos folgt Kollektion auf Kollektion. Noch sind die Kundenrechnungen von der letzten nicht bezahlt, und schon hat die nächste bereits wieder immense neue Kosten verursacht. Ohne potenten Geldgeber im Rücken schafft das ein kreativer Mensch nur unter Einsatz aller seiner Kräfte – und jedesmal mit dem Herzklopfen, ob er in der nächsten Saison überhaupt weitermachen kann. Aber von diesen Ängsten sieht man nichts – auf dem Laufsteg und in die Kameras wird immer nur gelächelt.

Angesichts der Antworten der Studenten auf die Frage, was sie mit ihrer Ausbildung keinesfalls machen wollen, könnte man den Eindruck gewinnen, hinter ihnen allen läge bereits ein intensives Praktikum in Konfektionsbetrieben oder Fabriken, so entschlossen formulierten sie ihre Abgrenzungen. Allein 37 Studentinnen möchten keinesfalls als ‹Schnittdirectrice› arbeiten, «weil ich keine Lust habe, für die deutsche Konfektion hausbackene Röcke und Blusen zu entwerfen, die nur an kommerziellen und nicht an künstlerischen Maßstäben gemessen werden.»

Mehr als die Hälfte aller Studierenden wollen nicht in die Industrie gehen, weil es sie «ankotzt». «Ich will nicht in einer dreckigen Fabrik sitzen und Leute rumkommandieren oder vor einem Computer sitzen.» Anderen scheint eine Zukunft als «kleine Angestellte», wo sie «in der Masse untergehen», das Schlimmste zu sein, was die Realität ihnen anbieten könnte. Und viele wollen keinesfalls in einem Unternehmen arbeiten, mit dessen Produkten sie sich nicht identifizieren können: «Ich will mein Können zeigen, und das kann ich nicht, wenn ich Woolworth-Kollektionen entwerfen soll.» Einer immerhin bekennt, daß er niemals «Chef einer großen Firma» werden möchte, weil das einfach «zu große Verantwortung» bedeute.

Fast alle aber haben sie Angst vor Routine, fürchten, daß ihre Kreativität und ihre Sensibilität im kommerziellen Einsatz verloren gehe.

Die Arbeit in der Industrie ist für viele ein absolutes Schreckgespenst, da es aber gerade die Industrie ist, die Nachwuchs braucht, müssen hier neue Wege der Information gesucht werden. Betriebsbesichtigungen allein können das nicht leisten, dabei vermittelt sich wenig Wesentliches und eher sogar oft Mißverständliches. Neue Wege, das heißt, das Gejammer auf beiden Seiten – hier Industrie- da die Ausbildungsstätten – muß aufhören und eine Suche nach neuen Informationsformen beginnen. So sollten nicht nur Designer zu Gastvorträgen eingeladen werden, sondern Praktiker aus allen den Bereichen, wo es wirklich an Nachwuchs fehlt. Und die Industrie, die in den letzten Jahren Rekordgewinne und enorme Investitionen in ihre Maschinenparks und in neue Technologien gemacht hat, muß nun beginnen, auch in ihren Mitarbeiterstab zu investieren. Einige tun das, viele nicht, denn es erfordert ein neues Denken.

Bei den Dreharbeiten zu den Filmen «Mode – made in Germany» und «Jede Menge Stoff» habe ich unterschiedlichste Firmen und Firmenstrukturen kennengelernt, und es wurde immer wieder deutlich: Jedes Unternehmen ist so gut wie der Mann oder die Frau, die an seiner Spitze steht. Jeder weiß, daß die Löhne in der

Textilindustrie zu den unteren auf der Tarifskala gehören. Doch neue Tarifverhandlungen können angesichts der schwankenden Saisongeschäfte in der Textilindustrie nicht die Konsequenz sein, weil die wenigen kleinen Betriebe, die es noch gibt, dann nicht mehr konkurrenzfähig wären. Aber wenn die schönen, bei Ehrungen so oft geäußerten Worte vom «Erfolg, der ohne unsere zuverlässigen Mitarbeiter nicht möglich gewesen wäre» keine leeren Worte sein sollen, dann müssen erfolgreiche Unternehmen ihre Mitarbeiter am finanziellen Erfolg der jeweiligen Saison beteiligen. Das hieße nicht nur Aussicht auf zeitweilig bessere Einkünfte anzubieten, sondern darüber hinaus aus der kreativen Partnerschaft auch eine soziale Partnerschaft zu machen.

So könnte der von der Industrie angebotene Chancenreichtum an Betätigungsfeldern zu einer wirklich überzeugenden Herausforderung werden. Den ersten Schritt auf diesem Weg müssen nicht die Studenten, sondern die Unternehmen machen.

Die Studenten aber sollen ihre Chance nutzen, eine Chance, die bis vor wenigen Jahren immer nur Angehörigen einer elitären Oberschicht vorbehalten war: sich ausprobieren zu dürfen. Niemals zuvor war es möglich, zwei, drei Studienzweige kennenzulernen. Sollen sie nach den Sternen greifen, nur so lernen sie sich und vieles, was ihnen sonst für immer unbekannt geblieben wäre, kennen.

Ich habe viele Filme über das Leben alter und alternder Menschen gemacht und in unendlich vielen Vorgesprächen und Interviews immer wieder gehört, daß die meisten von ihnen viel lieber einen anderen Beruf ergriffen hätten, als sie in Wirklichkeit hatten. Politische Umstände, soziale Not oder familiäre Engstirnigkeit hatten es verhindert. So wurden sie etwas ganz Anderes und haben sich, da sie keine andere Wahl hatten, damit arrangiert. Nie haben sie erfahren, ob sie ein guter oder mittelmäßiger Arzt, Jurist, Schauspieler oder Maßschneider mit einem kleinen Salon geworden wären. Mit Wehmut denken sie an diesen erzwungenen Verzicht und haben sich in Gedanken natürlich immer ganz oben in ihrem Traumberuf gesehen. Hätten sie die Chance gehabt, ihn zu erlernen und zu erleben, hätten sie vielleicht einsehen müssen, daß sie dafür gar nicht so geeignet waren, wie sie zu sein glaubten – und wären in ihren realen Berufen zufriedener geworden.

Also – sollen die jungen modeinteressierten Leute heute doch alle erst mal das Ziel verfolgen, große, unverwechselbare und gefeierte Designer zu werden.

Die Entschlossenheit, mit der sie dieses Ziel verfolgen, ist der einzige Weg, auf dem sie ihm mit Sicherheit wirklich näherkommen können.

II Die Wirklichkeit des Traumberufs

«Vielleicht hast du nur ein paar Pfennige in der Tasche
und keine rosigen Zukunftsaussichten,
aber wenn du neu eingekleidet bist,
stehst du an der Straßenecke und kannst dich
wie Clark Gable oder Greta Garbo fühlen.»

George Orwell

Katja Aschke

‹Von wegen: immer mit der Hand in den Perlmuttknöpfen fummeln...›

Wolfgang Joop über sich und seine Arbeit

Einfach war es nicht.

Telefonate, Fernschreiben, Briefe. Endlich eine Verabredung. Noch beim Einstieg in die Maschine, die mich von Berlin nach Hamburg bringen soll, die Nachricht, daß Joop wegen Nebel in Mailand festsitze. Wochen vergehen: Telefonate, Fernschreiben, Briefe. Endlich ein neuer Termin: am Tag nach seiner Show in München, im Hotel.

In München: neue Konfusionen. Weder das Hotel stimmt, noch der Zeitpunkt ist vorgemerkt, noch weiß Joop selbst etwas von diesem Termin. Sind das Star-Allüren? Ich nehme mir vor, ihn danach zu fragen – wenn ich ihn jemals treffen sollte.

Eine neue Verabredung: 2 Stunden später im Hotel ‹Vier Jahreszeiten›. Ich bin pünktlich, warte unten in der Halle, es dauert und dauert. Dann kommt er, eilig, nervös, liebenswürdig, und irgendwie bin ich entwaffnet, obwohl er sofort zum Showroom in ein anderes Hotel muß. Wir fahren im Taxi dorthin, treffen dort auf die erwartungsvolle Runde seiner Kunden, die sich freuen, den Meister selbst zu sehen. Er geht von einem zum anderen, das ist wichtig, es sind große Kunden. Das Interview scheint vergessen.

In zwei Stunden startet die letzte Maschine nach Berlin, die ich kriegen muß. Endlich kommt er, und auch jetzt bin ich entwaffnet, auch jetzt verraucht der Zorn. Zweifellos: dieser Mann hat etwas Besonderes, das berühmte «gewisse Etwas», und jeder, der sich davon einfangen läßt, muß dafür zahlen. Wieder ein Taxi und wieder zurück zum Hotel ‹Vier Jahreszeiten›. In der dicht besetzten Halle sucht er nach einem Platz für uns, ich protestiere. Nein, nicht hier, denn hier fliegen die Köpfe nach ihm herum, nicken ihm Gäste bewundernd zu, ein Winken da, ein Grußwort hier, schon im Vorübergehen wird er zum Mittelpunkt, nein, so wird das nie was. In der letzten Ecke der Halle, hinter einer Säule, als Deckung, finden wir einen kleinen leeren Tisch.

Endlich sitzen wir, und er hat etwas Bereitwilliges, fast Unschuldiges, als wäre das ganze Theater vorher nicht gewesen. Ich stelle mir vor, wie es wohl ist, mit ihm zu arbeiten und frage:

«Wenn sich jemand als Stylist bei Ihnen bewirbt – welche Chancen hat er?»

«Ich habe keine Stylisten. Ich mache alles allein: jeder Schuh, jeder Gürtel, jeder Schal, jeder Pullover, jeder Ohrring, alles ist original von mir gezeichnet.»

«Warum ist das so?»

«Ich habe so lange Jahre allein gearbeitet, daß es mir schwerfällt, mich auszutauschen, und dazu kommt, daß ich ein Tempo habe, das andere leicht demoralisiert. Wenn ich sehe, wie einer den ganzen Tag an einer Bluse rumfriemelt, dann könnte ich ihm das Blatt schon unter den Fingern wegziehen und es selbst machen, weil mir die Geduld fehlt. Ich bin ein schneller Arbeiter, ein schneller Zeichner und kann mich sofort auf unterschiedlichste Dinge konzentrieren, darauf sind die jungen Leute nicht trainiert. Wenn sie aus der Abgeschirmtheit und zeitlichen Unbegrenztheit einer Hochschule kommen und sehen, was bei mir abläuft, dann sind sie mit den Nerven runter. Und deshalb ist alles, was Sie auf einer Show sehen, original von mir.»

«Besteht nicht die Gefahr, daß die Lawine der Arbeit Sie eines Tages erschlägt?»

«Ja. Und vor allem ist es auch so, daß ich es mir nicht leisten kann, einen einzigen Tag auszufallen. Alles ist so eng miteinander verzahnt, es ist keine Luft mehr dazwischen, die Zeit läuft immer schneller in der Mode: immer früher zeigen, immer früher ausliefern, immer früher Stoffe bestellen, immer früher entwerfen. Es gibt keine Saisons mehr, alles rutscht ineinander. Wenn ich wirklich einmal – und das könnte ja passieren – eine Woche in Gips liegen müßte – dann wird es einfach verantwortungslos, keinen Zweiten zu haben. Ich bemühe mich auch immer wieder, aber es gelingt nicht. Ich habe es viermal probiert – und es ist viermal schiefgegangen.»

«Gescheitert an Ihrer Ungeduld, gescheitert an einer unzureichenden Ausbildung? Woran?»

«Meistens an einer praxisfernen Ausbildung. Dabei muß ich sagen, daß sich die Hochschule in Berlin, an der ich eine Professur habe, wirklich bemüht. Frau Prof. Jordan ist eine Frau, die sehr realistisch und sehr technisch orientiert lehrt. Aber die Grenzen liegen im Charakter der Hochschulausbildung an sich, eben allein schon daran, daß Abitur als Voraussetzung gilt. Mein Assistent muß kein Abitur haben. Er muß Talent haben und was vom Handwerk verstehen. Die meisten Hochschulabsolventen sind weder schnittechnisch, noch was die Verarbeitung angeht, auf dem neuesten Stand. Skizzen müssen heute keine Modeillustrationen mehr sein, die Zeiten sind vorbei. Im Zeichenunterricht der meisten Modeschulen werden merkwürdige Titelbilder entwickelt, für Frauenzeitschriften, die es gar nicht mehr gibt – da wird radiert, aquarelliert, gefriemelt. Alles Unsinn, denn wenn man sehr viel Zeit in eine Zeichnung investiert hat, fällt es schwer, sich von ihr zu trennen. Ich mache lieber 20 Zeichnungen und werfe 19 weg, um dann eine zu haben, die gut ist. Schnelles Skizzieren ist wichtig und schnittechnische Genauigkeit. Es darf nicht ‹irgendwie› so aussehen, sondern so, daß der Techniker es ganz klar umsetzen kann in den Schnitt.»

«Und doch bekommen Sie immer wieder Bewerbungen und bilden auch immer wieder junge Leute aus, wie läuft das dann?»

«Es ist leider so, daß sich viele bewerben, die einfach in meinen Dunstkreis vorrücken wollen, um sich dann, mit dem Glorienschein meines Namens versehen, schnell selbst zu profilieren. Das hat auch schon geklappt; wer bei mir war, wird woanders gut aufgenommen. Im Unterschied zu vielen jungen Leuten von heute hatte ich damals große Angst, mit meinem Namen an die Öffentlichkeit zu gehen. Dazu hatte man mich in einem schwachen Moment überredet. Heute bin ich froh, daß es geklappt hat, aber damals hatte ich einfach Angst, noch nicht professionell genug zu sein. Heute ist das ganz anders: wenn jungen Leuten heute mal ein Kleid oder ein Blazer gelingt, wollen sie am liebsten gleich eine PR-Agentur engagieren. Sie wollen berühmt sein, wollen ‹Modedesigner› sein. Vor fünf Jahren wußte kaum einer, was das war – und heute nennt sich ja schon jede kleine Schneiderin ‹Designerin›, der Beruf ist populär geworden, ist in die Nähe des ‹Popstars› gerückt, ist etwas, mit dem man schnell seine persönlichen Eitelkeiten befriedigen kann – und keiner ahnt, was dieser Beruf wirklich ist.»

«Wo wird denn die Kluft zwischen Ausbildung und den ersten Schritten in der Praxis am deutlichsten spürbar?»

«Mangelnde Praxis. Mangelnde Industrienähe. Die meisten stellen sich vor: ‹Designer›, das ist einer, der sitzt da, malt hübsche Kleider, fummelt im Chiffon 'rum und läßt die Perlmuttknöpfe durch die Finger rollen. Dann grabbelt er einem Modell am Slip und wartet auf die Eingebung der richtigen Drapierung. So stellen sich das die meisten vor. Wir arbeiten aber wie Industriedesigner, suchen nach den richtigen Stoffen, fünf Wochen lang, glauben, sie gefunden zu haben – und wenn sie dann ankommen, sehen sie oft völlig anders aus, sind hart wie'n Brett, weil sie nämlich auf den Messen vom vielen Anfassen ganz weich geworden waren... Wir haben aber unsere Schnitte und Entwürfe für einen weichen Stoff gemacht – und so etwas passiert dauernd! Doch die Produktionsmaschinerie setzt sich dann in Bewegung, wie ein Zahnrad, wo kein Rädchen ausfallen darf – und dabei muß man mit den unterschiedlichsten Mentalitäten der Menschen umgehen, damit dieses Räderwerk auch wirklich reibungslos funktioniert. Der eine Schnittmeister kann Röcke machen, aber keine Blazer, den anderen muß man loben, den dritten ständig antreiben, den vierten darf man auf keinen Fall antreiben – und das geht so bis zur Näherin. Von wegen, in Chiffon und Perlmuttknöpfen fummeln...

Es muß einfach funktionieren. Es muß klappen. Und das immer wieder von neuem in dieser untreuen Branche: heute habe ich meine Fans – und schon morgen sagen genau dieselben Leute ‹...der soll mich bloß in Ruhe lassen...› Wissen Sie, es geht schnell, ganz schnell.»

«Haben Sie Angst vor dieser Untreue?»

«Nein, ich rechne damit. Ich finde sie in diesem Beruf normal. In Amerika ist das noch viel extremer. Da kaufen sie heute Montana – und morgen gehen sie gar nicht mehr hin, ohne, daß er etwas verkehrt gemacht hätte. Plötzlich wird nicht mehr gezahlt – und weil man nicht zahlt, ist das plötzlich eine schlechte Marke, es geht von einem Tag zum anderen – und deshalb gehört schon ein besonderer Mut dazu, sich um dieses vage deutsche Kind zu kümmern.»

«Was meinen Sie mit ‹dieses vage deutsche Kind›?»

«Die Mode, die in Deutschland geboren ist, ist für mich ein Kind, das in der Zugluft steht, in ziemlich kalter Zugluft, und ich habe immer das Gefühl, ich muß es am Leben erhalten. Ich muß es an meine Brust drücken, daß es nicht stirbt. Und dafür brauche ich Hilfe im Hintergrund, und deshalb bin ich diese Partnerschaft eingegangen, daß nicht soviel passieren kann, daß die technischen Abläufe gewährleistet sind. Denn dieses unerbittliche Räderwerk der Kollektionen verlangt nicht nur genaueste Planung bis ins Kleinste, es stellt auch eine ungeheuere finanzielle Verantwortung dar. Eine Muster-Kollektion, wie ich sie gestern hier vorgestellt habe, kostet eine Million. Und da ist noch kein bißchen verkauft worden. Stellen Sie sich da einen Flop vor! Ohne Gehälter, das müssen Sie sich mal überlegen...

Wenn ich vielleicht auch nicht die ganz große Marke, wie vielleicht Karl Lagerfeld, geworden bin, dann möchte ich es doch wenigstens geschafft haben, daß wir so etwas wie eine ‹deutsche Mode› haben, denn ich war der erste, der überhaupt ein Gefühl für diesen Stil entwickelt hat. Ich muß auch nicht unbedingt in Mailand zeigen – Armani zeigt doch auch nicht in Berlin! Ich muß auch nicht alles englisch aussprechen, nur um international zu wirken. Hier habe ich meine Fans. Hier habe ich mein Publikum, hier sind die Leute, die verstehen, was ich erzähle. Auch wir Deutschen haben ein eigenes Parfum. Wir haben eine eigene Kultur, wir haben eine wunderbare Malerei, wir haben wunderbare Märchen, wir haben wunderbare Schriftsteller. Wir haben wunderbare Architekten und wunderbare Bildhauer.

Warum hören wir in der Mode auf und versuchen, da im Internationalen irgendwie mitzumischen?»

«Wie definieren Sie denn die Mode, die Sie machen?»

«Ich glaube, ich habe nie eine Mode gemacht, die so mittendrin war, bequem, mittellang, mittelkurz. Ich habe immer ein Statement abgegeben – und damit habe ich mir auch meine Fangemeinde aufgebaut, Frauen, die auf das neue Joop-Stück gewartet und oft auch dafür gespart haben. Sehen Sie, ich war immer eine sehr teure Marke, aber ich habe mit meiner Mode auch immer eine Sehnsucht hervorgerufen. Und das hat mich geschäftlich überleben lassen. Auch in der letzten Kollektion habe ich wieder diesen Mut zum Statement gezeigt, wo ich vorher Ängste hatte bis dorthinaus, daß ich meine Firma ruiniere, weil ich eben nicht in der Mitte bin, mitteleng, mittellang. Und weil ich auch immer dieses Freche, dieses nicht Bourgeoise, dieses nicht Abgesicherte mache. Die Mode, die ich mache, soll nie satt aussehen, oder so, als ob man aus einer besonderen Schicht kommt. Sie soll elegant aussehen, aber auch so, als ob die Frau, die das trägt, leicht verrückt ist im Kopf; eine Inszenierung, mit Witz, mit Noblesse und dabei auch irgendwie unberührbar. So muß es sein, das bin ich. Das Mittelmäßige ist für mich kein Statement, das Teure auch nicht, Kaschmir allein ist noch lange kein Design.

Ich weiß, ich verlange von Frauen eine Menge, denn meine Kleider kaschieren nicht, verstecken nicht, umspielen keine Problemtaillen oder -hüften. Meine Mode soll Herausforderung sein, nicht Lebenshilfe, deshalb mache ich keine Konzepte für business-outfits. Ich sehe in der Frau ein erotisches Gegenüber, nicht diese gelangweilten Kaschmir-Elsen mit ihrem Krokobeutel, die kann ich nicht leiden. Und für die will ich auch keine Mode machen, obwohl das finanziell der sehr viel sicherere Weg ist.»

«Das heißt, Sie begnügen sich mit einer sehr viel kleineren Zielgruppe als andere namhafte Designer?»

«Ja. Weil die Frauen, die ich anziehen will, mehr haben müssen als Geld, sie müssen selbst eine Ausstrahlung haben – und jedesmal, wenn ich diesen Frauen begegne, bin ich glücklich, weil ich sehe, daß auch sie glücklicher sind als die gelangweilten.»

Ingrid Loschek

Optimismus, Energie und Menschenliebe

Der Modeschöpfer und Designer Heinz Oestergaard

Es war 1982, als ich Heinz Oestergaard zum ersten Mal traf. Ich war zu einem Pressetreffen des Versandhauses «Quelle» eingeladen. «Der Oesti läßt sich entschuldigen, er kommt ein bißchen später», teilte mir die Gastgeberin und sehr beschäftigte Pressefotografin Gisela Them mit. Ich war angenehm überrascht über die vertraulich-kollegiale Anrede «Oesti», die sich später als äußerst zutreffender Name für diesen liebenswürdigen Menschen erwies. (Ich wußte bis dahin von Oestergaard nur, daß er ein gefeierter Modeschöpfer im Berlin der fünfziger Jahre gewesen war und daß er diese Position Mitte der sechziger Jahre mehr oder weniger spontan aufgegeben hatte, um Mode für ein Versandhaus zu machen.) Besonders einige junge Leute, Studenten aus Pforzheim, wo Oestergaard an der Fachhochschule für Gestaltung sechs Jahre die Fachrichtung Modedesign leitete, freuten sich auf sein Kommen. Ihre freundschaftliche Verbundenheit zu ihrem ehemaligen Professor war nicht zu übersehen.

Oestergaard trug –, da er gerade von der Eröffnung der Mode-Woche-München kam –, einen klassischen schwarzen Smoking, der jedoch durch eine farbig gemusterte Schleife und einen ebensolchen Kummerbund seine offenkundige Begeisterung für Modisches ausstrahlte.

Heinz Oestergaard, einige Journalistinnen, Studenten und ich diskutierten dann bis zwei Uhr in der Früh über die Mode und über Gott und die Welt. Man merkte deutlich, die Erinnerungen an Gestern verdrängten bei dem dynamisch und jugendlich gebliebenen Mann nie die Auseinandersetzung mit der Gegenwart und das Nachdenken über die Zukunft. Das Morgen ist ihm wichtiger als das Gestern; deshalb wohl schätzen ihn seine Studenten so sehr, und dies dürfte auch das Geheimnis all seiner Erfolge sein.

Wie alles anfing

Heinz Oestergaard stammt aus gutbürgerlicher Familie. Er wurde am 15. August 1916 in Berlin geboren. Sein Vater war Verlagsbuchhändler, sein Großvater ein berühmter Kartograph: «Ich durfte auf der leeren Rückseite ungebrauchter großer Landkarten malen. Ich zeichnete leidenschaftlich gern Menschen in Lebensgröße», erinnert sich Oestergaard. Bereits während des Besuchs des Prinz Heinrich-Gymnasiums in Berlin wurde ihm klar, daß er Modeschöpfer werden wollte. Seine Großmutter war entsetzt: «Das darf nicht wahr sein – mein Enkel wird Schneider!» Dennoch wurde sein Wunsch akzeptiert, wenn auch seiner Familie ein «seriöser» Beruf für ihn sehr viel lieber gewesen wäre.

Oestergaard verfolgte seinen Berufsplan konsequent. Er begann zunächst mit einem Kunststudium in Berlin bei Professor Breuhaus de Groot und bei Professor Otto Arpke, einem der bekanntesten Reklame- und Plakatzeichner der dreißiger Jahre. Anschließend absolvierte er die Hirsch'sche Zuschneideakademie; 1936 folgten Lehre und Ausbildung im Berliner Modehaus «Schröder-Eggeringhaus». Da sowohl er als auch seine Familie entschieden gegen den Nationalsozialismus eingestellt waren, gab es Probleme. Der junge Oestergaard wurde zum Arbeitsdienst eingezogen. Kaum entlassen, sprach er im «Salon Erich Vogel» vor, wo er von 1938–40 als Modeschöpfer arbeitete.

Es folgten Wehrdienst und russische Gefangenschaft, die eine große Belastung für den sensiblen jungen Mann darstellten und seine innere Kraft und sein Durchhaltevermögen auf harte Proben stellten. «Doch immer stand der Traum vor meinen Augen, schöne Dinge aus kostbaren Materialien zu gestalten.»

Als er aus der Gefangenschaft nach Hause kam, war seine Heimatstadt zu mehr als 40 Prozent zerstört. Die Trümmerfrauen in alten Militärhosen, Schürzen und Kopftüchern sahen kaum noch wie Frauen aus. Sein einziger Gedanke war: «Ich muß dafür sorgen, daß diese Frauen eines Tages wieder schön werden.» Aus Fabriken beschaffte er zur Seite gebrachte Stoffe und Nähmaschinen und tat sich mit einer Schneiderin zusammen. «Das erste Geld machte ich mit schicken, heißen Kleidern für Damen des amüsanten Gewerbes, für Barfrauen, die Herz hatten und das Talent eines jungen Mannes, der aus dem Krieg kam und einen neuen Anfang suchte, erkannten und großzügig honorierten. Dadurch konnte ich mich bald vergrößern und wurde als Kompagnon des Modesalons «Schröder – Eggeringhaus & Oestergaard» aufgenommen.» Seine Mutter war ihm die größte Stütze und kaufmännische Beraterin in all den Jahren des Aufbaus und noch lange Zeit danach.

Deutschlands meistgefragter Couturier

1952 war es geschafft: «Ich eröffnete einen eigenen Haute Couture-Salon in der Berliner Ahornstraße und konnte Mode ganz nach meinen Vorstellungen machen. Sehr Feminines, ohne je spießig zu wirken, mit einem kleinen Raffinement als Besonderheit.» Neben Kollektionen für führende Modehäuser in aller Welt entwarf Oestergaard Exklusiv-Modelle für die Prominenz von Bühne, Film, Funk und Fernsehen. Ruth Leuwerik, Maria Schell, Zarah Leander, Hildegard Knef und Romy Schneider gehörten zu seinen Kundinnen. Er arbeitete hart: 1956 erhielt er in New York vor Pierre Balmain den ersten Preis für ein Abendkleid.

Heinz Oestergaard wurde strahlender Liebling der Berliner Hautevolee; kein Modejournal, das nicht über seine neuesten Kreationen und über seine ausgefallenen Einfälle berichtete.

Ein neuer Anfang

1967, als die Jugend in der Mode tonangebend und der Schrei nach Demokratisierung laut wurde, erkannte Oestergaard die Absatzkrise der Couture und löste seinen Berliner Salon, unter Kopfschütteln mancher Kollegen und Journalisten, auf. Die Erziehung zu Bescheidenheit half ihm, auch Tiefen in seiner Karriere zu durchstehen, zurückzustecken und wieder von vorn anzufangen.

Oestergaard reizte es, Mode für Millionen von Menschen zu machen, als er sich vom Großversandhaus «Quelle» als Modedesigner verpflichten ließ: «Achtzehn Jahre neben Frau Schickedanz zu bestehen, das ist, als ob man neben Frau Thatcher arbeitet.» Er wurde auch Modeberater anderer großer Firmen, unter anderem für Enka Glanzstoffwerke, Triumph International und Girmes. In jenen Jahren fand er es zeitgemäßer, Girmesplüsch und Kunstpelz salonfähig zu machen, als einige wenige reiche Damen einzukleiden. Eine große Herausforderung bedeutete es für den einst exklusiven Modeschöpfer auch, die Uniformen der bundesdeutschen Polizei, die Schutzbekleidung des ADAC, die Berufskleidung der Firma InterRent und der Fernfahrer von Mercedes-Benz zu entwerfen. Sogar die russische Handelsmarine rief ihn als Designer ihrer Uniformen. Vielseitigkeit und Kreativität waren die Geheimnisse seiner neuen Erfolge. Neben Mode entwarf er Brillen, Uhren und sogar Kerzen.

1979 wurde Oestergaard als Professor an die Fachhochschule für Gestaltung in Pforzheim berufen, wo er für sechs Jahre mit großem Engagement lehrte. Er verstand es, den Schülern sowohl Künstlerisches als auch Praxisnähe zu vermitteln, ihnen die äußeren Impulse für den Wandel der Mode zu verdeutlichen. Die Karriere vieler seiner Studenten bestätigt ihm seinen Erfolg als Lehrer. «Ich glaube, für einen jungen Designer ist es am wichtigsten, bescheiden anzufangen, ohne stets nur an das große Geld zu denken, aber konsequent sein Ziel zu verfolgen. Es ist wichtig, daß jede Kreation von Können und Qualität zeugt. Deshalb ist es unerläßlich, daß ein junger Designer wirklich genau weiß, wie er zum Beispiel einen Rock zuschneiden muß, damit er nach seinen Vorstellungen fällt. Ich habe mit Härte, aber stets mit großer Begeisterung unterrichtet.» Als er seinen siebzigsten Geburtstag feierte, fuhren einige Schüler in selbstgeschneiderten, ausgefallenen Modellen extra zu seinem Fest.

Die zweite Karriere

Oestergaard blieb in seinem Design nie stehen, immer interessierte er sich für neue Materialien und Medien.

Die jüngste Herausforderung für ihn heißt: Glas. Glas in der jahrhundertealten Tradition des Murano-Glases, dem er nun zu einer postmodernen Interpretation verhilft. Er entwirft nicht nur, sondern läßt sich auch in die Kunst des Glasblasens einweihen, um technische Gegebenheiten bereits auf dem Papier berücksichtigen zu können. Auf seine Malerei projiziert Oestergaard seine Lebensanschauungen. In seinen Bildern stellt er den lernenden, wißbegierigen Menschen in seiner Ambivalenz von Gut und Böse dar. Durch seine expressive Farbgebung erfahren sowohl Oestergaards Glasobjekte, als auch seine Malerei eine ungewöhnliche Intensität. Angesichts eines so breiten Spektrums von Kreativität verwundert es keinen, daß Oestergaards Malerei als Vorlage für exklusive Teppiche dient. Es sind moderne Gemälde, die in China aus reiner Seide geknüpft wurden.

Heinz Oestergaard beweist sich in all seinem Schaffen als sensibler, aber zielstrebiger Künstler. Der bekannte Berliner Modezeichner Gerd Hartung, der ihn seit den ersten Tagen kennt und schätzt, urteilt über Heinz Oestergaard: «Er war immer rastlos, konnte nie haushalten, war stets großzügig und glaubte an die Menschen – leider manchmal auch an die falschen. Seine Erfolge beruhen auf Kreativität, Optimismus, Energie und einem ausgeprägten Schönheitsempfinden.»

Maggie Riepl

Schrill, eigenwillig, kompromißlos

Sabine Schmitsdorf

Lässig, unkonventionell, individuell und vor allem variierbar. Wie in einem Baukastensystem paßt alles zueinander. Hier kann ein Mantel zum Kleid, ein langer Rock zum Mini werden, es können aber auch ganz ungewöhnlich bizarre Teile entstehen – so beschreibt die Berliner Designerin Sabine Schmitsdorf ihre Kollektion «Totem».

Die 30jährige vertritt eine eigenwillige Linie – und das ist nicht immer leicht. Extreme Mode hat nur einen kleinen Kundenkreis. Diese Erfahrung machte Sabine, als sie die großen Modemessen in München und Düsseldorf besuchte. Da wird zwar mächtig gestaunt und bewundert, aber nicht geordert. Ein Problem für die talentierte Berlinerin ist vor allem, «daß die Leute, die meine Sachen kaufen wollen, sie oft nicht bezahlen können. Eine witzige, gleichzeitig aber günstige Kollektion zu erstellen, scheitert nicht selten daran, daß schöne Stoffe viel Geld kosten und man als Kleinabnehmer dafür mehr ausgeben muß als die großen Firmen.»

Modedesigner – ein Traumberuf? «Kein Traumberuf», findet Sabine Schmitsdorf, «gerade in der jetzigen Zeit wird es immer schwieriger. Mode als Beruf ist sehr in Mode gekommen, der Markt ist inzwischen überlaufen. Andererseits ist Mode an sich im Moment nicht so gefragt wie noch vor einigen Jahren. Es gibt keine großartigen neuen Trends. Zur Zeit heißt die Devise leider: Alles ist erlaubt – nichts mehr spektakulär.»

Für Sabine war Designer allerdings von Anfang an kein Traumberuf. Während der Schulzeit wollte sie Bühnenbildnerin werden: «In jedem Fall sollte es ein kreativer Beruf sein.» Zu dieser Zeit entwarf und nähte sie für sich und gute Freunde bereits ausgefallene Outfits. Nach dem Abitur bewarb sie sich für verschiedene Fächer, unter anderem für Kunsterziehung und Industriedesign. Die Berliner Hochschule der Künste gab ihr eine Zusage für das Fach ‹Industriedesign›. Nach zwei Grundsemestern, in denen mit verschiedenen Werkstoffen wie Holz, Metall und Stoff gearbeitet wurde, entschied sich Sabine für die Fachrichtung ‹Bekleidungsdesign›. Im 13. Semester machte sie ihren Abschluß als Diplom-Industrie-Designerin.

Schon während der Ausbildung schloß sie sich mit ihrer Studienkollegin Ute Reitmaier zum schrägen Duo «Schrillastex» zusammen. Gemeinsam entwarfen sie, als Abschlußarbeit zum graduierten Industrie-Designer, eine grelle, überspitzte Kollektion im Stil der fünfziger Jahre, modisch frisiert mit dem ‹angepunkten› Zeitgeist der achtziger Jahre. Eine eigens auf die Beine gestellte Modenschau machte die beiden in der Berliner Szene im Handumdrehen bekannt.

Daher eröffneten die schrillen Nachwuchs-Designerinnen im Oktober 1982 in Schöneberg einen kleinen Laden, in dem sie ihre giftgrünen Plastikkleider und hautengen, orangefarbenen Strickschläuche verkauften. Ein Jahr später machten sie wieder dicht, das Geschäft rentierte sich nicht wie erwartet. «Es ist eben ein Trugschluß, zu glauben, daß anfänglicher Erfolg sich permanent wiederholt», schätzt Sabine heute die Situation realistisch ein. Doch damals träumte sie noch den typischen Studententraum. Sabine: «Wir sind in diese ganze Schrillastex-Geschichte förmlich hineingerutscht. Das hat sich alles ohne unser Zutun verselbständigt. Andererseits war man aber auch froh, daß man da schon während des Studiums eine Zukunfts-Perspektive zu haben glaubte.»

Ein weiterer Grund für das «Aus» von Schrillastex: Sabine Schmitsdorf und Ute Reitmaier hatten sich inzwischen stilistisch sehr unterschiedlich weiterentwickelt. Sabine tendierte zum Lumpenlook. Sie arbeitete viel mit Symbolen, bedruckte Stoffe mit Kreuzen und Totenköpfen. Der Kollektionsname «Totem» bedeutete für sie allerdings noch mehr: «Ich wollte, daß meine Sachen eine Art Fetisch für die Trägerin sind. Keine Massenware, die nach einer Saison weggeworfen wird, sondern wertvolle Stücke, die von der Besitzerin geschätzt werden.» Sabine finanzierte «Totem» durch verschiedene Nebenjobs, sie arbeitete als Modell und auch als technische Zeichnerin.

Ende 1983 folgte der Zusammenschluß mit rund einem Dutzend junger Designer zum Klub der «Modeavantgarde Berlin» (KAB). Nach dem Motto «gemeinsam sind wir stark» präsentierte sich die stilistisch sehr unterschiedliche Gruppe auf der Berliner Durchreise, in Düsseldorf, auf der Igedo und auf der Münchner Modewoche.

Zusätzlich ging Sabine auf große Deutschland-Tournee: «Ich habe meine Kollektion ins Auto gepackt und sämtliche Orte abgeklappert.» Ihr Traum, in jeder größeren Stadt ein bis zwei Geschäfte zu finden, die ihre Sachen exklusiv führen, hat sich trotz des massiven Einsatzes bislang nicht erfüllt.

Die Modemacherin kann zwar von «Totem» inzwischen recht und schlecht leben, aber «bisweilen zwingen einen die wirtschaftlichen Faktoren doch wieder in die Knie». Sabine Schmitsdorfs Grundproblem: Sie ist eine «one-woman show». Ob entwerfen, zuschneiden oder Rechnungen sortieren – alles lastet allein auf ihr. Schmitsdorf: «Ich habe Ideen genug, aber das Drumherum frißt mich auf, und das schadet letztendlich meiner Kreativität. Man verheizt sich ganz einfach.» Unbeschreiblich waren für sie die Ängste, die sie jedesmal vor einer Messe durchlebt hat: «Du darfst jetzt nicht krank werden. Was ist, wenn du ausfällst...» Schließlich steckt in jeder Kollektion eine Menge Geld, das man erst wieder reinholen muß.

Wie für viele Designer, so ist auch für Sabine Schmitsdorf der gesamte kaufmännische Bereich eine Belastung. Während des Studiums hatte sie mit Buchhaltung wenig zu tun und ist in dieser Beziehung relativ ahnungslos in die Praxis gestolpert. Sabine ist jetzt an einem Wendepunkt angelangt: «Ich habe eine Grenze erreicht, an der ich nicht so weitermachen kann. Ich will endlich den Kopf frei haben von allen finanziellen Geschichten.» Ihr Ziel ist es, einen Produzenten zu finden oder sich mit anderen Designern wirtschaftlich zusammenzuschließen.

Mangel an Ideen hat Sabine Schmitsdorf nicht. Ob reisen, ausgehen oder Kinofilme ansehen – es gibt quasi an jeder Straßenecke für diese Designerin Inspirationen: «Da sind eben plötzlich gewisse Zeitströmungen da, die ich dann in meinen Stil übersetze». Sabine ist nie ohne Papier und Bleistift unterwegs, notiert Ideen oder skizziert Entwürfe, wo sie geht und steht. In ihrem Atelier in Schöneberg erstellt sie dann ganz konsequent Entwurfsreihen, probiert aus, verwirft, überarbeitet, bis die Kollektion im wahrsten Sinne des Wortes ‹sitzt›.

Faszinierend findet die begabte Berlinerin die englische Designerin Vivian Westwood als Perfektionistin in Sachen modische Dekadenz und Sarkasmus und den Italiener Moschino mit seinen bitterbösen Mode-Persiflagen. Ob Satire à la Moschino allerdings in der Bundesrepublik ankommen würde, wagt Sabine Schmitsdorf zu bezweifeln, «dazu sind die Deutschen doch viel zu trocken und humorlos.»

Könnte sie sich eigentlich vorstellen, etwas anderes als Mode zu machen? Sabine Schmitsdorf: «Nein, Designerin ist mein Beruf – das habe ich schließlich gelernt. Außerdem gefällt es mir, mich mit schönen Dingen auseinanderzusetzen, die sowohl ästhetisch vertretbar als auch praktisch sind. Ich halte den Beruf insofern auch für wichtig, er hat einen Sinn.»

Wie sieht ihre Zukunftsperspektive aus?

Sabine: «Ich möchte meine Fähigkeiten und Erfahrungen effektiver einsetzen. Vielleicht entwerfe ich jetzt ganz andere Sachen als früher. Bisher habe ich Naturfasern wie Baumwolle und Seide bevorzugt, Stoffe selbst verfärbt und bedruckt, doch inzwischen gibt es phantastische neue Textilien. Keine Kunststoffe, sondern echte Kunststoffe. In dieser Offenheit nach allen Seiten, der Wandlungsfähigkeit und Neuorientierung liegt für mich noch immer der große Reiz meines Berufes.»

Monika Graef-Rudolf:

Reimer Claussen: Perfektes Spiel mit Stoff und Stil

Er liebt Wagners «Götterdämmerung», Jessye Norman und den Duft von Sylter Heckenrosen, alte Hollywood-Filme mit Katherine Hepburn, der Garbo oder Marlene Dietrich und den «Verpackungskünstler» Christo. Vor allem aber fasziniert ihn das Spiel mit Stoff und Stil.

«Es sieht zwar aus wie eine Baustelle – aber ich wohne hier schon», hatte Reimer Claussen am Telefon den Zustand seines neuen Domizils im feinen München-Bogenhausen beschrieben, das er zum Jahreswechsel, Berlin, den Ort seiner «Blitz-Karriere» verlassend, bezogen hat.

Der Taxifahrer äußert denn auch Skepsis beim Halt vor der angegebenen Adresse. Doch die «Baustelle» ist nur auf den ersten Blick eine. Eine weiße Treppe führt durch ein weißes Treppenhaus hinauf unters Dach, wo den Gast eine wunderbare Mischung aus klassischer Moderne und toskanischer Ländlichkeit empfängt: Marmor, Glas und Möbel von Eileen Gray und Le Corbusier, blau-weiße China-Lampen, gemütliche Nischen mit Zweiersofas in unbekümmertem Mustermix und in einem flachen Korb Dutzende von blauen Hyazinthen, deren Duft sich mit dem weißer Lilien mischt. Eine perfekte Inszenierung des Schönen in einer Atmosphäre voller Harmonie.

Im Gestalten von Wohnräumen erweist sich Claussen als ebenso stilsicherer Meister des Mixens wie beim raffinierten Kombinieren edler Einzelteile zu vollkommenen Mode-Bildern. Ihm wird ein ähnlich sicheres Gefühl für Farben und Formen bescheinigt, wie es Armani oder Yves Saint-Laurent nachgesagt wird.

Nach der Devise des Architekten Mies van der Rohe «Less is more» – Weniger ist mehr – «baut» er seine lässig-eleganten Kombinationen aus Hosen, Röcken, Hemden, Jacken, Kleidern und Mänteln zu selbstverständlichen Outfits, zu einem klassischen Total-Look, zusammen. «Das Wichtigste ist», so lautet sein Credo, «daß Mode nicht Verkleidung ist.» Dabei verläßt er sich ganz auf die Schönheit edler Stoffe, aus denen er seine Mode-Ideen schneidert: Seide, Cashmere, Crêpe de Chine, Leinen, reine Baumwolle.

Von Anfang an hatte Reimer Claussen mit seiner individuellen Mischung aus Klassik und «Zeitgeist» Erfolg. Bereits mit seiner ersten eigenen Kollektion, die in der Berliner Nationalgalerie Premiere hatte, landete er 1984 im Senkrecht-Start direkt im deutschen Designer-Olymp. 1987 wurde er mit dem europäischen «Mode-Oscar», dem «Goldenen Spinnrad» der Europäischen Seidenkommission in Krefeld ausgezeichnet.

«Ich hatte nie was anderes im Kopf als Kleidermachen», bekennt er. Reimer Claussen wurde 1950 geboren «auf dem flachen Land», in Heide an der Nordsee, wo seine Eltern einen Gemischtwarenladen betrieben. Spiritus rector seiner frühen Fixierung auf Mode war sein Onkel Hans W. Claussen, der als Couturier in Berlin bis Ende der sechziger Jahre ein bekanntes Modellhaus am Kurfürstendamm hatte. Seine «Mode-Pakete» für die Mutter entfachten beim Neffen schon früh die Lust an schönen Stoffen. «Das war toll», erinnert er sich, «wenn meine Mutter ein Klamottenpaket kriegte – und ich bekam einen Kamelhaarmantel mit Kapuze von ‹Modelinchen›, einem teuren Kinderladen am Kurfürstendamm. – Nachher, als ich begriffen hatte, was der Onkel machte, habe ich die Fotos mit seinen Modellen aus den Zeitschriften ausgeschnitten und aufgeklebt.»

Ein ästhetisches Mode-Vorbild für sein wachsendes kreatives Interesse war der Onkel freilich nicht. «Da gibt es auch keins. Mein Stil ist das Ergebnis von vielen, ganz verschiedenen Einflüssen.» O. K., ja, Coco Chanel bewundere er, gibt er auf Nachfragen zu. Aber Mode sei Entwicklung, bedeute ständigen Einsatz. «Ob im Konzert, im Kino, Theater, Café oder Museum – wohin ich auch gehe, was auch immer ich optisch aufnehme, eigentlich beschäftige ich mich unentwegt mit Mode.» Claussen hat sein Metier von der Pike auf gelernt. Nach abgeschlossener Schneiderlehre in Hamburg ging er an die Modeschule Düsseldorf. Als ihm sechs Wochen vor Studienabschluß der Berliner Couturier Detlev Albers einen Assistentenjob anbot, sagte er zu und blieb drei Jahre.

Weitere Stationen – «übrigens immer im Dreijahres-Rhythmus» –

waren die Häuser Lucie Linden, Ravens, Flick Aktuell, wo er sich mit dem Entwerfen der sportlich-eleganten Gaddi's-Kollektion einen Namen unter Insidern machte. Das Berliner Unternehmen Girgner & Felser bot ihm schließlich die Chance, eine Kollektion unter seinem eigenen Namen zu machen. Nach drei Jahren jedoch wurde diese Liaison gelöst.

Heute entwirft Claussen eine neue, herr-liche Linie, macht seine Neo-Klassik mit Klasse auch für Männer, produziert «by Werther». Für die Damen hat er eine «schöpferische Ruhepause» eingelegt, knüpft noch an einem finanziellen Netz. Bisher hat sich immer das eine aus dem anderen entwickelt.

Natürlich gibt es dafür kein Rezept. Im Rückblick auf die verschiedenen Stufen seiner eigenen beruflichen Ausbildung findet Claussen alles wichtig, «was mit Praxis zu tun hatte». Die Schneiderlehre, seine Assistentenzeit, die Arbeit in der Konfektion. «Natürlich war das ein Erwachen in einer anderen Realität, als ich vom Modellgenre bei Albers in die Konfektion kam. Bei Albers konnte man über einen Rockknopf drei Stunden reden.» Der Konfektion verdankt er die wohl wichtigste Designer-Weisheit, daß der Markt die Grenzen der kreativen Phantasie bestimmt. «Ich muß leider sagen, mir hat die Modeschule überhaupt nichts gebracht.» Pause – «Die sind alle meilenweit von der Praxis entfernt.»

Er selbst hat erst kürzlich ein Semester lang mit Lette-Schülern zusammengearbeitet. Das habe ihm zwar Spaß gemacht, aber seine grundsätzliche Meinung über Modeschulen und Modeschüler nicht verändert. «Die meisten Schüler sehen nur, wie sie selbst gerne angezogen sein möchten. Es fehlt ihnen jede Vorstellung, ihre eigenen Ideen in Tragbares für jedermann zu übersetzen.» Seine Ermutigung an die «Nachgeborenen» klingt eher wie ein Appell: «Nicht immer nur versuchen, die eigenen Vorstellungen, die in sechs Semestern Modeschule entwickelt worden sind, stur verwirklichen zu wollen, sondern sich mit mehr Flexibilität auf die Macher, die sie neben oder über sich haben, einstellen.»

Gibt es etwas, das er heute anders machen würde?

«Nichts», sagt Reimer Claussen ohne Zögern.

Gegen die Angst des Modemachers vor der Premiere gibt es kein Mittel.

Alice Franck

Oh, ROSA!

Über die Münchner Designerin Rosa Ronstedt

Oh, ROSA*! Es gibt Menschen, Orte, Bücher und Geschichten, die bleiben.*

Auch Klamotten, die halten und Stoffe, die über Jahre leuchten.

Das sind Teile, in denen ein Stück Leben steckt.

Manchmal werden eben aus Anziehsachen Ansichtssachen.

Oh, ROSA! Auch ich habe solche Kleider, Mäntel und Jacken.

Entworfen und gefertigt von einer Frau, die wie meine Lieblingsfarbe heißt.

Nämlich ROSA, Nachname RONSTEDT.

Mode macht sie seit fast zwanzig Jahren, ihre Kollektionen kenne ich seit zehn Jahren.

Rosa seit letztem Winter.

Es gibt Sachen, die bleiben, und Geschichten, die eine Fortsetzung haben.

Wer steckt hinter dieser Marke Rosa Ronstedt?

Wer entwirft die wunderschönen sanftfarbenen Stoffe, die kühn knisternden, changierenden Seiden, ersinnt samtene Paspeln und glitzernde Stickereien?

Wer zaubert dazu Hüte, Schleier, Schals und Schatullen? Wer ist diese Frau, die mir Lust auf Farben machte, so daß ich, dem Rat einer Berliner Dichterin folgend, alles Schwarzgrundige, das ich bis dahin trug, leichten Herzens abwarf und eintauschte gegen Farben wie aus Rosen und Zimt.

Geschichten und ihre Fortsetzung…

«Licht», eine Szene, in der ein hinreißendes – natürlich rosagewandetes – Paar einen Tango über die Dielen einer Bar schleift:

«Ich bin unbedingt für Rosa... Rosa ist noch anspruchsvoller als Ostergrasgrün und bedeutet Frivolität in Ekstase, das habe ich im Lexikon gelesen. Rosa ist die Farbe des Lichts und der Zukunft.»

Rosa wurde meine Lieblingsfarbe.

Rosa Ronstedts Anziehsachen meine Lieblingssachen.

Ihre feminin gehaltenen Teile lösten die Jeans und weiten Herrenpullover aus Uni-Zeiten ab, die man damals zu Seminaren und in Vollversammlungen trug.

Ihre Modelle öffneten Augen für Plüsch, Pelze, Taft, Blumen und Bänder. Ließen nach gerade erfahrener politischer Schulung und eben entdecktem Feminismus – ich komme aus einer kleinen Stadt – andere Farben als lila, purpur und indigoblau zu. Machten Mut auf Pumps und die eigene Person.

Rosa Ronstedts Mode verrät ihre Vorliebe fürs Unkonventionelle, Second-Hand und Trödel, zeigt ihre Abneigung gegen Spießigkeit und Mitläufertum.

«Ich mache Mode für mich, weil ich mich keinen Modetrends unterwerfen möchte. Frauen, die meine Sachen tragen, sollen nicht uniformiert und konfektioniert aussehen.»

Jede Geschichte hat einen Höhepunkt...

Rosas Anziehsachen und ich – eine lange Anziehungssache, bis wir uns durch dieses Interview endlich begegnen.

Ein Anruf und eine warme Stimme am anderen Ende der Leitung.

Schnell ist der Termin verabredet.

Doch die vereiste Transitstrecke Berlin-Hof macht der Vorfreude fast einen Strich durch die Rechnung.

Müde und viel zu spät erreiche ich endlich München. Trotz später Stunde werde ich in Herrsching immer noch von ihr erwartet, von der S-Bahnstation abgeholt.

Rosa Ronstedt: flippig, in Schwarz, freundlicher Blick, kupferfarbner Schopf, und ab geht die Autofahrt durch die Nacht. Vage nehme ich im Dunkel Wiesen, Wälder und irgendwo im Hintergrund den Ammersee wahr, bis wir vor einem alten, hochherrschaftlichen Haus, in einem riesigen Park, halten, und ich denke, daß ich schon immer mal in einem Schloß wohnen wollte.

Zappo, der Setter, mehr Schoß- als Wachhund, begrüßt uns. Bald schon züngelt Feuer im Kamin in der Halle, nehmen wir Tee und Kognak, tauschen Geschichten aus Berlin und München aus.

Auf das Aufnahmegerät wird verzichtet. Ein andermal. Bei vertrautem Gespräch wird die Modewelt weit. Wir gehen zurück zu ihren Anfängen, kommen von Gestern auf Heute und sind vor Mitternacht schon beim Morgen, haben die Jahre, in denen das Ronstedtsche Reich entstand, im Flug durcheilt.

Geboren ist sie 1943 in Insterburg in Ostpreußen. Aufgewachsen in Hannover, wo sie ein halbes Jahr vor dem Abi die Schule schmiß und sich eine Lehrstelle als Schneiderin suchte. Studieren war für Mädchen nicht drin. Das sollten die Brüder... Die alten Sprüche. Aber da gab es den Vater, den Kirchenmusiker, und die Großmutter, eine eigenwillige, alte Dame, die Pianistin war und eigentlich auch nicht so recht nach Hannover paßte. 1963 war die Lehre vorbei, in der Rosa erfuhr, daß sie Mode machen wollte. Die anschließende Substitutenlaufbahn in der Aachener Kaufhof-Filiale schlug fehl, weil Anpassen auch nicht ihre Sache ist. So folgte sie vom Dreiländereck dem Freund Helmut, heute ihr Mann, nach München, wo er Soziologie studierte.

Zu zweit unternahmen sie in den siebziger Jahren lange Touren durch die Türkei und den Orient, von wo aus sie günstig erstandene Stickereien, Stoffe, Pelze, Schmuck und Ideen aus Tausendundeiner Nacht mit nach Hause brachten. Sie nähte, um das Geld für ihre Fernost-Trips aufzutreiben, und er organisierte den Verkauf. Beide arbeiteten hart und spontan. Rosa Ronstedts Sachen kamen an in Schwabing. Kurzentschlossen wurde in der Türkenstraße 1969 ein Laden eröffnet, in dem die Modelle, provisorisch an der Wäscheleine baumelnd, reißenden Absatz fanden. Als sich im April 1971 Tochter Jule ankündigte, war bereits in der Schellingstraße ‹das Marshalla›, ein größerer Laden, eröffnet und das dazugehörige Gartenhaus zum Atelier umfunktioniert.

RONSTEDT *und* CO – *Firma und Firmengeschichte*

Ausbau der Produktion, Schauen auf Messen in Düsseldorf und München und schließlich die Eröffnung eines riesigen Modeladens, 500 qm groß, der Leopoldmarkt 1983.

Aus Rosa Ronstedts kleinem Betrieb wurde eine große Firma, die für den Einzelhandel entwarf und fertigte und für den Großhandel bis 1978 vor allem in Indien und der Türkei produzierte. Später wieder verstärkt über Zwischenmeister in München und heute teilweise wieder in Griechenland. 1981 umfaßte das Ronstedtsche Modeimperium zwei Läden in München, ein Musteratelier, mehrere Zwischenmeister-Betriebe und einen florierenden Großhandel, der mit fünfunddreißig Mitarbeitern einen Jahresumsatz von fünfzehn Millionen DM erwirtschaftete. 1982 zogen die Ronstedts mit dem Atelier von München nach Herrsching, wo das ‹Herz des Großhandels› im Verborgenen, hinter Autowerkstätten, Lackierereien und Kleinbetrieben blühte. In einem Flachbau, «Schuhschachtel» genannt, wurde damals eine Kollektion von einhundertzwanzig Modellen und ca. 130000 Teilen pro Saison in exklusivem Stoffdruck produziert.

Soweit die erfolgreiche Firmengeschichte. Ronstedt offiziell. Ronstedt privat?

Gab es Veränderungen nach der Aufgabe des Leopoldmarktes 1986 und der Verlagerung des Ateliers von Herrsching nach Seefeld im selben Jahr?

Veränderungen? Na klar! Es wurde ein wenig Atem geholt, sich umgeschaut, gefragt nach dem, was bleibt...

Helmut Ronstedt engagierte sich bei den Grünen, die im Landkreis Starnberg einiges zu sagen haben, und gründete 1987 die Firma KOKON, die im Großhandel und über Läden in München und Stuttgart Kunsthandwerkliches und Heimtextilien wie Teppiche, Kissen u. ä. anbietet.

Rosa Ronstedt strukturierte ihren Betrieb in Seefeld 1986 um, reduzierte ihre Kollektion auf ca. 55–70 Teile mit fünf bis sechs Themen und produziert heute mit einem Mitarbeiterteam von siebzehn Personen ca. sechzigtausend Teile pro Saison. Sie exportiert nicht mehr so stark innerhalb Europas und konzentriert sich mehr auf ihre ca. zweihundert Stammkunden im deutschsprachigen Raum. Sie hat Vertriebsformen verändert, so daß sie mehr als zweimal jährlich ausliefern kann.

Sie läßt ihre Stoffe neben Frankreich und Italien auf Bali drucken, wo die Ronstedts mit einem Freund in diesem Jahr eine Weberei erstanden haben.

Was von den Anfängen geblieben ist...

Ein Bedauern darüber, daß der Einzelhandel im Einkauf so wenig experimentierfreudig ist, was andererseits aber auch eine gewisse Sicherheit gibt:

«Meine Kundinnen sind Frauen, die mit mir älter geworden, aber nicht stehengeblieben sind. Vor allem sollen sie sich keinem Mode-Diktat unterworfen fühlen und die Individualität behalten.»

Geblieben ist auch ihre entschiedene Ablehnung, sich von den Modetrends aus London, Paris und Rom gefangen nehmen zu lassen. Der Haute Couture zieht sie immer noch Selbstgeschneidertes, Second-Hand und original und originell Ertrödeltes vor.

Was bleibt…

Rosa Ronstedt hat ein weites Herz und jede Menge preußischer Disziplin… Ihre Mode ist so großzügig und weich wie sie selbst. «Mode ist die Möglichkeit, daß jede Frau tragen kann, was ihr steht und gefällt. Am liebsten würde ich jede einzelne Frau selbst anziehen.»

Weil das nicht möglich ist, gestaltet sie ihre Kollektionen so, daß für jeden etwas dabei ist: tragbare – und auch preislich tragbare Mode von der Stange.»

Oh, ROSA! Und darum entwirfst du deine Kleider auch für mich!

III Die breite Palette der Textilberufe

Walter Ferner:

«Mit starker Technik schöne Sachen machen»

Berufsbilder mit Zukunft

Ein Arbeitsplatz in der Textilindustrie? Ausbildungs- und berufliche Fortkommensmöglichkeiten in interessanter Vielfalt? Eine Chance über den Augenblick hinaus?

Gewiß – doch um das zu erkennen, muß sicher erst einmal mit groben Vorurteilen aufgeräumt und etwas mehr Einblick in diesen Wirtschaftszweig gewonnen werden, der selbst so vielfältig gegliedert ist, daß die grob zusammenfassende Branchenbezeichnung Textil-Industrie darüber hinwegtäuscht.

Als Einstiegshilfe lohnt nicht einmal der Versuch, die Produktvielfalt textiler Erzeugnisse aufzulisten – man geriete viel zu schnell in die Dimension umfangreicher Kataloge. Obschon es reizvoll wäre, von den künstlichen Adern für die Tier- und Humanmedizin zu berichten, von Bewässerungssystemen, Traglufthallen, Heißluftballons und vielem anderen mehr, bevor man zu den Erzeugnissen kommt, die in unserem Alltag so selbstverständlich sind wie Bekleidungsstoffe, Haushaltswäsche, Gardinen, Teppiche etc. etc.

Sicher ist die Textilindustrie, die auf eine lange Geschichte zurückblickt, keine Industrie wie jede andere. Über Tausende von Jahren hat sie alle Zerreißproben durch Zivilisation, Industrialisierung und Automation überstanden. Der jüngste Prozeß ihrer grundlegenden Umstrukturierung als Antwort auf den sich verschärfenden internationalen Konkurrenzkampf hat diese Industrie technisch wie methodisch verjüngt. Eine neue Wettbewerbsfähigkeit hat sie international in die Spitzenposition gebracht: Rund 1300 Unternehmen mit rund 220000 Beschäftigten sorgten 1987 für 36 Milliarden DM Umsatz. In Sachen Textil und Bekleidung ist die Bundesrepublik zur drittgrößten

Exportnation der Welt – nach Hongkong und Italien – gewachsen. Diesen Erfolgen gingen Investitionen in Milliardenhöhe – allein in den Jahren 1978 bis 1987 zusammen 13 Milliarden DM – voraus. Sie machten die Betriebe der Branche in ihrer Produktion so effizient, daß bei anhaltenden Anstrengungen die Chancen für die Zukunft aussichtsreich sind. Heute ist die Textilerzeugung so kapitalintensiv, daß ein neuer Arbeitsplatz in bestimmten Bereichen zwei bis drei Millionen Mark kosten kann. Konsequenz: modernste Produktions- und Vertriebsmethoden erfordern qualifizierte Arbeitskräfte. Doch es fehlt an Nachwuchs. Warum?

Im öffentlichen Bewußtsein scheint sich negativ festgesetzt zu haben, daß Firmenschließungen und Entlassungen zwangsläufige Folgen einer Mißwirtschaft dieses Industriezweiges sind oder waren. Daß sie aber im Rahmen des unerläßlichen Gesundschrumpfungsprozesses größtenteils aktive Maßnahmen der Industrie waren, um überhaupt überleben zu können, wird in breiten Kreisen der Öffentlichkeit verkannt, mitunter der Branche sogar nachgetragen. Sicher ist dies einer der Gründe, warum die Textilindustrie im Gegensatz zu manch anderer Branche vor allem nach technischem Nachwuchs sucht. Daß die Textilindustrie Schulabgänger der verschiedenen Abschlußstufen nicht nur zu hochqualifizierten Mitarbeitern ausbildet, sondern – nach letztem Stand der Statistik – 96 Prozent aller Ausgebildeten von den Firmen in ein festes Beschäftigungsverhältnis übernommen werden, ist in der deutschen Industrie beispiellos.

«Mit starker Technik schöne Sachen machen» – lautet einer der Slogans der Textilverbände als Appell an junge Leute, sich für einen textilen Ausbildungsberuf zu entscheiden und zu bewerben. Textilien machen – was heißt das? Die Produktionsstufen in der Textilindustrie, die dem Erzeugen von Chemiefasern und Naturfasern (Wolle, Baumwolle, Leinen/Flachs, Seide) folgen, beschreibt man am übersichtlichsten mit dem Aufbereiten von (Natur-)Fasern, der Erzeugung von Garnen (Spinnen, Zwirnen, Texturieren), der Erzeugung von Textilflächen (Weben, Stricken und Wirken, Flechten, Erzeugen von Verbundstoffen wie Filze und Vliese sowie Tuften) und oft abschließend die Veredlung (Färben, Bedrucken, Ausrüsten). Teilweise geht die Textilerzeugung noch einen Schritt weiter, beispielsweise mit dem Nähen von Maschenkleidung, Haus-, Bett- und Tischwäsche, Planen und Zelten, oder mit dem Konfektionieren wie handelsfertiges Aufmachen von Garnen oder Verbandsstoffe. Die Bekleidungsindustrie hingegen ist eine eigenständige Wirtschaftsgruppe und wird von der Textilindustrie klar abgegrenzt behandelt.

Schon die Aufzählung einiger Rohstoffoberbegriffe und der Hauptproduktionsstufen in der Textilindustrie läßt ahnen, wie vielfältig die beruflichen Bilder innerhalb dieses Industriezweiges sind, denn Maschinen und Verfahren sind in diesem vielstufigen Herstellungsprozeß so differenziert gestaltet, daß ihnen entsprechend inzwischen eine große Bandbreite fachlich qualifizierter und demgemäß systematisch ausgebildeter Mitarbeiter zugeordnet werden. Der «Textilfacharbeiter» muß folgerichtig als Überschrift über eine Reihe von ‹Einzelfachlichkeiten› gesetzt werden, wenn von Berufen in diesem Industriezweig die Rede ist.

Wie kommt man nun an diese ‹Textil-Berufe› heran? Der erste Schritt kann z. B. ein Schülerpraktikum, eine zwei- bis dreiwöchige «Schnupperlehre» sein. So kann der Schüler den Ausbildungsalltag für die gewünschte Berufsrichtung schon einmal ausprobieren. Manche der unausgesprochenen Fragen lassen sich auf anschauliche Weise klären, bevor der endgültige Schritt in die Ausbildung gewählt und vollzogen wird.

Was ist das überhaupt: eine textile Ausbildung? Industrie? Soll ich in eine Fabrik gehen? Welche Verdienst-, welche Aufstiegsmöglichkeiten habe ich? Was erwartet mich in der mir noch unbekannten Berufswelt dieser Branche? – Ein Schülerpraktikum in einem Unternehmen der Textilindustrie ist ein zweckdienlicher Schritt. Die Erfahrung der Industrie mit Schülerpraktikanten zeigt, daß diese ‹Praktikanten› sich überwiegend für eine textile Ausbildung entscheiden. Ganz offensichtlich beeindruckt das vorab Kennengelernte, räumt manche Frage aus und schafft klarere Zielvorstellungen.

Gut gestaltete Informationsbroschüren der textilen Verbände, geeignete Berufsberatung durch die Arbeitsämter stellen eine andere Möglichkeit dar, sich vor der Berufswahl ein Bild von der Textilindustrie zu machen. Die berufskundlichen Informationsbroschüren und die berufsberatenden öffentlichen Stellen wie nicht zuletzt natürlich die Unternehmen der Textilindustrie vermitteln ihre Kenntnisse von den einzelnen Ausbildungsberufen an den Interessenten. Alle helfen, aus den rund fünfzig anerkannten verschiedenen Ausbildungsberufen in der Textilindustrie die ‹richtige› Wahl zu treffen. Für alle Berufe wurden sogenannte Berufsbilder verfaßt. Sie enthalten auch die detaillierten Vorschriften, nach denen die Ausbildung erfolgt sowie eine Aufzählung aller in der Ausbildung zu vermittelnden Fertigkeiten und Kenntnisse.

Textilmaschinenführer – Spinnerei
Textilmaschinenführer – Weberei
Textilmaschinenführer – Maschenindustrie
Schmucktextilienhersteller – Maschinenstickerei / Posamente / Maschinengeflechte / Maschinenklöppelspitzen
Textilmaschinenführer – Veredlung
Tapisseristin
Zeltmacher
Formstecher
Textilstopfer
Textilmustergestalter
Textillaborant – chemisch-technisch / mechanisch-technologisch

... die Übersicht läßt sich fortsetzen, bis die erwähnten fünfzig textilen Ausbildungsberufe vollzählig sind. Dann vermittelt sie ein geschlossenes Bild von der beruflichen Vielfalt und macht deutlich, daß eine informative Berufsberatung angebracht ist.

Die Textilindustrie bietet Ausbildungs- und Arbeitsmöglichkeit für jede Begabung und jeden Schulabschluß. Um Jugendlichen, auch wenn sie sich mit theoretischen Lernanteilen schwerer tun, einen qualifizierten Abschluß und fachliche Weiterbildung zu ermöglichen, führte die Textilindustrie als erste im gewerblich-technischen Bereich die inzwischen sehr bewährte Stufen-Ausbildung zum Facharbeiter ein. 80 Prozent aller Auszubildenden folgten bereits 1985 diesem Weg, der nach bisherigen Erfahrungen den individuellen Neigungen am besten Rechnung trägt, Versagensängste abbaut und gewährleistet, daß in jeder Stufe die Anteile an schulischer Theorie und betrieblicher Praxis realistisch gewichtet bleiben.

Der Anreiz zur Weiterbildung ist ein weiterer Pluspunkt dieses Ausbildungssystems. Da die Textilindustrie auch in Zukunft mit modernsten Methoden der Leistungserstellung im weitesten Sinne ihre Marktposition sichern und ausbauen will, wird die Langfristigkeit von Personalplanung noch wichtiger als bisher genommen. Techniker und Meister, Ingenieure und Chemiker sind zumindest mittel- und langfristig in der Textilindustrie besonders gefragte Berufsgruppen.

Wo man nun in eine textile (Stufen-)Ausbildung einsteigt, hängt auch vom erworbenen Schulabschluß ab. Mit dem Einstieg werden die ersten Weichen gestellt, wenn im Gespräch mit dem Personal- und/oder dem Ausbildungsleiter einer Textilfirma der Weg besprochen und entschieden wird. Als Haupt- oder Realschüler beginnt man mit der Facharbeiterausbildung, nach deren Abschluß und einigen Jahren Berufspraxis man sich zum Beispiel zum Industriemeister oder Textiltechniker weiterbilden kann. Mit Abitur, Fachhochschulreife oder Realschulabschluß stehen beispielsweise Studiengänge zum Textilingenieur oder Textildesigner offen. Die Stufen des beruflichen Aufstiegs sind äußerst durchlässig gestaltet und bieten bei persönlicher Einsatzbereitschaft und Lernfähigkeit/-willen ein nahezu unbegrenztes Berufsfeld bis in die Führungsetage hinauf.

Verfolgen wir den Weg eines Auszubildenden, dessen Ausbildungsvertrag die Berufsbezeichnung «Textilmaschinenführer – Weberei» trägt – die erste Stufe seiner Stufenausbildung. Nach einer zweijährigen Ausbildung ist diese erste Stufe abgeschlossen. Als Textilmaschinenführer (Weberei) ist der Berufsanfänger Textilfacharbeiter. Ein weiteres Jahr Ausbildungsdauer als Ausbaustufe macht ihn zum Textilmechaniker. Auf jeder Stufe der Textil-Berufsausbildung erreicht man einen in sich abgerundeten Abschluß, der zur Ausübung des jeweils erreichten Ausbildungsberufs qualifiziert. Je nach Begabung und Interesse, je nach Einsatzbereitschaft und Lernfähigkeit kann man seine weitere Ausbildung einteilen. Neben den Textilberufen mit Stufenausbildung gibt es auch solche, die nicht in einen Stufenplan eingebunden sind wie zum Beispiel der eines Textillaboranten, Textilmustergestalters oder Textilstopfers.

Mit Beginn der Ausbildung treffen sich Auszubildende, Ausbilder, Vorgesetzte und neue Kollegen in der Firma. Einführungsseminare haben sich bewährt, wenn es darum geht, Generelles über das Unternehmen und seine Arbeitswelt zu erfahren und sich gegenseitig kennenzulernen. Man erfährt, was in den einzelnen Bereichen des Unternehmens zur Erstellung des Produkts geleistet wird. – Maschinenführer lernen alles über «ihre» Maschinen und deren Lauf, den sie zu überwachen haben. Sie lernen, wodurch Fehler entstehen können, wie man sie möglichst vermeidet und sie behebt, wenn sie unbeeinflußt entstanden sind. Rohstoffkunde gehört natürlich dazu; der Maschinenführer lernt sie gründlich kennen und zu unterscheiden. Unterstützt wird die praktische Ausbildung, die ihnen Ausbilder und Kollegen vermitteln, durch Berufsschul- sowie durch spezifischen Werksunterricht.

In ihm erfährt der künftige Textilmaschinenführer Spinnerei z. B. im Detail, «wie der Cowemat funktioniert», dem angehenden Maschinenführer Weberei wird erklärt, «wie der Torsionsstab eines Webautomaten Energie speichert» oder der junge Mann, der sich zum Textilmaschinenführer Veredlung ausbilden läßt, bekommt genau erklärt, «warum ein Gewebe vor der Weiterbearbeitung in seinem Bereich entschlichtet werden muß».

Interessiert den Maschinenführer, seine Maschinen auch selbständig einzurichten – das heißt, sie in einwandfreiem technischen Zustand zu halten, sie einzustellen und gegebenenfalls Maschinenteile zu wechseln –, kann er in einer zweiten Ausbildungsstufe von einem Jahr Dauer den dafür erforderlichen Beruf des Textilmechanikers erlernen.

Wie schildert ein Auszubildender seinen Weg zum Textilmacher – Weberei? Volker, 17 Jahre alt, Hauptschulabschluß, begann seine Berufsausbildung vor fast zwei Jahren. «Damals wußte ich nicht, ob ich in die Weberei oder lieber in die Veredlung gehen sollte. Die Firma empfahl mir, in die Weberei zu gehen. Zuerst kam ich in die Lehrweberei. Hier lernte ich die Grundbegriffe kennen, und hier brachte man mir auch die ersten Fertigkeiten im Umgang mit Webmaschinen bei. Da wir viele unterschiedliche Stoffe weben, die zum Teil sehr schwierig herzustellen sind, gibt es eine Menge zu lernen. Jede Woche einmal findet ein werkseigener Unterricht statt: Fachrechnen, Bindungslehre, Rohstoffkunde, Fehlerkunde und Maschinenkunde sind Hauptthemen unseres Unterrichts. Außerdem muß ich pro Woche noch einen Tag zur Berufsschule. Bald beginnen die Vorbereitungen für die Abschlußprüfung. Ich habe mir jetzt schon fest vorgenommen, wenige Jahre danach die Industriemeisterschule zu besuchen. Die Arbeit ist interessant und macht mir Spaß. Ich glaube, daß meine Entscheidung für die Weberei richtig war, zumal ich nach Abschluß meiner Ausbildung mit Sicherheit auch einen Arbeitsplatz bekommen werde.»

Aufschlußreich ist auch der berufliche Weg von Andreas, vom Textilveredler – Färberei – zum Diplom-Ingenieur.

«Vor zehn Jahren begann ich meine Ausbildung zum Textilmaschinenführer – Veredlung. Nach einem sehr guten Abschluß dieser ersten Ausbildungsstufe entschloß ich mich, auch die zweite Ausbildungsstufe zum Textilveredler – Färberei – anzuhängen. Diese Ausbildung wurde schwerpunktmäßig im Färbereitechnikum absolviert. Der Berufsschulunterricht mit Grundlagen der Chemie, Farbstoffkunde und Verfahrenstechnik vervollständigte die Ausbildung ebenso wie der Werksunterricht. Schon während dieser Zeit stand für mich fest, daß der ‹Facharbeiterbrief› nicht meine letzte berufliche Station sein sollte.»

Andreas trat damals mit Realschulabschluß in die Textilausbildung. So mußte er nach dreijähriger Ausbildungszeit zur Verwirklichung der weiterführenden Ausbildungspläne zunächst noch einmal auf die Schulbank, um auf einer Fachoberschule die erforderliche Fachhochschulreife zu erlangen. «Das war keine ganz leichte Zeit», verriet er seinem ehemaligen Ausbilder im Betrieb.

Nach der Fachoberschule besuchte Andreas die Fachhochschule für Textiltechnik und erfuhr dort die Ausbildung zum Diplom-Ingenieur. Heute arbeitet Andreas im Ausland, wo er weitere Erfahrungen sammeln kann. Zu seiner Ausbildungsfirma hält er den Kontakt aufrecht; vielleicht kehrt er dahin eines Tages zurück.

Viel früher als in den meisten anderen Branchen hat die Textilindustrie lernen müssen, sich auf einen harten internationalen Wettbewerb einzustellen. Vor dem Hintergrund immer näher zusammenrückender Märkte ist die Bundesrepublik zum größten Angebotsmarkt für textile Güter, besonders auch aus ausländischer Produktion, gewachsen. Dieser harte, mitunter auch unfaire Wettbewerb hat die Widerstandskraft der heimischen Textilindustrie gestärkt, indem sie sich mit großem finanziellem, technologischem und nicht zuletzt ausbildungsmäßigem Aufwand für die Verteidigung ihrer Position und die Chancen in der Erweiterung ihres Exports gewappnet hat. Die Aufgaben werden bestehen bleiben. Qualifiziert ausgebildetes Fachpersonal bleibt stets eine der wichtigsten Voraussetzungen. Gute Chancen also für interessierte junge Leute.

Joachim Mittmann

Stoffe entwerfen

Kreatives Empfinden und jede Menge Technik

1. Die Industrie

Die Textilindustrie ist aus den Negativ-Schlagzeilen heraus. Sie hat ein positives Bild entwickelt und bietet, nicht nur im Kreativbereich, interessante und attraktive Betätigungsfelder. Die Textilindustrie der Bundesrepublik gehört zu den modernsten der Welt. Um dies zu erreichen, war ein hoher Kapitalaufwand erforderlich, und nur durch ständige Investitionen kann das Niveau gehalten werden. So können die Kosten zur Schaffung eines Arbeitsplatzes in der Weberei die Millionengrenze leicht erreichen. Während z. B. früher ein Weber zwei Webstühle bediente, hat er heute, je nach Gewebeart, mindestens 10 Maschinen zu überwachen, und «seine» Produktion beträgt etwa das Zwanzigfache der früheren Kapazität.

Die modernen Maschinen produzieren aber nicht nur schneller, sie sind in ihren Einsatzmöglichkeiten auch stärker begrenzt. Das hat die Produktentwicklung zu berücksichtigen.

Es ist verständlich, daß die Industrie bemüht ist, ihre Maschinenanlagen optimal zu nutzen und Stillstandzeiten zu minimieren. Dies ist nicht nur eine Frage der Arbeitszeit- und Arbeitsplatzgestaltung, sondern auch der Produktpalette. Die Entwicklung möglichst «sicherer» Produkte aber schafft zugleich erhöhte Anforderungen an das Material und an den Menschen.

Diese erhöhten Forderungen werden aber nicht nur von seiten der Produktion gestellt, auch der Markt ist anspruchsvoller geworden. Man erwartet schnelles Reagieren auf Kundenwünsche, zuverlässige Einhaltung vereinbarter Liefertermine und – bedingt durch Automatisierung im Zuschnitt und beim Nähprozeß – Stoffe hoher Präzision, die sich möglichst problemlos verarbeiten lassen.

Doch was haben diese verarbeitungstechnischen Probleme mit dem Stoffentwurf zu tun? In den meisten Produktbereichen kann man Entwurf und Entwicklung nicht trennen, Wareneigenschaften sind konstruktionsbedingt, Design und Technik damit voneinander abhängig.

Daß Gewebe oder Maschenwaren gleichzeitig der Mode immer auch zu entsprechen haben, ist fast zur Selbstverständlichkeit geworden. Immer ist die Mode Dreh- und Angelpunkt, wenn der Stoffentwurf zur Diskussion steht.

Wer Stoffe entwerfen möchte, sollte nicht nur möglichst viel über die Industrie wissen, auch der organisatorische Ablauf und die Bedingungen sind wichtig, die zur Entwurfsarbeit gehören und folgendes bedeuten:

- Entwürfe lassen sich nur im Rahmen einer Kollektion realisieren und präsentieren.
- Neue Stoffkollektionen werden zweimal im Jahr herausgebracht: für Frühjahr/Sommer und Herbst/Winter. Sie werden der Bekleidungsindustrie zehn bis zwölf Monate vor ihrem Erscheinen im Handel zum Kauf angeboten. Dies geschieht durch Kollektionsvorlagen bei Kunden oder auf den Stoffmessen, zum Beispiel der Interstoff in Frankfurt am Main. Erst nach Auftragserteilung erfolgt die Produktion der Stoffe.
- Die Entwurfsarbeit für die Kollektion beginnt etwa ein halbes Jahr vor deren Herausgabe. Die jeweiligen Tendenzfarben und Trendinformationen werden noch einige Monate früher erarbeitet und zwar von Modeinstituten und verschiedenen Unternehmen.

  Es dauert also normalerweise eineinhalb Jahre, bis eine «Stoffidee als Kleid im Laden hängt».

  Da diese Zeitspanne häufig zu groß ist, um auf spontane Modeideen schnell reagieren zu können, wird der übliche Kollektionsrhythmus von permanenter Musterung flankiert. So können besondere Ideen gegebenenfalls innerhalb weniger Monate oder gar Wochen an die Frau/den Mann gebracht werden.
- Jede Kollektion hat ihren eigenen Stil, der, grob unterteilt, von

  Stoffarten (z. B. Wollstoffe, Baumwollstoffe...),

  Produktbereichen (DOB Damenoberbekleidung, HAKA Herrenkonfektion),

  Qualitäts- und Preisniveau,

modischem Grad und
Verbraucher-Zielgruppen bestimmt wird.

Ein Entwurf, der außerhalb dieses Stils liegt, wird erschwerte Bedingungen für die Durchsetzung erfahren. Das bezieht sich besonders auf Preisgrenzen.

Die Kreativ-Abteilung, in der die Kollektion erarbeitet wird, in bestimmten Industriegruppen als «Dessinatur» bezeichnet, ist die Ideen-Küche, abgeschirmt gegen unerwünschte Einblicke von außen, aber offen für jede Anregung und Information. Auf der ständigen Suche nach Neuem unterhält man intensive Kontakte zu Kunden, Lieferanten, Modeinstituten, Designern – auch anderer Branchen – und beobachtet den Markt im In- und Ausland. Man hat zwar längst abgehakt, was Einzelhändler in ihren Schaufenstern zeigen; wie sich aber die Ideen durchgesetzt haben und wie überzeugend Mode dem Verbraucher präsentiert wird, ist hier erkennbar.

Kollektionen sind einerseits auf einen definierbaren Kundenkreis abgestimmt und werden sich primär an diesem orientieren. Andererseits sind Maschinen, mit denen produziert werden soll, durchaus nicht für jeden Stofftyp geeignet.

Wer gestalterisch arbeitet, wird sich immer in einem gewissen Zwiespalt befinden. Es gilt, Ideen in möglichst hoher Qualität zu realisieren, aber Technik, Ökonomie und Ökologie setzen Grenzen, die beachtet werden müssen. Muß das Ergebnis also oft nur ein Kompromiß sein?

2. Die Ausbildung

Was kann man lernen, was muß man können?

Dem Amerikaner Dave Chapman wird folgendes Zitat zugeschrieben:

«Ein guter Designer muß zu
30 % Kaufmann
30 % Konstrukteur
30 % Künstler
30 % Soziologe
30 % Fertigungsingenieur
30 % Verkäufer
sein!»

Designer als Übermenschen?

Sicher nicht, aber Vielseitigkeit ist gefragt.

Erfahrene Designer der Textilindustrie beziffern den Anteil der reinen Entwurfsarbeit an Stoffentwicklungen auf etwa 20 %. Den überwiegenden Zeitaufwand erfordern Organisationsarbeiten, Überlegungen zur Konstruktion, zur Materialwahl, zur Optimierung des Produktionsprozesses in technischer und wirtschaftlicher Hinsicht.

Wer nach der Ausbildung in der Industrie arbeiten möchte, darf sich also nicht nur mit Fragen der Gestaltung befassen.

- Entwurfstechniken sind das Handwerkszeug. Druckentwürfe erfordern zeichnerische und malerische Begabung, Entwürfe für Web- und Maschenwaren die Fähigkeit, die Technik in den Gestaltungsprozeß einbeziehen zu können.

- Variationsmöglichkeiten von Form und Farbe können und müssen experimentell erfahren werden.

- Detaillierte Kenntnisse über Faserstoffe, Garne, die Flächenkonstruktion, die Textilveredlung sind zu erwerben, und auch die Verfahrenstechnik ist einzuschließen, vor allem dort, wo sie gestaltenden Einfluß nehmen kann.

- Der Umgang mit Farben ist in diesem Bereich sehr wichtig. Farbenlehren vermitteln das notwendige Grundwissen. Farbempfinden ist nur schwer erlernbar, und die Freude am «Spiel mit Farben» wird sehr schnell zu einer ernsten Auseinandersetzung um Helligkeitswerte, Kontraste und Farbwirkungen.

- Sensibilität für Modeentwicklungen, nicht nur nach dem Motto «das gefällt mir».

  Natürlich möchte jeder nur Stoffe entwerfen, die seinem Stil, seinem Geschmack entsprechen, Stoffe, mit denen er sich selbst identifiziert. Leider ist in der praktischen Arbeit dazu selten Gelegenheit. Da werden Wünsche von Kunden geäußert, Vorgesetzte erteilen Aufgaben, und manchmal zeigt die Mode Tendenzen, die mit dem persönlichen Geschmack nur schwer zu vereinbaren sind.

  Hier stellt sich die vielleicht größte Herausforderung an die Designer: eine Idee, von wem auch immer angeregt, aufzugreifen, im

Sinne der Mode zu interpretieren und zu einem Objekt mit gutem, vertretbarem Design zu gestalten.

– Computer-Kenntnisse werden immer wichtiger. CAD, Computer Aided Design, muß einen breiten Raum in der Ausbildung einnehmen. Der Computer wird uns helfen, schneller, preiswerter, risikoloser und selbst ideenreicher zu entwerfen. Der Rechner ist aber nur ein mehr oder weniger gehorsamer Erfüllungsgehilfe. Er ist nicht kreativ, aber wer ihn als Instrument zu handhaben versteht, dem eröffnen sich ungeahnte Möglichkeiten. Dabei sind Disziplin und Entscheidungsfähigkeit gefragt, sonst wird das Terminal zum Irrgarten.

  Zu lernen sind gezieltes und konsequentes Ausnutzen aller gestalterischen und technischen Möglichkeiten, die eine Software bietet.

– Der Kreativität mehr Chancen!

  Nach Müller-Braunschweig «schafft künstlerische Kreativität neue kommunizierbare Formen, mit denen neue Erlebnisinhalte vermittelt werden können». Und Höhler definiert Kreativität als «die Kraft, das Unerwartete mit dem Ungewohnten zu verknüpfen». Daß Mode ein hohes Maß an Kreativität erfordert, steht wohl außer Zweifel, daß Mode zum Erlebnis werden kann, ist keine neue Erkenntnis. Das kreative Potential in die richtigen Bahnen zu lenken, sie nicht in unrealistischen Projekten zu vergeuden, ihr einen breiten Gestaltungsraum zu bieten, sollte zielgerichtete Ausbildung sein.

  Die Verantwortung der Industrie für ihre Kreativen muß in diesem Zusammenhang auch erwähnt werden. Die Bemühungen, Kreativität in der Ausbildung zu fördern, sind nutzlos, wenn Empfindungsreichtum und Phantasie durch zu eng gesteckte Grenzen einer Kollektion und des technischen Apparates verkümmern.

3. Berufschancen

Textildesigner können als Angestellte im festen Arbeitsverhältnis oder freiberuflich tätig sein. Die Blätter zur Berufskunde der Bundesanstalt für Arbeit geben hier ausführliche Auskunft.

Freiberufliche Mitarbeiter(innen) sind da anzutreffen, wo zeichnerische Entwürfe Ausgangspunkt für die Produktgestaltung sind. Dies ist beim Druck- und Jacquardentwurf der Fall und bei einigen Produktbereichen der Heimtextilien. Web- und Maschenwaren, die den Entwurf erst im fertigen Stoff präsentieren, erfordern eine sehr starke Einbeziehung der Technik und des Materials. Eine freiberufliche Mitarbeit ist auf diesem Gebiet erschwert, da detaillierte Informationen über innerbetriebliche Gegebenheiten häufig nicht zur Verfügung stehen.

Wer Stoffe entwerfen möchte, sollte sich darauf einstellen, dies als fest angestellte(r) Mitarbeiter(in) eines Textilbetriebes zu tun.

Berufsanfänger haben es – wie überall – schwer. Zwischen ihnen und den Führungskräften klafft häufig eine große Altersdifferenz, da durch den Umstrukturierungsprozeß der Vergangenheit die Textilindustrie über einen langen Zeitraum kaum Nachwuchskräfte eingestellt hat. Die mittlere Altersgruppe ist sehr schwach besetzt und fehlt gänzlich. Es wäre falsch, älteren Mitarbeitern oder Vorgesetzten grundsätzlich mangelndes Verständnis für junge Leute vorzuwerfen, aber das Generationenproblem ist ohne Zweifel vorhanden. Kein Wunder, daß die «alten Hasen» dem Neuling, der soeben die Hochschule verlassen hat, oft vorwerfen, von der Praxis habe er keine Ahnung. Häufig haben sie vergessen, wie es ihnen selbst vor Jahren in gleicher Situation ergangen ist, und eine Veränderung von Studienkonzepten und Inhalten ist ihnen meistens auch nicht bewußt. Aber ihre Vorwürfe sind nicht ganz unbegründet, denn die Notwendigkeit, ein Studium praxisorientiert auszurichten, kann gar nicht genug betont werden.

Der erste Schritt dazu ist ein gutes und ausreichendes Praktikum vor Studienbeginn.

Trotzdem darf das Selbstbewußtsein für die eigene Leistung nicht fehlen. Nur braucht man eben mindestens zwei Jahre, um in Teilbereichen der Kollektion Verantwortung übernehmen zu können.

Die ersten Berufsjahre sind deshalb mehr als Abrundung der Ausbildung zu werten.

Dabei ist die Bindung an einen regionalen Raum eine schlechte Voraussetzung für eine gute Anfangsposition.

Wer in diesem Beruf erfolgreich sein will, muß ungewöhnliche Arbeitsbedingungen akzeptieren.

- Zu Kollektionszeiten ist ein pünktlicher Feierabend nicht garantiert.
- Häufiges Reisen, auch ins Ausland, erscheint sehr attraktiv und ist ohne Zweifel eine notwendige Bereicherung der kreativen Tätigkeit. Aber der Besuch von Messen oder Kunden und selbst der informative Stadtbummel ist Arbeit und anstrengend. Der geplante Museumsbesuch, der Ideen ganz anderer Art vermitteln könnte und sollte, unterbleibt aus Zeitgründen allzuoft.
- Informationsquellen erschließen sich nicht von selbst: Doch Kontaktfreudigkeit, Selbstbewußtsein und manchmal auch eine gute Portion Frechheit sind nicht jedermanns Sache.
- Die Nervenbelastung ist groß. «Quick Response», das schnelle Reagieren, trägt seinen Teil dazu bei. Man ist nie fertig, denn kaum ist eine Kollektion abgeschlossen, gilt es, Sonderwünsche zu erfüllen. Und der nächste Kollektionstermin steht bereits fest.

Haben Individualität und Originalität unter diesen Bedingungen überhaupt eine Chance? Dies ist die vielleicht schwierigste Frage. Gertrud Höhler definiert «Leistung» am Arbeitsplatz als

«die authentische, erwartungsvolle Präsenz des interessanten einzelnen, der hier gefragt sein möchte in seiner kompletten Individualität. Er möchte motiviert sein, er möchte Lust haben an einer Sache, die er nur als seine Sache wünscht, nicht als den neutralen Auftrag für Funktionsträger, sondern als eine Herausforderung an seine Individualität.»

Utopie der Zukunftsgesellschaft oder Wunsch eines jeden, der zu verantwortlicher Mitarbeit bereit ist?

«Stoffe entwerfen«, das Anforderungsprofil scheint überzogen, die Erwartungshaltung zu hoch. Aber an Kollektionen, die nicht gut genug waren, ist schon manch ein Unternehmen gescheitert. Also doch berechtigte Forderungen? Wer sich ihnen stellt, findet ein hochinteressantes Betätigungsfeld, ob Frau oder Mann ist glücklicherweise nicht mehr entscheidend.

Manfred Görgemanns

Ohne Stoff kein Kleid

Seiden für die Couturiers der Welt

In fast allen Gesprächen mit Bekannten aus unterschiedlichsten Berufen merke ich immer wieder, daß nur wenig Menschen eine wirkliche Vorstellung davon haben, wie eine Stoffkollektion entsteht und welche Bedeutung der Stoff in der Mode hat. Im Gegensatz dazu weiß man viel mehr über das Entstehen von Kleiderkollektionen. Der eigentliche Grund liegt sicher darin, daß der Verbraucher sich hier mit einem Endprodukt direkter auseinandersetzen kann.

Wie eine Kollektion konzipiert und aufgebaut wird, hängt von den verschiedenen Betrachtungsweisen ab.

Die Aufgabe, einen Weltmarkt zu bedienen, zwingt den Stoffkreateur zu einer klaren Analyse der unterschiedlichen Mentalitäten. Verschiedene klimatische Bedingungen fordern zwangsläufig den Einsatz entsprechender Materialien. Sonnige Länder haben oft eine andere Farbauffassung als Gebiete mit eher schwankendem Klima. Kaufgewohnheiten stehen oft in Abhängigkeit zur Körpergröße, Haar- und Hautfarbe der verschiedenen Völker. Die unterschiedlichen Soziallagen innerhalb der Absatzmärkte zwingen zusätzlich zu einer Preisgestaltung, die den Märkten entspricht. Aus vielen dieser genannten Teilinhalte ergibt sich das Grundgerüst zur Planung einer Kollektion, die dann mosaikartig zu einem marktgerechten Produkt geschaffen wird.

In unserem Haus werden jährlich vier Kollektionen entworfen und erstellt. So gibt es im Jahr je eine Winter- und eine Sommer Haut-Couture-Kollektion, die den Designern in Rom und in Paris, wie z. B. Valentino, Ferrè, Ungaro, Dior, Lacroix, um nur einige zu nennen, angeboten werden. Diese von uns wie in einer Labortätigkeit entwickelten Stoffkreationen, die aus der Lust nach Neuem entstehen, dienen ausschließlich den Spitzendesignern in Paris und Rom zur Erstellung ihrer Meisterwerke. Hierbei sind die Ängste, wirklich neu und richtig innerhalb der selbst gesetzten Ziele zu liegen, oft groß, was man mir zum Glück nicht ansehen kann. Diese Kollektionen werden zweimal im Jahr der Weltpresse und einer kleinen elitären Schicht von Kunden in großartigen Modeschauen präsentiert. Paloma Picasso, Catherine Deneuve, Sophia Loren und Prinzessin Caroline von Monaco gehören zu den Stamm-Kundinnen in diesem illustren Kreis. Je eine Sommer- und eine Winterkollektion für die Luxuskonfektion und die Prêt-à-Porter der Designer werden von uns weltweit angeboten und verkauft. Der Detailhandel (Meterwarenverkauf) wird in beiden Kollektionen einbezogen. Der Hauptakzent unserer Kollektionen liegt in der Verwendung von reiner Seide und saisonabhängig in Artikeln aus Baumwolle und reiner Schurwolle. Die Vielfalt der in diesen Materialien erstellten Produkte mit ihren Dessinierungen im Druck und Jacquardbereich neben einer großen Palette von Uni-Geweben mit ihren reichen Farbsortimenten, dienen (so hoffen wir) den vielen verschiedenen Modemachern zur Verwirklichung ihrer Wunschträume. Eine besondere Freude ist es, wenn die Übersetzung vom Material glücklich zu einem neuen Modeausdruck gelangt.

Marktanalysen, die vor der Kollektionserstellung gemacht werden müssen, stehen im krassen Gegensatz zur eigentlichen kreativen Arbeit, wenn man beginnt, einen neuen modischen Ausdruck für die Zukunft zu suchen. Ich darf mich zu der Gruppe von Menschen zählen, die trotz Notwendigkeiten auf kommerzieller Seite mit großer Freude und Ausdauer immer wieder neue Ideen sucht und aufnimmt. Das mir von Natur geschenkte Talent würde nicht ausreichen, hätte ich mir nicht ein gesamtwirtschaftliches Verständnis erworben, das mir hilft, nicht nur eine Sensation, sondern in einem glaubhaften Gesamtausdruck die Bedürfnisse des Marktes in seiner ganzen Breite auf hohem Niveau abzudecken. Meine Begegnungen mit der Spitze von Modemachern in der ganzen Welt gehört zur Basis meiner Arbeit. Dieser Herausforderung, Beitrag leisten zu können bei einer neuen Stilfindung in der Mode, fordert Höchstleistungen sowohl in der Kreation als auch von allen sonst daran Beteiligten. Das Miterleben solcher bahnbrechenden Modebildveränderungen gehört zum Aufregendsten in meinem Beruf, besonders, wenn das Material maßgebend daran beteiligt ist.

Die Emanzipation der Frau hat das Erfassen der Mode nicht einfacher gemacht. Leitbilder, die früher bestanden, sind praktisch verschwunden. Die Frau von heute ist freier geworden, sie unterliegt nicht mehr einem eindeutigen Modediktat. Mut zur Selbstdarstellung und die Vielfalt im Ausdruck durch Perfektion in einer Stoffkollektion sowie Originalität sind Grundvoraussetzungen für den Erfolg als Stoff-Designer.

Die wesentlichen Schritte bei der Entstehung eines Stoffes beginnen bei der Initialidee und dem Entwurf auf dem Papier, führen zur Übersetzung in eine Gravur, zum Aussuchen und Testen verschiedener Grundmaterialien bis schließlich zur Kolorierung. Bis eine Frau das fertige Kleid tragen kann, vergehen im allgemeinen eineinhalb Jahre. Dieses frühe Sich-Festlegen in einer Stoffkollektion verlangt ein hohes Maß an Einfühlung und Vorausschau, wobei das Leben in seiner Vielfalt maßgebliche Quelle für die Inspiration ist; so z. B. der Besuch von Museen und die Auseinandersetzung mit der Kunst in breitester Ebene, wie auch Film- und Musikerlebnisse und nicht zuletzt die auf Reisen gesammelten Eindrücke von Landschaften, Architektur, Farben und – Menschen.

Jungen Menschen, die den Wunsch haben, Stoffkreateur zu werden, kann ich nur empfehlen, ihren Weg offenzulassen, damit sich ihre Begabung frei entwickeln kann und somit ihr Traum Wirklichkeit wird. Klangvolle Namen auf Hochglanzmagazinen, die die Welt der Mode bedeuten, lassen oft vergessen, wie hart hinter den Kulissen gearbeitet wird, um zu einem positiven Resultat zu kommen und das Moderad in Schwung zu halten. Es ist sehr gefährlich für junge Menschen, durch oberflächliche Modespektakel eine falsche Erwartung von den eigentlichen Abläufen in der Praxis zu bekommen. Traum in Wirklichkeit zu verwandeln, heißt für mich kreatives Schaffen zu erleben und zu fühlen – und dabei ist man oft sehr allein. Das gestern noch so Neue ist heute schon alt. Die Berücksichtigung der Tradition «Menschen zu kleiden und nicht zu verkleiden», verbunden mit soliden Grundkenntnissen im kreativen, technischen und kommerziellen Bereich sind von absoluter Notwendigkeit, um in Begegnungen mit Gesprächspartnern ernstgenommen zu werden. Bei meinen vielen Begegnungen mit Studenten, die in der Ausbildung stehen, glaube ich herauszuhören, daß der Sinn von vier Jahren Ausbildung oft verfehlt ist, da der notwendige Wissensstand der Lehrkörper in den meisten Fällen nicht den Erwartungen des Wirtschaftssystems entspricht. Der wirklich begabte Mensch wird ohnehin intuitiv sein Ziel ansteuern.

An dieser Stelle möchte ich auch erwähnen, daß das Erreichen einer großen Leistung nur mit dem Einsatz von vielen Menschen möglich ist. Um eine erstklassige Dienstleistung anbieten zu können, gehören alle Beteiligten dazu; von den verschiedenen Handwerkern in der Produktion bis hin zum Verkauf. Wenn alle Dinge optimal aufeinandertreffen, entsteht als Ganzes der unverwechselbare Begriff der «erstklassigen Qualität».

Klaus Kahle

«Ein bißchen verrückt sind wir alle...»

Stoffeinkauf, Dauerstress und helle Freude an der Arbeit

Als ich mich 1965 entschloß, an der damaligen Textilhochschule in Aachen ein Studium als Textilingenieur zu beginnen, waren die Kommentare von Freunden und Bekannten mehr als negativ. Verständlich, zur damaligen Zeit begann das große Firmensterben in der Textilwirtschaft. (Von den ehemals achtzig Tuchfabriken, die es allein in Aachen einmal gab, existieren heute noch fünf, allerdings mit enorm gesteigerter Produktion.)

Das große Klagelied jener Jahre hallt bis heute nach. Daß sich das Bild inzwischen völlig verändert hat und daß gerade dem Nachwuchs heute mehr Türen denn je offen stehen, ist viel zu wenig bekannt. Allerdings ist das in der heutigen vierjährigen Ausbildung vorgeschriebene Praxissemester keineswegs ausreichend, und die Theoretisierung des Studiums läßt in weiten Bereichen wesentliche praktische Grundvoraussetzungen vermissen. Daher kommt auch, daß sich die Berufsanfänger nach dem Studium heute noch schwerer tun als wir damals, wenn wir mit den älteren Praktikern zusammenkamen und die uns skeptisch fragen: «Na ja, Ingenieurstudium ist ja ganz schön, aber was kannst du eigentlich?»

Das war in jenen Jahren wirklich nicht sehr viel, aber heute ist es im Vergleich zu damals fast gar nichts.

Nach meinem Studium begann ich in Aachen als Dessinateur in der Tuchindustrie. Man könnte den Dessinateur mit einem Konstrukteur vergleichen, denn er «konstruiert» das Gewebe, kümmert sich um die eingesetzten Garne und deren Eigenschaften, die Warenbreite und die Ausrüstung in ihren vielen Variationen. Wichtig dabei ist die Frage, was er mit diesem Stoff erreichen und welche modische Aussage er ihm geben will.

Gerade auf diesem Sektor begegnen sich Technik und Kreativität. Zunächst wird die Kollektion entwickelt, die die Basis für das eigene Unternehmen darstellt. Auf ihre Farbgebung, die Dessinierung der Karo- oder Streifengröße können die Konfektionäre mit ihren Wünschen Einfluß nehmen. Grundlage vieler Vorschläge und Wünsche sind die sogenannten «Tendenzvorschläge», die in jeder Saison vom Deutschen Modeinstitut und den Modeinstituten einiger europäischer Länder herausgegeben werden.

Der erste Schritt zu einer neuen Stoffkollektion beginnt mit dem Besuch der «Piti Filati», der Garnmesse in Florenz. Hier wird mit der Erstübersicht über glattere oder voluminösere Garne, über kräftigere oder besonders weiche Lambswooltypen bereits eine trendsetzende Aussage gemacht. Auch die verschiedenen Faserinstitute, wie z. B. das «Internationale Wollsekretariat», das «Baumwollinstitut» und die Chemie-Faserfirmen, wie HOECHST, BAYER und ENKA usw., präsentieren ihre Vorschläge im Bereich dieser Vorstufe, natürlich auch, um den Verkauf ihrer neu entwickelten Produkte hier anzukurbeln.

Die erste Messe, auf der die Stoffe aus den neuen Garnen zu sehen sind, ist dann jeweils im März und September die «Première Vision» in Paris. Hier werden die neuen Stofftendenzen weltweitführender Hersteller gezeigt. Auf Paris folgt die «IDEABELLA» in Mailand, die sich vor allem an die Herrenkonfektion wendet. Nach Mailand werden auf der elitären «IDEACOMO» in Como die schönsten und hochmodischsten Stoffe für den Bereich der DOB vorgestellt. Wenig später im Jahr, im April und im Oktober, findet in Frankfurt die «Interstoff» statt, eine international besuchte Messe, auf der dann endlich die Kollektionen in ihrer Gesamtheit zu sehen sind, denn bis dahin sind vielfach nur Fragmente und Anfangsentwicklungen sichtbar. Hier werden die ersten Blockaufträge vergeben und Absprachen über neue Kollektionen gemacht. Zusätzlich werden die wichtigen Konfektionäre von den Webern zu Hause besucht, um ihnen dort noch einmal individuelle Kollektionsvorlagen zu machen.

Wie kommt es nun zu den Tendenzen?

Allgemein läßt sich diese Frage nicht beantworten, da sich im Bereich der mittelmodischen und massenproduzierenden Firmen eigene Farbtendenzen oder eine eigene modische Aussage nicht so klar umreißen lassen wie bei den sogenannten «Trendsettern». Während sich der breite Markt stark nach den Vorgaben der «Piti Filati» und den Hinweistafeln über die neuen Tendenzen auf den Stoffmessen richtet, müssen große und Trend-setzende Firmen sich durch klar erkennbar individuellere Produkte von diesem breiten Markt deutlich absetzen.

So gilt z. B. vielen der Katalog der Firma ESCADA, für die ich heute tätig bin, als eine Art «Bibel», mit deren Hilfe sie ihre eigenen Kollektionen aufbauen. Wir haben es mehr als einmal erlebt, daß Weber auf den Trend-Tableaux mit ihren neuen Stoffen uns Fotos aus unseren Katalogen zeigen, um uns anhand dieser Modelle die Wirksamkeit ihrer künftigen Kollektionen zu demonstrieren. Das beweist deutlich, wie wichtig die Erstellung eigener Trends für alle ist, die sich von der breiten Masse abheben wollen.

Nach meinem Start als Dessinateur bot mir das «Internationale Wollsekretariat» in Düsseldorf die Betreuung sämtlicher Spinnereien und Webereien deutschsprachiger Länder an, um Trends für den Bereich Wolle zu entwickeln und durchzusetzen. Da ich immer schon an einer Arbeit im internationalen Rahmen interessiert war, reizte mich diese Aufgabe, und ich habe in den darauffolgenden zehn Jahren viele Neuschöpfungen wie z. B. Cool Wool, Merinowolle Extra Fein oder Super Wash mit auf den Markt gebracht.

Durch diese internationale Tätigkeit konnte ich meinen Horizont über andere Märkte wie z. B. Frankreich, Italien, England usw. sehr erweitern und interessante Kontakte zwischen den internationalen Webern, Spinnern und Konfektionären herstellen. So lernte ich nach einigen Jahren auch den Eigentümer der Firma ESCADA, Wolfgang Ley, kennen. Er bot mir an, zusammen mit dem Design die für das Unternehmen so wichtigen Stoffentwicklungen zu machen und gleichzeitig den Gesamteinkauf mit allen sich daraus ergebenden Konsequenzen zu übernehmen. Durch die besonders erfolgreiche Marktstellung des Unternehmens war dieses Angebot eine reizvolle Herausforderung für mich, die ich mit Begeisterung annahm. War ich beim «Internationalen Wollsekretariat» schon ein ziemlicher Einzelkämpfer und immer bis zum Umfallen zum Einsatz bereit gewesen, erwartete mich hier ein noch härterer Wettlauf mit der Zeit.

Auf Grund der weltweiten Arbeit innerhalb unserer Firma machen wir keine permanente Musterung, sondern jeweils nur eine Kollektion für Frühjahr / Sommer und Herbst / Winter. Diese Kollektion jedoch ist so groß, daß sie alle Liefermonate der Saison abdeckt und so fast auf eine permanente Musterung hinausläuft. Es müssen ständig Stoffe besorgt, Stoffe entwickelt, Modelle aufgemacht und an die Agenturen verschickt werden, so daß zwischen den Saisons kaum noch Zeit bleibt, Luft zu holen. Arbeitstage unter zehn Stunden sind sehr selten. Wochenendarbeit in der Firma oder auf den Messen ist eigentlich in unserem Bereich der Musterung selbstverständlich.

Dazu kommt eine ausgeprägte Reisetätigkeit. Allein im letzten Jahr war ich z. B. über 30 Tage nur in Italien, an vier Wochenenden auf den Verkaufsmessen in Düsseldorf, 6 Wochenenden auf den Einkaufsmessen in Italien / Frankreich, zwei Wochen in Hongkong und in Japan, 3 Wochen in den USA und Kanada. Dazu kommen viele Wochenenden, die für die Präsentation unserer Kollektionen ‹CRISCA›, ‹LAUREL› oder ‹ESCADA› erforderlich sind. Das bedeutet nicht nur geistige, sondern z. T. auch körperliche Höchstanstrengung über einen längeren Zeitraum hinweg. Man muß diese Arbeit lieben, man muß Fan seines Jobs sein, um all das mitzumachen. Denn Familienleben, Freundschaften und Freizeitaktivitäten leiden darunter und setzen – besonders bei der Familie – viel Verständnis voraus. Andererseits sind es aber auch gerade die internationalen Kontakte – (deshalb sind Fremdsprachen so wichtig: ich spreche Englisch, Französisch, Italienisch und ein wenig Griechisch) – die besten Voraussetzungen, um in diesem Beruf erfolgreich zu bleiben.

Man muß sich mit Haut und Haaren einsetzen – und das tun sie eigenartigerweise auch alle, ob es die Verkaufsleiter in den Webereien sind oder die Dessinateure, sie alle haben einen ähnlichen Terminkalender und engagieren sich total. Sicher, sie können auch das große Geld verdienen, Gehälter zwischen 150 000 und 200 000 DM, oft sogar mehr, aber der Preis ist voller Einsatz – und die Kraft, die dazu gehört, kann nur aus der Begeisterung kommen.

Heute besteht mein Berufsalltag aus vielfältigen Aufgaben. Neben der Stoffauswahl steht gleichwertig die Entwicklung von Stoffen mit unseren Webern und Spinnern, die Hinweise auf Tendenzen, auf das Umkippen von Trends, das bereits zu ahnen ist, sei es vom Weichen zur kühleren, spröderen Qualität oder vom Flachen zum Voluminösen.

Diese Strömungen werden uns oft vom Einzelhandel angedeutet und von uns an die Vorstufe weitergegeben, so daß ein unablässiger

Kreislauf gegenseitiger Informationen besteht. Qualitäten werden von uns bestimmt, Gespräche über technische Voraussetzungen geführt und – last not least – über die Preise, die nicht selten die Entwicklung neuer Qualitäten mitbegründet haben.

Rückblickend muß ich sagen, daß sich das Motiv für meinen Entschluß, diesen Beruf zu ergreifen, als richtig erwiesen hat: die internationale Verflechtung in dieser Industrie hat mir ein internationales Aufgabenfeld geboten. Ich kann sagen, daß sich meine Erwartungen mehr als erfüllt haben und daß ich mich als glücklichen Menschen betrachten kann.

Gewiß, es gibt Riesenstress, eigentlich dauernd, und es gibt auch die alltägliche Routine, die keiner liebt – aber immer wieder ist die Freude am Gelingen einer neuen Kollektion, an neuen wunderbaren Stoffen so groß, daß mir meine Arbeit grundsätzlich eher als ein Hobby vorkommt. Freitag nachmittags, wenn in keiner Behörde mehr jemand zu erreichen ist, wenn auch bei den meisten Konfektionären die Arbeit ruht, dann kann ich um vier, um fünf, um sechs oder um sieben Uhr abends meine Gesprächspartner noch anrufen und weiß, daß ich sie noch antreffe – denn im Prinzip sind sie alle ein wenig verrückt wie ich selbst. Aber diese Begeisterung ist es auch, die uns verbindet – und so hat sich über die Jahre hinweg eine Reihe von Freundschaften entwickelt, die die Arbeit wesentlich erleichtern, auch dann noch, wenn es um ernsthafte Auseinandersetzungen im Geschäftlichen gehen muß.

Die Chancen für junge Leute in diesem Industriezweig sind heute besser und vielfältiger denn je. Voraussetzung allerdings ist eine fundierte Ausbildung, Fremdsprachenkenntnis, Erfahrungen in der Praxis. Die vielen Bewerbungen, die wir bekommen, weisen sich leider nur selten durch diese Qualifikationen aus. Doch wenn deutlich wird, daß ein Bewerber bereit ist, sich mit vollem Engagement in den Kreislauf unserer Arbeit einzugliedern, hat er eine Chance, sei es bei uns oder auch bei einem befreundeten Unternehmen, wenn klar ist, daß sein angestrebter Einsatzbereich nicht direkt bei uns liegt. Wer sein Studium als Textilingenieur z. B. als Doppelstudium mit anderen Fachbereichen wie z. B. mit Informatik, Wirtschaftswissenschaften oder Sprachen verbindet, wird für die in der Zukunft sicher noch stärker wechselnden und wachsenden Märkte um so besser gerüstet sein.

Die Textilindustrie ist zu einem Konglomerat vieler Mentalitäten, Nationen und Sprachen geworden. Je mehr man sich dieser internationalen Herausforderung stellt, um so größer werden die persönlichen Chancen sein.

IV Lehrjahre

Erfahrungen
Beobachtungen
Veränderungen

Ellen Jordan-Hellmuthhäuser

Begabung und Disziplin

Ausbildung an einer Hochschule

In den vergangenen Jahren ist der Beruf des Designers immer mehr in das öffentliche Interesse gerückt. Entsprechend groß ist daher der Wunsch vieler junger Leute, Designer zu werden.

Wir an den Hochschulen sind diesem Ansturm kaum gewachsen. Nicht einmal 10 Prozent aller Interessenten können wir ausbilden.

Nach dem Kriege begann die Meisterschule für das Kunsthandwerk (eine Vorgängereinrichtung unseres Institutes) mit einer kleinen Zahl von Studierenden. In den fünfziger und sechziger Jahren waren es etwa 120 Studierende. Anfang der siebziger Jahre reduzierte sich die Zahl der Studenten gravierend auf ca. 30–40. Schuld daran waren die Hochschulreform, veränderte Aufnahmebedingungen (z. B. Abitur als Eingangsvoraussetzung) und längere Studienzeiten. Das Studium dauerte statt bisher 6 Semester nun 10 Semester. Inzwischen haben wir im Studienschwerpunkt Bekleidungsdesign der Hochschule der Künste Berlin etwa 90 Studenten. Das ist im Vergleich zu anderen Instituten eine geringe Zahl.

Neben Begabung sind Motivation und Durchhaltevermögen wichtige Voraussetzungen für diesen Beruf. Die Medien schildern häufig das Leben von Designern als pures Vergnügen im Umgang mit Luxus und ohne jedes Problem. Das mag in Einzelfällen stimmen. Aber alle erfolgreichen Designer, die ich kenne, sind disziplinierte, harte Arbeiter, ohne pünktlichen Feierabend oder geregelten Urlaub. Dieses Mißverständnis versuchen wir schon vor Studienbeginn auszuräumen. Am Anfang stoßen wir auf ziemliches Unverständnis, das sich im Laufe des Studiums in Verständnis umkehrt. Erst der Berufsalltag bestätigt endgültig unsere Prognose. Der ständige Stress hat schon viele wirklich Begabte zum Aufgeben veranlaßt.

In einem Studium können nur grundlegende Kenntnisse vermittelt werden, wie z. B. Zeichnen, Entwerfen, Schnittentwicklung, Umgang mit Material, Umgang mit Trendprognosen, Erforschung von Verbraucherwünschen, marktorientiertes Arbeiten etc. Der eigentliche Lernprozeß beginnt beim Einstieg in das Berufsleben. Dieser Aspekt wird leider von den meisten Absolventen unterschätzt und auch von den Firmen nicht immer richtig eingeschätzt.

Wir beginnen das Studium mit Kreativitätstraining und kleineren Entwurfsübungen, wobei Trends-Zielgruppen-Verkäuflichkeit etc. noch keine Rolle spielen. Die Studenten kommen mit unterschiedlichen Vorkenntnissen zu uns. Fast alle haben Abitur, die wenigsten schon fundierte praktische Erfahrungen. Wir versuchen erst einmal, das kreative Potential der einzelnen Studenten an das Tageslicht zu befördern und ermutigen sie, sich spontan zu äußern. Die anfängliche Unbefangenheit kann unter dem Aspekt des wirklich Machbaren schnell verloren gehen. Das versuchen wir zu verhindern. Im Verbund mit begleitenden Fächern werden die Problemstellungen umfangreicher und konkreter. Die Studenten haben die Möglichkeit, Aufgaben allein oder im Team zu lösen. Sie werden im Laufe ihres Studiums mit den unterschiedlichsten Themen konfrontiert, wie z. B. «Abhängigkeit von Form und Farbe in der Bekleidung», «Marktorientierter Entwurf für DOB, Haka und Kiko», «Promotion für bestimmte Materialien» etc., so daß sie am Ende über ein solides Fundament und breites Repertoire verfügen. Die Themenpalette beinhaltet vom hochmodischen Anspruch über Sport- und Berufsbekleidung alles bis hin zur Bekleidung für Randgruppen.

Randgruppen können z. B. Behinderte sein, deren Probleme sehr speziell sind. Hier muß der Student lernen, sich behutsam mit den einzelnen Betroffenen auseinanderzusetzen und im Kontakt mit ihnen die geeignete und gewünschte Bekleidung entwickeln.

Randgruppen können aber auch bestimmte Berufsgruppen sein, an deren Bekleidung ganz besondere Ansprüche gestellt werden. Dazu gehören z. B. Kühlhausarbeiter ebenso wie Arbeiter am Hochofen oder Spezialisten im Katastrophenschutz. In diesem Bereich ist neben Sach- und Fachkenntnis die Bereitschaft gefordert, sich mit den Bestimmungen der einzelnen Berufsverbände auseinanderzusetzen. In den letzten Jahren haben wir verstärkt auf diesem Gebiet gearbeitet. Dieser Wandel hat eingesetzt, als man begann, sich mehr für die Bedürfnisse der Verbraucher zu interessieren und ihre Wünsche zu berücksichtigen. Das Berufsfeld des Designers ist einem ständigen Wandel unterworfen.

Mode ist der Spiegel der Zeit. Betrachtet man die letzten 4 bis 5 Jahrzehnte, findet diese These Bestätigung. Impulse aus den Bereichen der Kunst, der Politik, der Wirtschaft etc. finden in der Mode ihren Niederschlag. Besonders deutlich sind die Einflüsse in den fünfziger Jahren zu erkennen, wobei man beachten muß, daß Mode nicht nur Bekleidung, sondern unsere ganze Umwelt beeinflußt: Musik, Farben, Autos, Häuser, unsere Gestik, unser Benehmen, unsere Ernährung. Selbst Diäten sind der Mode unterworfen. Viele bekannte Designer bieten mit ihrer Mode auch bestimmte Auffassungen ihrer eigenen Philosophien an. Sie müssen Zeitströmungen frühzeitig erkennen und umsetzen. Auch bei individueller Interpretation des Zeitgeistes lassen sich beim Betrachten unterschiedlicher Kollektionen bestimmte zeittypische Elemente erkennen.

Designer müssen besonders wache und neugierige Menschen sein. Nur wer seine Umwelt aufmerksam beobachtet und Impulse schon frühzeitig richtig deutet, wird verbrauchergerecht arbeiten können.

Daneben müssen die rasanten Entwicklungen auf dem Gebiet der Technologie beobachtet und umgesetzt werden. Materialien mit speziellen Eigenschaften und daraus resultierende Herstellungsverfahren beeinflussen immer mehr den Entwurf. Zum Beispiel hat die Entwicklung elastischer Materialien die Sportbekleidung revolutioniert. Auch in superengen Overalls hat man volle Bewegungsfreiheit. Bis zu diesem Komfort war es ein weiter Weg. Neue Schnittsysteme mußten erprobt, neue Maschinen entwickelt werden, mit denen diese elastischen Materialien auch elastisch verarbeitet werden konnten. Impulse aus der Sportbekleidung finden sich in allen Bereichen der Tageskleidung wieder. Immer mehr Freizeit und die Liberalisierung in bezug auf Bekleidung in wenigstens einigen Bereichen der Geschäftswelt haben die Produktpaletten vieler Firmen völlig verändert und den Markt erweitert.

Hier ist die Nahtstelle von der Kreativität zur praktischen Umsetzung. Wir widmen diesem Aspekt große Aufmerksamkeit, haben aber aus finanziellen Gründen oft Mühe, Schritt zu halten. Spezialmaterialien sind nicht im Einzelhandel, sondern nur vom Hersteller direkt erhältlich. Hier ist nun das Problem, daß man als Kunde erst akzeptiert wird, wenn man größere Mengen abnimmt. Das übersteigt sowohl unsere finanziellen als unsere Lagermöglichkeiten. Also sind wir auf großzügige Unterstützung der Industrie und die Vermittlung übergeordneter Verbände angewiesen. Nach anfänglichen Schwierigkeiten haben wir durch die Fürsprache mehrerer Verbände im In- und Ausland in den letzten Jahren zunehmend gute Erfahrungen gemacht. Wir wissen natürlich auch, daß außer uns viele andere Schulen die Firmen um Unterstützung bitten. Das erklärt gelegentliche Zurückhaltung. Ist man nun endlich im Besitz des Spezialmaterials, ist das Problem erst halb gelöst. Für die Verarbeitung braucht man Spezialmaschinen. Diese sind sehr teuer, unser Etat aber ist sehr klein.

Die Studienstruktur im Fachbereich Design der Hochschule der Künste Berlin gibt den Studenten im Hauptstudium (nach dem Vordiplom) die Möglichkeit, sich ihren Neigungen entsprechend zu entwickeln. Es gibt viele interessante Nischen in diesem Berufsfeld.

Neben dem Entwurf in den Bereichen DOB (Damenoberbekleidung), Haka (Herrenkonfektion), Kiko (Kinderkonfektion) ist der gesamte Accessoirebereich einschließlich der Hüte zu nennen; die Kostümbildnerei bei Bühne, Film und Fernsehen; die Illustration; Fotografie; Journalismus; Mitarbeit in Trend- und Stylingbüros; Trend- und Farbberatung in der Industrie etc. Wir wollen den Studenten schon frühzeitig die Chance geben, sich gezielt vorzubereiten. Praktika in entsprechenden Bereichen müssen während des Studiums absolviert werden. Hier erhalten die Studenten die Möglichkeit, neue Erfahrungen zu machen, unrealistische Vorstellungen zu korrigieren und bemerkte Defizite bei der Wiederaufnahme ihres Studiums auszugleichen.

In der Regel suchen sich Studenten die Praktikantenplätze selbst. Die Angebote, die wir bisher erhalten, decken die große Nachfrage nicht. Bestehende Kontakte zu intensivieren und neue herzustellen, muß unsere Aufgabe für die nahe Zukunft sein.

Es gibt Privatschulen, Fachschulen, Fachhochschulen und Hochschulen, an denen Designer im In- und Ausland ausgebildet werden. Die Ausbildungsprofile sind sehr unterschiedlich. Sie reichen vom freien Experiment bis zum eng praxisorientierten Arbeiten. Berufsberatungen können sicher die Unterschiede nur z. T. verdeutlichen. Es ist zu empfehlen, sich vor Ort selbst zu informieren, um die geeignete Studienmöglichkeit herauszufinden.

Unterschiedlich wie die Ausbildungsmöglichkeiten sind auch die Arbeitsmöglichkeiten für Designer. Egal ob man als freier Designer oder als Stylist in einem großen Unternehmen bzw. als Berater tätig ist, die Grundbedingungen sind immer die gleichen. Ohne volles Engagement und ohne die Bereitschaft, so manche Unbequemlichkeit in Kauf zu nehmen, kann man in diesem Beruf nicht zum Erfolg kommen. Begabung und Disziplin müssen sich die Waage halten.

Gerd Hartung

Lehr(er)jahre heute

Ein halbes Jahrhundert im Modegeschehen

Aus etwa dreißig Modeschulen in der Bundesrepublik kommen jährlich fast tausend Absolventen, alle mit dem Wunsch, Mode zu machen. Nur der überdurchschnittlich begabte und fleißige Schüler wird sich bei diesem ungleichen Verhältnis von Nachfrage und Stellenangebot bewähren.

Als ich vor fünfundfünfzig Jahren mit dem Modezeichnen begann, sah die Ausbildung natürlich etwas anders aus als heute. Zielsetzung und Berufschancen dagegen sind mit der Situation von heute in fast keinem Punkt mehr vergleichbar.

Damals gab es noch den Beruf des Modegraphikers. Alle Mode-Medien, von der Gesellschaftszeitschrift bis zum Schnittmusterblatt, veröffentlichten sehr viel mehr Zeichnungen als Fotos; alle Titelblätter waren gezeichnet. Doch selbst unter diesen scheinbar günstigen beruflichen Voraussetzungen mußte man auch in jenen Jahren schon besonders gut sein, um eine Stelle zu finden. Zwar brauchte der Zeichner von gestern, anders als der Designer heute, keine Schneiderlehre, aber für die schnittgerechte Wiedergabe der Modelle war der ‹absolute Blick für Mode› erforderlich. Wenn auch das Angebot an kreativer Mode bei weitem nicht so groß wie heute war – das kreative Talent des Entwurfs war trotzdem gefordert, weil die Modezeitschriften damals häufig eigene Modellvorschläge brachten.

Ich hatte Glück:

Meine Karriere begann 1934 bei den beiden angesehensten Kultur- und Modezeitschriften Deutschlands, bei der ‹Dame›, die bei Ullstein erschien und bei der ‹neuen linie› vom Beier-Verlag.

Nun, nach mehr als fünfundfünfzig Jahren freiberuflicher Arbeit als Modegraphiker, Designer von Kollektionen und als Journalist für viele Zeitschriften, Werbekataloge und Fach- und Tageszeitungen, bin auch ich zum ‹Lehrer› geworden. An der Berliner Hochschule der Künste unterrichte ich ‹Betriebsgerechtes Modezeichnen› und am Lette-Verein Berlin ‹Figürliches Zeichnen›.

Wenn sich seit meiner eigenen Studienzeit an der international bekannten Berliner Reimann-Schule auch ausbildungsmäßig und beruflich unendlich viel verändert hat – eines ist gleich geblieben: wer zeichnen will, muß beobachten lernen. Wer später beruflich Modenschauen im In- und Ausland besuchen und sich inspirieren lassen will, was von dem Gesehenen für den Stil seiner Firma anregend sein könnte, muß sehr genau hinsehen – mit den Augen als Kamera.

Das will geübt sein und setzt Begeisterung für den Beruf voraus. Doch dem Elan, der uns als angehende Modezeichner erfüllte, begegne ich heute kaum noch, und gerade da, wo ich Grundlegendes für die Fähigkeit des genauen Hinsehens vermitteln möchte, werde ich oft mit völligem Unverständnis konfrontiert.

Gerade in den ersten Semestern, im Fach ‹Werkzeichnen›, gilt es, die Elemente der Kleidung sehen zu lernen: wie sieht ein Revers aus, ein Hemdkragen, ein Glockenrock – eben jene klassischen Details, die in der Mode immer wiederkehren. Doch zumeist ähnelt der Rocksaum eher dem Rand von Leibnizkeksen, und einen offenen Hemdkragen zu zeichnen macht sogar denen Schwierigkeiten, die selbst eine Hemdbluse tragen. Die betriebsgerechte Entwurfsskizze aber ist unerläßlich, wenn der Betriebsleiter danach ein Kollektionsmodell aussuchen soll. Vermittelt nämlich die Skizze kein deutliches Bild, muß das Modell vorher versuchsweise in Nessel gefertigt werden – und das steigert die Kosten. Die Direktrice, die für den Schnitt verantwortlich ist, will nicht raten müssen, was der Künstler wohl damit gemeint haben könnte – sie will Kleiderproportion und Nähte klar erkennen können.

Ich spreche hier von der betriebsgerechten Modeskizze, nicht von der künstlerisch ambitionierten Modegraphik, die das Modell informativ und ansprechend darstellen soll, denn für sie gibt es heute kaum noch einen Markt. Seit Mitte der fünfziger Jahre ist die graphische Darstellung der Mode immer stärker von der Fotografie verdrängt worden. Immer perfekter aussehende Fotomodelle wurden von immer ehrgeizigeren Fotografen entdeckt und vor den effektvollsten Kulissen der Welt abgelichtet.

Das lohnte sich nur, wenn große Serien von Modellen fotografiert wurden. Trotzdem übersteigen die Kosten eines Modefotos um ein Vielfaches den Preis der je für eine Zeichnung gezahlt wurde. Und wann hätte ein Zeichner wohl je Gelegenheit gehabt, auf Verlagskosten das Modellkleid auf einem erstklassigen Model unter südlicher Sonne am blauen Meer zu zeichnen?

Heute werden Zeichnungen hauptsächlich von Fachzeitschriften eingesetzt, wenn Modelle als Vorschau auf die nächste Saison gezeigt werden sollen, die zur Zeit der Drucklegung noch gar nicht fertiggestellt sind. Also werden sie gezeichnet, oder wenn der Verlag spart, wird die eingesandte Firmenskizze abgebildet. Hat die Firma keinen guten Hauszeichner, ist das Resultat oft erschreckend. Ein Grund, warum es wichtig ist, auch heute noch Mode- oder Konfektionszeichnen zu lernen.

Weil gute Modegraphiker kaum noch einen Markt haben, glaubte man an den Fachhochschulen, diese Ausbildung nicht mehr fördern zu müssen. Die Folge ist, daß es nur noch wenige Lehrer gibt, die gleichzeitig zeichnen und entwerfen können. So fehlt es den angehenden Zeichnern heute an Leitbildern. Selbst in internationalen Modezeitschriften sind kaum noch Zeichnungen zu sehen und wenn, dann sehr selten von wirklich guten Modezeichnern. Statt dessen werden gelegentlich Skizzen aus namhaften Modellhäusern abgebildet, die den Namen des Designers tragen und von ihm als nicht sehr deutliche – damit nicht kopierbare – Modeimpression gemeint sind. Modisch oft maßlos übertrieben, spinnenbeinig, manchmal fratzenhaft, sind das wirklich keine Leitbilder, aber in Ermangelung anderer Vorbilder hält die junge Generation das für den neuen Stil.

Vielleicht stirbt die schöne Kunst des Modezeichnens wirklich aus, denn das Kombinieren der verschiedenen Zeichenfächer – das Übersetzen der Skizze nach der Natur in die modische Skizze und damit in den eigenen Stil, fällt den Schülern heute offensichtlich sehr schwer. Auch ihr Desinteresse z. B. an der Entwicklung der Mode vor und nach dem Krieg, an der Arbeit der damals berühmten Modeschöpfer, erstaunt mich immer wieder. Nie hat mich jemand in der Klasse nach dem Modegeschehen befragt, das ich während eines halben Jahrhunderts miterlebte. Wenn aber Tradition nicht interessiert und nur Gegenwärtiges und für das eigene Alter Entworfenes für wichtig gehalten wird, besteht die Gefahr, die große Vielfalt der Mode zu übersehen.

Im Bezug zur Gegenwart entwickeln die Schüler allerdings oft eine ganz erstaunliche Initiative. Mit tollen Tricks gelingt es ihnen z. B., die strengen Kontrollen der Pariser Prêt-à-porter-Schauen zu unterlaufen. Einer gibt vor, einen (selbstgefertigten) Eilbrief nur dem Modechef selbst abgeben zu dürfen. Ein anderer erreicht den Eintritt mittels eines gut gemachten Ansteckers mit dem Namen einer großen italienischen Modezeitschrift. Wieder ein anderer brachte es fertig, vierzehn Modeschauen ohne eigene Eintrittskarte zu sehen – alle Achtung!

Eine Ausbeute an Notizen an diesen Schauen bringen allerdings nur wenige mit nach Hause. Die praktische Verwertung dieser Eindrücke zeigt sich kaum in eigenen Entwürfen, hier fühlt sich jeder schon als Designer und will nach Möglichkeit ganz Individuelles schaffen.

Bei der Abnahme, der Präsentation der selbstgeschneiderten Modelle werden oft auch erstaunlich gute Resultate vorgeführt. Schon zweite und dritte Semester überraschen durch gute Modelle. Die Erfindungsgabe zeigt sich z. B. in Kleidern mit Verwandlungsmöglichkeiten. Solche phantasievollen Einzelmodelle zu entwerfen ist der allgemeine Wunsch – keinesfalls dagegen aber Serienkleider für die Industrie. Gerade dort jedoch werden die jungen Designer am ehesten gebraucht.

Statistisch gesehen sind nur 3–5 % der Käuferinnen bereit, sich modisch oder avantgardistisch zu kleiden. Die anderen kaufen keine Mode, sondern Bekleidung. Diese jedoch muß in großen Auflagen produziert werden, um bei den heutigen Fertigungskosten noch bezahlbar zu sein. Bei hohen Produktionszahlen bleibt die ‹Mode› leider meist auf der Strecke.

Die Industrie braucht das Verkaufskleid. Wird einem erst bewußt, von wievielen Umständen – sparsame Stoffauswahl, Herstellungszwänge, Vertretereinwände – der Verkaufserfolg eines «Modells» abhängt, dann will einem fast keine Entwurfsidee mehr einfallen, die nicht schon einmal dagewesen wäre. Kein Konfektionsbetrieb würde es wagen, eine neue Modelinie auf den Markt zu bringen. Diese ergibt sich ohnehin nur alle 10–20 Jahre. Und nur wenn sie aus Paris kommt, wird sie auch als Neuheit anerkannt.

Mode ist ja keine Erfindung, keine Neuschöpfung, sondern eine Collage, ein Puzzle, zusammengesetzt aus Trendelementen.

Meine Absicht, die Schülerinnen auf diese Erfordernisse der Berufssituation vorzubereiten, damit der Praxisschock möglichst gering bleibt, brachte mir an einer Hochschule die Warnung ein: «Sie dürfen doch unseren Schülern nicht die Illusionen nehmen!»

Im Berufsleben allerdings gehen die Illusionen ohnehin verloren, dann aber – unvorbereitet – um so schmerzlicher.

Was ist die Voraussetzung für Erfolg in diesem Beruf?

Disziplin, Pünktlichkeit, Zuverlässigkeit, unermüdliches Arbeiten, eine gute Beobachtungsgabe, eine Spürnase für alles Neue, Wissen um Traditionelles, nicht empfindlich sein gegenüber launischen Vorgesetzten, logisches Erfassen der Funktion eines Kleidungsstükkes.

Nicht die Krawallmieze ist das modische Ziel, sondern das Modell, in dem ein Mann, eine Frau, ein Kind sich wohl fühlen können. Selbst im Glücksfall dauert es Jahre, bis der talentierte Jungdesigner die Karriere macht, von der er träumt.

Heute wird Mode durch viele Fakten bestimmt. Man muß dem Zeitgeist auf Reisen nachspüren, in Luxushotels, an Plätzen, die gerade ‹in› sind, in fremden Ländern, auf internationalen Messen und Kunstausstellungen. Aber das kostet Geld, das können sich nur arrivierte Designer leisten. Vorerst also heißt es, arbeiten und kleine Brötchen backen.

Und doch konnten sich mit Glück, Mut und den oben genannten Eigenschaften eine Anzahl junger Designer und Designerinnen in Berlin beruflich etablieren und erfolgreich durchsetzen:

Zuerst durch die Teilnahme an einer Offline-Schau (der alternativen Berliner Modemesse), später, bei wachsendem Erfolg, auch in den Schauen der Berliner Mode-Messe-Gesellschaft. Die zusätzlich kaufmännisch Begabten gründeten kleine Firmen mit eigener Produktion. Meistens gelang das im Partnerverhältnis, weil die Teilung in Entwurf, Fertigung, Vertrieb oder Ladenverkauf für einen einzelnen nicht zu bewältigen ist.

Ein solches Paar, ehemalige Lette-Absolventen, wurde für seine Modelle mit dem Preis der Berliner Modejournalisten, der ‹Goldenen Nase› ausgezeichnet. Beispiele, die zeigen, daß es auch jungen Leuten in Berlin, dieser immer noch so mutigen Modestadt, gelingen kann, kreativ und künstlerisch Mode zu machen und sogar davon leben zu können. Aber – es sind Ausnahmen.

Selbständig kann auch der freiberufliche Entwerfer arbeiten, der als Stylist für Modefirmen Einzelmodelle oder Kollektionen entwirft. Er muß aber auch damit rechnen, daß ihm die Bekleidungshersteller sagen: «Sie brauchen gar nicht erst eine große Kollektion zu entwerfen, bringen Sie uns nur die fünfzehn Bestgänger!»

Als ob das so einfach wäre...

Für die Firma ist das vorteilhaft – aus der angebotenen Auswahl sucht sie nur die interessantesten Entwürfe aus – und bezahlt auch nur diese, vom Rest merkt man sich soviel wie möglich und verwendet sie – höchstens leicht verändert – ebenfalls.

Solch bösen Erfahrungen ist der free-lance-Entwerfer, als den sich der Modeschüler gern sieht, kaum gewachsen, das Know-how für den Berufsalltag kann in der Schule kaum vermittelt werden.

Eine andere Möglichkeit zeichnerischer Mitarbeit bieten Design-Agenturen, die ansprechend und modisch überzeugend gezeichnete Entwürfe an Modefirmen verkaufen. Auch ein Praktikum bei einer guten Modezeitschrift kann den Einstieg in die Moderedaktion bringen, als Bild- oder Moderedakteur oder als Layouter im graphischen Atelier. Der Wandel zur aufwendigen Modedarstellung in der Werbung und im breiten Spektrum des Zeitschriftenmarktes hat Berufsmöglichkeiten geschaffen, die es früher gar nicht gab.

Nicht jeder kann Designer werden – aber wieviel neue Möglichkeiten kreativer Arbeit gibt es daneben noch! Sosehr ich meinen Schülern wünsche, ihr Traumziel zu erreichen, sosehr wünsche ich mir, ihnen durch meinen Unterricht das richtige Rüstzeug für die Realität mitgeben zu können.

Katja Aschke

Was Avantgarde und Industrie verbindet

Brigitte Haarke über Theorie und Praxis in der Ausbildung

Sie weiß, wovon sie spricht.

Die Frau, die heute von der Presse verwöhnt wird, mit der sich Talkshows und Unterhaltungssendungen im Fernsehen schmücken, sieht den öffentlichen Beifall mit freundlicher Skepsis. Der Weg, der hinter ihr liegt, war kein Zufallsgeschenk, kein Sternenflug.

Die Zukunftspläne, die Brigitte Haarke als junges Mädchen in ihrer Heimatstadt Ettlingen schmiedete, waren bescheiden: sie wollte gern Schneiderin werden. Nicht der Glanz von Paris oder der einer fernen Samt- und Seidensociety war ihr Vorbild, sondern ihre Großmutter an der Nähmaschine.

> «Ich hatte nie den Wunsch, Designerin zu werden. Ich wollte immer nur, wenn ich etwas gelernt hatte, noch mehr lernen.»

So baute sich eine grundsolide Ausbildung auf: Schneiderlehre in Karlsruhe, Zuschneideschule in Frankfurt am Main und danach (– und durch den väterlichen Bestechungsversuch mit einem ersten eigenen Auto auch nicht davon abzuhalten –) drei Jahre Modeschule in Düsseldorf. Daneben und zusätzlich die Meisterprüfung im Schneiderhandwerk.

Der erste Schritt in die Praxis, eine Anstellung in einer Konfektionsfirma in Bad Godesberg als Schnittdirektrice, glich eher einer schmerzlichen Bauchlandung als einem gelungenen Start, denn die Praxis funktionierte nach ganz anderen Gesetzen als die Schule. Der Tag an der Nähmaschine war nicht mehr kreativer Findungsprozeß, sondern Wettlauf mit der Zeit:

> «Ich hatte immer das Gefühl, ich kann überhaupt nichts... obwohl ich eine sehr nette Lehrmeisterin hatte. Aber ich konnte sie nicht fragen oder jedenfalls nicht immer dann, wenn ich ihre

Unterstützung gebraucht hätte, weil sie selbst unter genau demselben Zeitdruck stand. Plötzlich fühlte ich mich in einer völlig irrealen Welt verloren, aber diese irreale Welt war die einzig reale...»

Nach vier Jahren Bad Godesberg: Berlin. Die Stadt hatte sie fasziniert, als sie über Silvester dort einige Tage verbracht hatte.

Berlin empfing sie verheißungsvoll, aber das war auch schon alles. Die erste Anstellung in der Firma Kollektion Claasen, einer Tochterfirma des renommierten Berliner Konfektionsbetriebes Blusen-Neumann, endete nach anderthalb Jahren damit, daß man ihr kündigte. Ihre Leistungen entsprachen nicht den Vorstellungen des Unternehmens. Was passierte damals mit ihr, als man ihr das sagte?

«Es war eine schwere, bittere Zeit voller Selbstzweifel. Immer wieder habe ich mich gefragt, was ich falsch gemacht habe. Je länger ich arbeitslos war, desto quälender wurden die freien Morgen, an denen ich kein Ziel, keine Aufgabe hatte.»

Nach einigen Monaten begann sie, Blusen mit alten Spitzen, die sie auf den Trödelmärkten zusammensuchte, zu nähen und verkaufte sie über eine Freundin an kleine Boutiquen. Der erste größere Auftrag brachte die Idee, sich mit dieser kleinen Fabrikation selbständig zu machen. Mit 6000 DM und ihrer alten Nähmaschine ausgerüstet, meldete sie 1981 ihr Gewerbe an, nicht um Designer zu sein oder zu werden, sondern um zu arbeiten und zu überleben.

Es funktionierte. Mit Ängsten und Herzklopfen, aber irgendwie lief es. Noch hatte sie keine Ahnung, in welch gnadenlosen Kreislauf von Produktion sie sich eingelassen hatte, noch wußte sie nicht, mit welcher unabdingbaren Pünktlichkeit von nun an die Miete für das kleine Atelier, Geld für neue Stoffe, der Lohn für die erste, bald auch die zweite angestellte Schneiderin eingefordert werden würden. «Nichts wußte ich, nichts...»

Die Presse wurde aufmerksam, auch durch die Aktivitäten, die die Berliner Modemessegesellschaft ab 1983 für eine Gruppe von Berliner Modemachern (KAB), zu denen auch Brigitte Haarke gehörte, inszenierte.

War das der Augenblick, von dem ab sie sich als ‹Designerin› fühlte?

«Nein, damals noch nicht. Es war im Herbst 1987, an dem Tag, an dem ich von den Veranstaltern der Münchner Modewoche zur

Teilnahme am Deutschen Designer-Defilee eingeladen wurde. Das war ein großer Schritt – und ich habe ihn als großes Glück empfunden.»

Seitdem ist sie immer unter den Präsentationen der «deutschen Designer» zu finden. Die Berliner Modejournalisten verliehen ihr den Modepreis, die «Goldene Nase», Hamburg bot ihr eine Professur für Modedesign an, Großkonfektionär Klaus Steilmann holte sie sich als Designerin für seine neue Molligen-Kollektion «42–52». Erfolg auf der ganzen Linie.

Kommt mit dem großen Ruhm nun auch das große Geld?

Sie lacht. Ihre Augen, die auch bei ernsten Antworten immer noch etwas Strahlendes haben, wandern zu der eigenwilligen Deckenlampe aus den fünfziger Jahren, die mit ihren auseinanderstrebenden Neonröhren wie ein halbaufgeklappter Regenschirm über dem alten Konferenztisch hängt, an dem wir sitzen:

«Schön wär's...

Der Kampf ums Überleben ist geblieben, in jeder Saison, es gibt keine Garantie, kein Versprechen. Kundentreue wird nicht nach mittelalterlichen Ritteridealen praktiziert, sie funktioniert nach den Gesetzen des Marktes. Und der Modemarkt ist ein gefährliches Pflaster – kein trittfester Boden – seiner Haltbarkeit kann man nicht trauen –, es sei denn, man will nur gängige 08/15-Ware produzieren – und selbst dabei dreht sich der Wind schneller als man für möglich hält...»

Was bringt eine Frau, die sich täglich mit der Praxis auseinandersetzt, jungen Menschen für morgen bei?

«Praxis. Alles das, was mir selbst gefehlt hat, als ich begann:

– Wie wird eine Kollektion aufgebaut?
– Wie erkenne ich Farbtrends?
– Wer ist meine Zielgruppe?
– Welche Bedürfnisse hat sie?
– Welche Fachzeitschriften muß ich ständig lesen?
– Wie kann ich mein Wissen erweitern?
– Welchen Wert hat die Vergangenheit, z. B. die Leistung einer Coco Chanel?
– Welche Ausstellungen muß ich sehen?
– Welche Impulse könnten von solch einer Ausstellung, z. B. der Gauguin-Ausstellung, die jetzt in Paris läuft, auf die Mode von morgen ausgehen? – Alle diese Aspekte müssen beachtet wer-

den. Und das interessiert die Studenten auch. Denn natürlich träumen die meisten davon, als selbständige Designer Kollektionen für die Avantgarde zu entwerfen. Ohne Stofflimit, ohne Preislimit. Und genau das ist eine wichtige Seite, die gefördert werden muß, Phantasie, die bis an die äußerste Grenze gehen darf. Nur: das Kreative allein reicht nicht.»

Das Kreavtive als Kür – worin besteht die Pflicht?

«Ja, die ungeliebte Pflicht... Sie beginnt immer da, wo die Phantasie gebändigt werden soll, wo Kreativität ins Handwerk übersetzt werden muß, um aus der schnell und leicht hingeworfenen Idee auf dem Papier das Kleid aus Stoff mit allen seinen Funktionen entstehen zu lassen. Technisches Zeichnen ist nicht sehr beliebt, das stimmt.»

Liegt denn nicht genau da der neuralgische Punkt im Bezug von Theorie und Praxis? Mir ist aufgefallen, daß bei Modenschauen von Schulen immer ein hohes Maß von extremen Einfällen zu sehen ist, bei dem sich aber der an potentiellen Mitarbeitern interessierte Konfektionär nur sehr schwer ein Bild von der wirklichen Skala des Könnens der jungen Leute machen kann. Ist es nicht leichter, das Absurde mit absurden Mitteln darzustellen, als das Wunderbare mit den alltäglichen?

«Ja, das ist richtig. Und wir wollen der Konzentration auf die wirklichkeitsferne «Mode» – die als Schulung, Förderung und Auseinandersetzung mit der individuellen Begabung einen wichtigen Stellenwert hat – auch erweitern. Neben den Ideen zur Mode der Avantgarde, mit denen sich der Student in seiner Mappe vorstellt, sollen auch immer Beispiele für die Fähigkeit der Umsetzung kommerzieller Themen dokumentiert werden, als Beweis: Seht, das können wir auch...»

Wodurch unterscheiden sich die Studenten heute in ihren Wünschen, Zielen, Ansprüchen im Vergleich zu Ihrer eigenen Ausbildungszeit?

«Sie sind viel aufgeklärter. Sie sind sicherer, wissen mehr über sich Bescheid, erkennen sehr früh, was für sie richtig ist. Bei uns hatte damals nicht einer die Idee, ein großer Designer zu werden, das gab es einfach nicht. Man suchte eine Stelle und hoffte natürlich auf eine interessante Arbeit. Aber eigentlich war der Weg in die Industrie ganz selbstverständlich. Wir waren bescheidener.»

Ist Bescheidenheit nicht oft auch einfach Unwissenheit?

«Ja, und sicher war das auch bei uns so. Die Jugend heute weiß mehr, sieht mehr, allein schon durch die Medien. Und sie öffnen ihren Horizont für Möglichkeiten, von denen wir damals nicht einmal etwas ahnten.»

Was ist Ihnen das Wichtigste, das Sie Ihren Studenten vermitteln wollen?

«Unterstützung für die Praxis, für diesen Schritt in eine Welt, die sich von der Schule grundlegend unterscheidet. Auch Ermutigung, durchzuhalten und gerade dann weiterzumachen, wenn es einem besonders schwerfällt. Das sind die Zeiten, in denen man die größten Entwicklungsschritte macht.»

Was meinen Sie konkret damit?

«Sie sollen sich eine Arbeit in der Industrie suchen. Sie werden dort so viel lernen wie nirgends sonst. Diese Erfahrung ist ihr kostbarstes Kapital, wenn sie sich dann eines Tages selbständig machen – und davon träumen eben nun doch einmal die meisten. Jeder, auch der Begabteste, sollte wenigstens 2–3 Jahre in der Industrie gearbeitet haben, gleichgültig, ob er T-Shirts macht oder Jeans. Er lernt den Ablauf von der Idee bis zur Auslieferung eines Teils, und das ist die beste Grundlage für seine individuelle Entwicklung, wohin er sich dann auch immer wenden wird.»

Ein Beruf, der mit soviel Stress, großem finanziellem Risiko und Unzuverlässigkeit auf so vielen Gebieten verknüpft ist – warum ist er trotzdem für viele so erstrebenswert, warum ist er es für Sie?

«Weil er wunderbar ist! Weil es wunderbar ist, etwas zu kreieren, einen Stoff zu suchen, eine Form zu finden, einen Schnitt zu entwickeln. Eine Idee, die in meinem Kopf entsprungen ist, lebendig werden zu lassen, ja, das ist wirklich herrlich. Und weil es so ist, ist auch in jeder neuen Saison die Kraft wieder da, sich diesem Kreislauf zu stellen, weil man immer wieder von neuem erstaunt ist, daß es möglich ist, daß so etwas entstehen kann. Ja … das ist es, das ist das Schöne an diesem verrückten, wunderbaren Beruf.»

Sie weiß, wovon sie spricht.

Kim

Von Kleider- und Bildermachern

Mode erfahren mit Stift und Kamera

Aufnahmeprüfung in der Modeschule. Vor mir, in einem der Prüfungsräume, Reihen von Bewerbern, zumeist junge Frauen, nur wenig junge Männer. Das Prüfungsfach «Mode-Entwurf» ist an der Reihe. Ein spezielles Thema wurde gestellt, und alle zeichnen. Auf großen, mitgebrachten Zeichenblättern wird langsam bildhaft, was jedem zum Geforderten einfällt. Obschon die Skizzen noch mitten im Entstehen begriffen sind, zeigen sich im Herangehen an die Entwurfsaufgabe bereits grundsätzliche Unterschiede:

Bei einigen steht die Kleidung im Mittelpunkt des Interesses. Sie konzentrieren sich ganz auf den Inhalt der gestellten Aufgabe. Ist dies z.B. Regenkleidung, werden mit Blei- und Farbstiften nun Mäntel, Jacken und Capegebilde konkret, die ihren Trägern bei Nässe und Wind Schutz und zugleich modisches Aussehen bieten sollen. Zubehör für Kopf und Füße wird erdacht und mit Sorgfalt auf die Umhüllung von Rumpf, Armen und Beinen abgestimmt. Diese Körperlichkeiten selbst werden aber nur als Stütze des Ganzen empfunden. Deutlich ist zu spüren, hier sind junge Kleidermacher an der Arbeit.

Die anderen sind, ich nehme es schon vorweg, die Bildermacher. Sie bringen in erster Linie Figürliches auf den Bogen. Der Hang zur zeichnerischen Darstellung ist unverkennbar, die Begabung dafür zumindest im Ansatz vorhanden. Und so gewinnen auf den Prüfungsblättern Vertreter besonderer Reizrollen aus dem öffentlichen Leben, Film und Fernsehen und der Modewerbewelt Gestalt, so gut es vorerst von der Hand gehen will. Eine Rocklady schüttelt ihre wilde Mähne. Der Regendress der Prüfungsaufgabe wirkt an ihr aufsässig und sexy, ganz anders jedenfalls als an der kurzhaarigen Emanzipierten. Die Karrierefrau trägt ihre modellige Regengarderobe lässig elegant, und der Champion, der Held unserer Tage, steht über allem. Trotz Feuchtwetterklamotten bleibt er ganz cool.

Daß Modedesign dem Rollenspiel moderner Menschen zuzuordnen ist, haben junge Bildermacher von heute schon im Gespür. Bewußt jedoch auseinandersetzen werden sie sich erst später mit dieser Gegebenheit, wenn es auf den kontinuierlichen Erfolg ihres Designs ankommt.

Wann welche Leute welche Rollen spielen wollen im sozialen Gefüge, dies zu ergründen ist für Modedesigner ebenso wichtig wie die Auseinandersetzung mit der industriellen Umsetzung ihrer Einfälle.

Modeschulen und Zulassung

Die zu Anfang erwähnte Klausurprüfung vor Ort ist durchaus nicht der einzige Weg der Schulen, die Begabung junger Bewerber zu erkennen. In der Regel wird für die Aufnahme eine Kombination von Bedingungen und Vorbedingungen gestellt, die es zu erfüllen gibt. Da die Ausbildungsstätten für Modedesign verschieden strukturiert und organisiert sind und auch auf unterschiedlichem Level unterrichten, sind die Zulassungsbedingungen entsprechend gestaffelt. Hoch- und Fachhochschulen sind bemüht, die fortschrittlichste Auffassung von Modedesign zu vermitteln und den Bezug zu Kunst, Zeitgeist und sozialer Umwelt transparent zu machen. Man holt sich dazu kompetente Fachleute aus der Branche.

Das Regelstudium an einer Fachhochschule umfaßt im Durchschnitt acht Semester, einschließlich eines Praxissemesters. Die Aufnahmebedingungen sind hier am anspruchsvollsten. Abitur oder die spezielle Fachhochschulreife und ein in der Regel fachbezogenes Vorpraktikum werden verlangt. Auch ein längerer Vorbereitungskurs kann Bedingung sein. Vor der Eignungsprüfung ist vielerorts zur Vorauswahl der Bewerber die Einreichung einer Mappe von Probearbeiten üblich.

Nicht ganz so streng sind die Bedingungen bei der Aufnahme in Ausbildungsstätten anderer Art, in Fach- und Berufsfachschulen, allgemeinen Kunstschulen, Mode- und Meisterschulen. Einige von ihnen sind allerdings ausschließlich weiterführende Bildungseinrichtungen für Industrie und Handwerk und nehmen daher nur Leute mit abgeschlossener Lehre oder nach mehrjähriger Tätigkeit in der Konfektion auf.

Am besten informiert man sich eingehend über die verschiedenen Möglichkeiten schulischer Ausbildung zum Modedesigner beim Arbeitsamt, dem nächsten Berufsinformationszentrum oder einem vergleichbaren Institut.

In der Bundesrepublik Deutschland einschließlich West-Berlin befassen sich allein 76 Bildungsstätten mit Textil- und Modedesign. Man hat also die Qual der Wahl, solange das Zulassungsalter noch nicht überschritten ist.

Studiengänge und -fächer

Nehmen wir an, die Zulassung ist geschafft. Das Studium kann beginnen; was kommt nun auf den Einsteiger zu? Ob im Hochschulbereich oder an einer Berufsfachschule mit festem Stundenplan, inhaltlich sind alle Studiengänge im Kern ähnlich gelagert. Künstlerisch darstellende Fächer und die, die textile Arbeitstechniken vermitteln, also Schnitt und Schneidern samt Textilkundlichem, konzentrieren sich auf das Hauptgebiet Modeentwurf. Dazu kommen wissenschaftliche Fächer der Bereiche Kunst und Kostüm, Wirtschaft und Soziales, Design, Natur und Technik, letztere insbesondere an Hochschulen, mit ihrem Anspruch auf wissenschaftlicher Basis zu lehren, stärker als anderswo.

An Berufsfachschulen lehrt man Sprachen gründlicher und verstärkt allgemeinbildende Fächer. Das Fach ‹Konfektionszeichnen› befaßt sich innerhalb der Studiengänge mit versiert sachlicher Darstellung von Kollektionen für innerbetriebliche Belange, zur Verwertung beim Vertreterbesuch und zur Information von Einkäufern und Medien.

Im allgemeinen kann man davon ausgehen, daß sowohl Kleidermacher als auch Bildermacher der ersten Stunde schulisch ganz ordentlich gefördert werden. Den Kleidermachern öffnet sich der Horizont zum Markt und zur Kunst. Die eingehende Beobachtung des Menschen in den Zeichenfächern bis zum Akt macht ihre Entwürfe wirklichkeitsnäher. Der Hang zum Stoffgebäude schwindet. – Die Bildermacher, die mehr in der Vorstellungswelt als in der Wirklichkeit der Werkstatt zu Hause sind, erfahren den Reiz des Gegenständlichen. Eine Formidee textil so zu realisieren, daß zum Ausdruck kommt, was man wollte, ist schon die Mühe wert, die die Fachpraxis verlangt. Je geübter und leichter die Hand für den Umgang mit Stoffen wird, um so virtuoser kann die Idee eines Designs Gestalt annehmen. Das macht sicher, schafft Selbstvertrauen – und die Anprobe ist kein Horrortrip mehr.

Umfeld: Das Multitalent ist gefragt

Neben den Fächern, die auf direktem Weg zum Modedesign und zu seiner praktischen Verwirklichung führen, bieten Modeschulen im kommunikativen Bereich noch Weiteres. Es werden, unterschiedlich gewichtet, Fächer, Kurse und Projektarbeiten geboten, die sich mit darstellenden Aktivitäten im Designumfeld beschäftigen. Diese Tätigkeiten sind dazu da, Design in der Öffentlichkeit ins rechte Licht zu rücken, durch Bild oder direkte Präsentation. Ständige Innovationen in Medien, Werbung und Messegeschehen verlangen vom Auftragnehmer dabei große Flexibilität. In freiberuflicher Praxis steht er ständig wechselnden Aufgaben gegenüber: Das Multitalent ist gefordert.

Die kommunikative Bilddarstellung im Modebereich ging vor geraumer Zeit von der Grafik betont auf die Fotografie über. Im weiteren Verlauf zu visueller Bewegtheit wird hier die Videoaufzeichnung dominieren, besonders, wenn es sich um Reportagen von Modespektakeln handelt.

Diese groß aufgezogenen Kollektionspräsentationen im Revuestil, diese «Gesamtkunstwerke» aktueller Modekommunikation werden wiederum deshalb so bühnenwirksam in Szene gesetzt, damit sie aufgezeichnet werden, von den TV-Sendern ausgestrahlt und als Videokassette in der Branche vermarktet werden können.

Auch viele Modefoto-Serien entstehen heute beim Modespektakel am Laufsteg und finden ihre Veröffentlichung im Fachblatt wie im feinsten Hochglanzjournal.

Der Macher im darstellenden Bereich muß mit all diesen Entwicklungen Schritt halten können. Gestern noch Grafiker, ist er heute zum Fotografieren gekommen und darf morgen auch keine Scheu vor den Geräten zur elektronischen Aufzeichnung bewegter Bilder haben. Prominente Designer wie Karl Lagerfeld und Thierry Mugler fotografieren derzeit mit großen Ambitionen. Denn Flexibilität ist allenthalben angesagt.

Es ist auch sinnvoll, journalistische Erfahrungen zu sammeln. Will man allerdings voll in eine Moderedaktion einsteigen, ist der publizistische Studiengang vorzuziehen. Zur Mode kommt man dann bei entsprechenden Medien im Fachpraktikum. «Ich habe Schneiderin gelernt», gilt heute als Sonderprädikat für eine angehende Moderedakteurin. Auf dem Gebiet der Public Relations, in den Büros für Öffentlichkeitsarbeit bedeutender Modebetriebe, werden Kräfte gebraucht, die Fachliches und Gesellschaftliches miteinander zu verbinden wissen. Mit Umsicht, Takt, Taktik und geschicktem Einsatz der eigenen Erscheinung müssen sie informieren und kommunikativ organisieren können. Hier hat seine Chance, wer neben guter Ausbildung noch Bildung aufweisen kann.

Styling

Redet man von Darstellung in der Mode, muß man von ‹Styling› sprechen. Styling ist die (möglichst ideale) Verbindung eines textilen Designobjekts mit seinem/r Träger/in, dem Model. Dessen Haar wird gezielt geformt, das Make-up charakterisierend aufgelegt. Zur Kleidung kommen Schuhe, Schmuck und neuerdings auch wieder der Hut. Die Gesamterscheinung von Mensch und Designobjekt wird auf das gewollte Leitbild hin hochgestylt. Jetzt ist die Modeaussage des Designs am Körper unverkennbar. Styling erfordert den Anlaß. Innerhalb von Studiengängen kann es daher nur bei entsprechenden Projektarbeiten vermittelt werden. Dabei lernen Studierende am ehesten kennen, was Stylisten, Visagisten, Coiffeure und die zahlreichen Assistenten leisten müssen. Rasches und planmäßiges Styling ist ausschlaggebend, «backstage» bei der Kollektionspräsentation, «on location» oder im Studio beim Fototermin.

Ab und zu kommen junge, angehende Modefotografen auf die Idee, Designmodelle auf der ungestylten Freundin abzulichten. Das Ergebnis kann nur frustrieren. Spätestens bei den Vergrößerungen kommt heraus: So geht das nicht! Für Modegrafiker ist die Aussagekraft des Stylings schon immer bildbestimmender Teil ihrer Arbeit gewesen. Zum Glück sind sie imstande, bereits auf dem Papier einzuschätzen, welche Accessoires zum Hochstylen am nützlichsten sind. Je besser sie zeichnen können, um so leichter fällt es ihnen, die beste Effektvariante in Typ und Zubehör für ihre Zeichnung zu finden.

Autobiographisches, Grafisches und Fotografisches

Für alle, die es interessiert, hier einige Stationen aus meinem Berufsleben:

Meine modeschulische Ausbildung habe ich durch den nachgeschalteten Besuch eines Instituts für Pressezeichnen und werbliche Grafik, das es damals in Berlin gab, ergänzt. Dazu kam ein Praktikum als Modezeichner in einer Firma der Berliner Bekleidungsindustrie. Danach begann in freiberuflicher Arbeit für mich die lange Reihe oft ganzseitiger Modeillustrationen in der Presse. Unter meinem Signet «Kim», einer Abkürzung meines Namens, rückwärts gesprochen, zeichnete ich hauptsächlich Mode der Berliner Modellhäuser. Mein Anliegen war, ihre elegante Prägnanz zum Ausdruck zu bringen. Ich zeichnete damals in den Modehäusern nach den Originalmodellen, die die Mannequins trugen. Die Skizzen wurden dann von mir in druckreife Illustration umgesetzt. Mein erster größerer Auftrag war eine Presseballseite für eine bekannte Berliner Tageszeitung. Schon einen Tag nach dem festlichen Ereignis konnte der Leser via Zeichnung sehen, in welchen Kreationen prominente Ballbesucherinnen getanzt hatten. In weiterer Folge kamen Modegrafik für Werbung und Zeichnungen für Fachblatt hinzu und auch Beiträge, in denen ich selbstentworfene Modelle grafisch aufbereitete.

Viel Spaß machten mir Auftritte bei Modeschauen, wo ich das Publikum mit Wort und schneller Zeichnung über Modeneuheiten informierte. Moderegie bei textilen Werbespots und Entwurf und Ausführung von modischen Schaufensterdekorationen seien am Rande vermerkt. Parallel zu alledem veröffentlichte ich als Jugendautor Erzählungen und Funkhörspiele für Kinder. So sahen die fünfziger Jahre für mich aus.

Ab 1960 begann die Modefotografie in mein Arbeitsfeld zu rücken. Meine Auftraggeber wollten, im Zuge der Zeit, jetzt fotografiert haben, was sie vorher zeichnen ließen. Also mußte ich investieren, schaffte mir die notwendigen Geräte an und begann zu fotografieren. Allerdings war ich schon von Haus aus mit Aufnahmetechnik und Laborarbeit in der Dunkelkammer gut vertraut. Mein erstes veröffentlichtes Foto war ein Schuh. Aber dann kam gleich Figürliches.

Seither habe ich «on location» oder im eigenen Studio, im In- und im Ausland viele Serien inszenierter Modefotos für Presse und Werbung gemacht.

Um eine journalistische Wirkung zu erzielen, beziehe ich beim gestalteten Modefoto gern die Umwelt und Aktuelles mit ein. In dieser Weise habe ich über ein Jahrzehnt, in Fortsetzung meiner als Zeichner begonnenen Mitarbeit, ganzseitige, farbige Modebeiträge für die Sonntagsausgabe der «Berliner Morgenpost» fotografiert. – Differenziertere Fotoaufgaben im Repräsentativ-Werblichen ließen für mich in Form wie Inhalt Reizvolleres zu. Streufotos (Bilder, die Hersteller von sich aus für redaktionelle Verwendung an die Presse streuen wollen), muß man dagegen neutral im Ausdruck halten, damit sie in dieses wie jenes austauschbare Blatt passen. Im Gegensatz zur Modegrafik, wo persönliche Handschrift ausschlaggebend ist, muß sich bei der Fotoarbeit die Ausdrucksform der Aufgabe voll anpassen, oder man kann den Markt nur sehr schmalspurig bedienen.

Ende der Siebziger, als es auf der offiziellen Modeebene in Berlin ruhiger wurde und viele Fotokollegen den inzwischen abgewanderten Verlagen hinterherwanderten, blieb ich hier, denn wie ein Bumerang war das Modezeichnen wieder auf mich zurückgekommen, und zwar jetzt in Form einer Lehrtätigkeit; seitdem unterrichte ich in verschiedenen Fächern des modischen Zeichnens in der Modeabteilung der einschlägigen Berufsfachschule der Stiftung Lette-Verein. Auch in punkto Pressearbeit kam Neues auf mich zu. Das Mode-Reportfoto, der schnelle Schuß am Laufsteg, wurde zur neuen redaktionellen Aufgabe.

Viele Fotofreunde halten das Aufnehmen mitten im echten Geschehen für das Größte. Modefotografen jedoch betrachten Reportarbeit gewöhnlich als notwendiges Übel. Für mich bedeutete dieser Zweig der Bildberichterstattung anfangs eine Herausforderung an Technik und Nerven. Aber man kommt in Übung. Inzwischen sorgt die ausgefeilte Elektronik moderner Kameras zunehmend für Sicherheit und auch für einen gewissen Komfort am Arbeitsplatz in der Menge. Käme die zumeist nächtliche Arbeit in der Dunkelkammer nicht automatisch hinterher, könnte man fast von ‹Fotospaß› sprechen.

Ausblick

Mode bewegt sich heute auf zwei Ebenen. Die eine ist die der offiziellen Etabliertheit von Haute Couture bis zum Kaufhausangebot, von Luxus bis zu hartem Kommerz. Die andere Ebene ist die der Revolution, die der experimentellen Designer, also die der Avantgarde. Auf dieser Ebene tritt uns Modedesign ebenso kunstverbunden wie extrem entgegen – und rutscht auch mal ins Abseits des Absurden.

Wie sich die Mode auf diesen beiden Ebenen weiterentwickeln wird in naher wie in fernerer Zukunft, ist interessant und spannend für alle, für die Kleider- und Bildermacher der ersten Stunde, für die namhaften Profis der Branche und alle, die sich dem Metier verbunden fühlen.

Katja Aschke

«Sechs Wochen Praktikum? Totaler Unsinn...»

Großkonfektionär Klaus Steilmann zum Thema ‹Nachwuchs›

Es ist noch nicht lange her, da donnerte 144 mal am Tag die Eisenbahn an den vier Fenstern seines Büros vorüber, und wenn es gerade der Zug ‹Paris-Warschau› war, wehte so etwas wie «der Duft der großen weiten Welt» in den bescheidenen Raum.

Auf den ersten Blick durch dieses Büro kann man denken: Hier waltet und schaltet ein Fußballtrainer oder jedenfalls einer, dessen Herz ganz und gar diesem Sport gehört – überall Mannschaftsbilder, Wimpel, Pokale.

Und so ganz falsch ist das auch nicht, denn Klaus Steilmann ist mit Haut und Haaren Fußballer, Fußballfan und Fußballförderer.

Aber daneben ist dieser Mann auch der größte Konfektionär Europas: 1,3 Milliarden Umsatz, fast 8000 Mitarbeiter, darunter 800 Auszubildende. Einer also, der mit Nachwuchs in seinem Metier in jeder Weise zu tun hat und der den Nachwuchs kennt, fordert – und fördert.

Die Züge donnern immer noch, aber seit kurzem ist eine schalldämmende Wand zwischen Bahndamm und Büro hochgezogen worden. Nun muß man das Gespräch nicht mehr alle paar Sekunden unterbrechen, weil nichts mehr zu verstehen ist, höchstens, weil die Tür dauernd aufgeht und das Telefon in einem fort klingelt. Da aber Steilmann so tut, als sei das ganz selbstverständlich, stellt man sich auf das Bienenhaus der Kommunikation ein und ist schon nach kurzem irritiert, wenn mal zwei Minuten lang keiner mit einer brandeiligen Frage den Raum betritt.

In Steilmanns Betrieb in Bochum-Wattenscheid werden junge Leute als Bekleidungsnäher/innen, Bekleidungsschneider/innen und als Bekleidungsfertiger/innen ausgebildet.

«Für uns», sagt Steilmann, «ist es wichtig, daß die Ausbildung industriebezogen ist, damit der Nachwuchs, der dann auf eine Fachhochschule oder eine Modeschule geht, auch wirklich mit dem Material, mit dem er später umzugehen hat, vertraut ist. Wir halten wenig davon, daß junge Leute direkt von der Schule auf eine Fachhochschule gehen, weil nach dem Abschluß auf der Fachhochschule der Lernprozeß in der Praxis dann noch einmal von neuem beginnt. Und dazu hat natürlich kaum einer Lust. Deshalb ist die Industrielehre wirklich die beste Voraussetzung für ein Fachhochschul-Studium. Wir bieten keine Praktika an, weil wir die echte Lehre für viel besser halten. Außerdem wäre das eine zusätzliche Belastung für die Firma, das muß man klar sehen – oder die Praktikanten nähmen unseren Auszubildenden die Lehrplätze weg – und daran haben wir natürlich kein Interesse.»

Natürlich wollen die meisten, die sich bewerben, auch hier als Designer oder als Textilingenieure arbeiten; und der überwiegende Teil der Bewerber/innen sind junge Frauen.

«Leider sind es sehr wenig junge Männer, die in diese Berufe drängen. Das liegt sicher daran, daß die Textil- und Bekleidungsindustrie in der Öffentlichkeit in den letzten Jahren nicht unbedingt ein sehr zukunftsträchtiges Bild geboten hat. Durch die hohe Zahl der Importe hat der Industriezweig in den vergangenen 15 Jahren an Boden verloren. Aber das ist kein Anlaß zur grundsätzlichen Skepsis: Bekleidung wird immer gebraucht werden, und selbst dann, wenn Fertigungen ins Ausland verlegt wurden, sind gut ausgebildete deutsche Fachleute erforderlich, die in der Lage sind, Design zu gestalten und Produktionen zu überwachen.»

Die Klage darüber, daß junge Leute nicht so fleißig seien wie ihre Eltern vorgeben, früher selbst gewesen zu sein, ist keine Erscheinung der Wohlstandsgesellschaft unserer Zeit. Sie ist so alt wie die Menschheit, zumindest wird schon von Sokrates über das Genörgel der Älteren über die Jugend berichtet. Ist diese dann selbst erwachsen, hält sie wiederum ihren Kindern vor, wie enorm tüchtig sie früher sein mußte.

Welche Erfahrungen macht Klaus Steilmann mit den Vertretern einer Generation, der man heute im Berufsleben häufig mangelndes Interesse, Unpünktlichkeit und Faulheit nachsagt?

«Ich muß sagen, daß sich in den letzten Jahren die Einstellung zum Beruf wesentlich verbessert hat. Die jungen Leute sind heute disziplinierter. Sie sind wesentlich motivierter als vor ein paar Jahren. Wenn sie sehen, daß sie reale Möglichkeiten haben, vorwärtszukommen, dann engagieren sie sich auch, und es entwickelt sich eine konstruktive Partnerschaft auf beiden Seiten. Vielleicht haben wir auch besonderes Glück, daß wir im Bereich des Bekleidungsingenieurwesens mit der ‹Fachhochschule Niederrhein› eine Schule haben, die sehr praxisbezogen ausbildet. Das ist erwähnenswert, weil es durchaus nicht die Regel ist. Diese Schule bemüht sich sehr um einen Kontakt zur Industrie. Wir stehen in ständigem Gedankenaustausch, neue Technologien werden besprochen, auch, wenn meist das Geld zu ihrer Beschaffung im Unterricht fehlt. Ich würde mir wünschen, das wäre auch auf den Modeschulen so. Ich bin sicher, wenn dem Besuch dieser Schulen eine praktische Ausbildung als Pflicht vorgelagert wäre, hätten es die Studenten, wenn sie nach Schulabschluß in die Industrie oder auch in kleinere Unternehmen gehen, sehr viel leichter. So aber kommen sie von den Schulen und glauben, sie sind fertige Designer – und man muß wirklich zwei Jahre Geduld aufbringen, wenn man sie in den Betrieb integrieren will. Deshalb werden sie zuerst einmal fachkundigen Designern an die Seite gestellt, damit sie lernen, aufnehmen und praktische Erfahrungen sammeln, um dann selbst auch auf Kollektionen Einflüß nehmen zu können.»

‹Geduld› ist eine unerwartete Vokabel von einem Unternehmer, von dem man weiß, daß er von allen anderen erwartet, daß sie auch so klar, so schnell, so präzise arbeiten sollen, wie er es selbst tut. Worin besteht die Geduld, die er mit Anfängern hat?

«Die Geduld besteht darin, daß man nicht vorschnell zu einer negativen Beurteilung kommt und sagt: ‹... der oder die schafft das sowieso nicht...› Manche sind wirklich schnell, sehr schnell, andere brauchen einfach Zeit, man muß sie zwei Jahre lang beobachten, welche Entwicklung sie nehmen, ob sie sich integrieren lassen und wie sie an einer Kollektion mitarbeiten. Und diese zwei Jahre muß man investieren, um den Menschen eine Chance zu geben.»

Schöne Worte, was bewegt ihn zu der großzügigen Einstellung?

«Erfahrung. Beobachtung. Weil es sich schon oft herausgestellt hat, daß manche nach zwei Jahren wie eine Rakete abgehen – obwohl es vorher so aussah, als ließen sie sich nie in die Umgebung integrieren, als würden sie nie einen blassen Schimmer vom Marketing mitkriegen, aber plötzlich, plötzlich sind sie dann voll da... Deshalb halte ich auch nicht viel von einem kurzen Praktikum, wie es jetzt an bestimmten Hochschulen neuerdings als Pflicht mit in die Ausbildung einbezogen wird. Sechs Wochen – das ist totaler Unsinn! Was soll denn einer in sechs Wochen lernen oder mitbekommen?!»

Klaus Steilmann ist ein Patriarch. Er ist der Typ des Unternehmers, der immer für alle da ist, ohne Vorzimmerallüren, ohne Chefgehabe. Was er verlangt, ist Klarheit, Engagement, Verläßlichkeit. Er vertraut seinen Mitarbeitern und betraut sie mit Herausforderungen – verlangt aber immer auch ganzen Einsatz. Er selbst, 5. Sohn einer Kleinbauernfamilie, weiß, was Einsatz heißt, geschenkt worden ist ihm nichts in dieser Branche, die nie sein Ziel war und die er sich erobert hat wie kein anderer.

Er hat als junger Mensch nie daran gedacht, Kleider zu verkaufen oder zu produzieren, er wollte Jurist werden. Aber die Kriegswirren vereitelten diesen Weg. Nach einem Abendschul-Abitur bewarb er sich um eine Nachwuchslaufbahn bei C&A in Berlin (heute einer seiner größten Kunden), wurde später dort Verkäufer und machte daneben eine kaufmännische Lehre.

Offenbar hatte er für das Metier eine besondere Begabung, denn nach seiner Lehrzeit bei C&A sammelte er Erfahrungen bei einer Essener Mantelfirma, deren Umsatz er in kurzer Zeit so gewaltig steigerte, daß dem Besitzer die Gewinnbeteiligung, die er seinem jungen Mitarbeiter zugesagt hatte, beängstigend hoch erschien. Man trennte sich. Das war 1958, und Steilmann glaubte zu wissen, wie man einen Konfektionsbetrieb aufbaut. Nur einen Katzensprung vom heutigen Unternehmen entfernt startet er mit seinem ersten Betrieb, einer Übernahme von 40 Mitarbeitern und der Produktion von Herrenanzügen. Startbahn zu einem ungeahnten Höhenflug.

Wenn er sich an seine Ausbildung, seine ersten eigenen Schritte erinnert – wo sieht er die wesentlichsten Unterschiede im Vergleich zur Situation für Anfänger heute?

«Also...» sagt er zwischen der telefonischen Anweisung, beim Modell ‹X 203› alle Säume 3 Zentimeter kürzer zu machen und einem kurzen Gutachterblick auf zwei neu eingetroffene Stoffe, «also, wenn ich ganz ehrlich bin, sind da eigentlich gar keine Unterschiede. Denn zu der Zeit, in der ich ausgebildet wurde, waren die Arbeitsplätze unglaublich knapp, und man mußte sich sehr anstrengen, um aufzufallen und in einem Unternehmen auch weiter gefördert zu werden. Viele junge Leute suchten Arbeitsplätze und fanden keine. Wichtig ist, daß junge Leute sich für das, was sie anstreben, innerlich wirklich engagieren und daß sie mit dem Herzen bei ihrer Arbeit sind, daß sie dies nicht nur als ‹Job›, sondern als Aufgabe sehen. Dann werden sie auch etwas Besonderes leisten.»

‹Etwas Besonderes leisten›, meint er damit die Aufhebung der Arbeitszeitordnung, die in diesem Metier fast als selbstverständlich gilt? Wie steht es mit der geregelten Arbeitszeit in seinem Unternehmen?

«Ich will das mal anders formulieren: Das wirklich Interessante an diesem Beruf ist doch im Gegensatz zu anderen Berufen, daß wir uns ständig neu zu bewähren haben, in jeder Saison ist der Erfolg der letzten Kollektion Schnee von gestern. Nur das Heute, das Morgen zählt. Immer wieder müssen wir Kollektionen entwickeln, die dem Verbraucher gefallen, das heißt, wir müssen uns international informieren, alles Neue beobachten, jede kleinste Strömung wahrnehmen. Das ist aufregend und anstrengend zugleich. Aber es ist ein Beruf, der voller Leben ist, und der Leuten, die gern arbeiten und interessiert sind, sich selbst weiterzuentwickeln, großen Spaß macht, viel mehr Spaß als in allen anderen Industrien, die ich kenne. Und dieser Spaß kann sich nie aus einer Halbherzigkeit heraus entwickeln, sondern nur aus vollem Engagement.»

V Berufe im Umfeld

Journalisten
Fotografen
Stylisten

«Man täuscht sich, wenn man in der Kunst,
seine Krawatte zu binden, nicht mehr sehen wollte,
als ein Werk der Mode.
Es ist vielmehr eine historische,
philosophische und sittengeschichtliche Abhandlung,
es ist eine kleine Enzyklopädie voll Gelehrsamkeit,
darin man manche recht gelehrte Auseinandersetzung
finden mag.

Honoré de Balzac

Christian Pfannenschmidt:

«Werd doch Moderedakteur!»

«O. K.», sagte meine Freundin Ginky und gab mir einen aus, damals in einem Schwabinger Kaffeehaus, «wenn du einen tollen Job suchst, da gibt's nur eins: Werd doch Moderedakteur.»

Ich war zu jener Zeit Volontär. Ernste Absichten und heitere Neigungen. Ich war gekränkt. Moderedakteur? Das klang für mich wie ein unsittlicher Antrag. Schräger Vogel unter hysterischen Hühnern. Klatschen über sensible Männer und harte Frauen, über taillenkurze Spenzer an zu fetten Kerlen und knallkurze Röcke an Branchendamen mit runden Beinen. Schnitt.

Igedo Düsseldorf. Wortfetzen. Pitti uomo Firenze. Aufgeschnappte Dialoge. Londoner Modewoche. Paris: Sehm. Köln: Herrenmodewoche. Miami Beach, am Strand, und fünf Frauenzeitschriften lassen die neue Bademode fotografieren: Blahblah am Wegesrand.

Ich hab keinen Trend gesehen, hast du 'nen Trend gesehen?

Mir ist das Muster zu laut.

Lacroix: ich hätt kotzen können.

Die Linie ist einfach Bombe!

Glaubst du, daß die Schulterpolster überleben?

Hör mal, die kopiert nicht, die Schlampe, die klaut, läßt sich nachts in Düsseldorf 'ne Lagerhalle voller italienischer Designerklamotten aufschließen, setzt sich auf 'n Kasten mit Taschenlampe und malt ab.

Der peitscht seinen Freund.

Schlamm ist absolut out.

Krawatten sind Peanuts.

Wahn-sinn!

Haltlos!

Damit kann ich wunderbar leben: Zwei Gürtel, aber der Rest super-dezent.
Vollkommen überstylt die Nummer, der zieht immer sein Ding durch, kann auf'm Laufsteg noch so eben ertragen werden, aber das Normalhuhn sieht darin aus wie eine wildgewordene Hausfrau.
Schnitt.

Ich bin kein Moderedakteur geworden. Aber ich habe viel über Mode und diese ferne, nahe, schöne, schräge Welt geschrieben. Und im Laufe der Jahre einmal mehr festgestellt: Das Klischee lebt. Tatsächlich sind die Modemenschen anders als der Rest der Welt: Tatsächlich drehen sich alle, dreht sich alles um diesen einen leuchtenden Fixstern in unserem Dasein, das nutzlose Kleiden und Verkleiden, das so flach und oberflächlich sein kann, weil es unsere Hülle ist, das aber in Wahrheit viel mehr ist, als Glanz und Gloria. Schnitt.

«Ja, was denkst du denn», sagte Ginky, und zippelte an ihren Zizi-Jeanmarie-kurzen Rothaaren, «was man als Moderedakteur macht? Was glaubst du denn, was Mode ist? Tralala und Trara? Höre: sieh nur, welche Historie, welche Wirtschaftsmacht, wieviel Kultur und Kreativität. Die Namen, die Legenden, das Amüsement. Und wie die Coco Chanel damals im Ritz immer ihre Juwelen vor dem Zubettgehen in den Kronleuchter schmiß und sie dort vergaß. Und wie die Quandt den Minirock erfand. Und wo die Kaschmirziegen leben. Und die Jeans, und die Haute Couture, und die Milliardenumsätze, und die Weber, und die Textilkrise, und Kohls Anzüge, und die Trends! Mode, jaja», sagte sie, und nippte am Espresso, «das sind Themen, das umspannt alles, Mode ist Alltag und das Besondere, und überhaupt: Werd doch Moderedakteur!» Schnitt.

Heute sitze ich in der Chefredaktion einer Frauenzeitschrift. Und ich sehe die Fülle und Vielfalt dieses Metiers, dieser Arbeit. Es ist nicht nur das Wühlen in Kleiderbergen, nicht nur das mit spitzen Fingern drapierte Outfit am Fotomodell, nicht nur das Geplauder über Stil. Es sind Diskussionen im Moderessort, das Themenfinden, das Reisen zu Messen und Produktionen, das erbitterte Kämpfen mit Fotografen um das schönste Bild, das Nasevornhaben gegenüber der Konkurrenz, das Erfinden von Ideen und das Erspüren von neuen Richtungen, es ist Kennen und Können, es ist Talent und Phantasie und Kreativität. Es ist aber auch der ständige Streit mit Ressortleitern und Chefredakteuren über die immer und immer wiederkehrende Auswahl von Kleidungsstücken, über das Zusammenstellen von Kombinationen, das Auswählen und Ergänzen von Accessoires, über die Wahl des Fotomodells: *Nein, keine Sonnenbrillen im Blatt, keine Farbigen, das mögen die Leserinnen nicht, biste beknackt, eine 4000-Marks-Hose von Gaultier auszusuchen zum Fotografieren, wer soll das denn bezahlen, du mit deinem Magergehalt kannst davon nur träumen, ihr wißt aber doch, daß Joop nur Klamotten ausleiht, wenn sie auf dem Foto nicht mit Teilen anderer Designer gezeigt werden, denkt an die Anzeigenkunden, Anzeigenkunden, Anzeigenkunden, Anzeigenkunden: Die finanzieren doch dieses damned-Blatt, euren Schicki-Kram könnt ihr euch an'n Hut stecken, bloß nicht so abgehoben, dranbleiben am Leser, dranbleiben!* In diesem Dickicht von Wollen und Müssen, von persönlicher Sicht und Verpflichtung gegenüber der Sache, schwankend zwischen Lust und Laune, zwischen anpassen und ausbrechen, müssen sich die Janes und Tarzane durch den deutschen Blätterwald der Mode hangeln: Willst du wirklich Moderedakteur werden? Schnitt.

«Hebe Dorsey vom Herald Tribune», sagt Ginky, «schade, daß die nicht mehr ist: die war die beste Moderedakteurin der Welt. Konnte schreiben, war amüsant, kritisch. Einzigartig, so etwas gibt es nicht bei uns, so was fehlt: Also werd doch Moderedakteur!» Tatsächlich: Bei uns in der Bundesrepublik liegt beim Wort Moderedakteur die Betonung mehr auf *Mode* als auf *Redakteur*, der Bereich wird zumeist und von den meisten sinnlich erfaßt, aber nicht kritisch begriffen. Im englischen, französischen und italienischen Sprachraum, dort also, wo Mode aus der kulturellen Entwicklung heraus selbstverständlicher, ernster und wichtiger genommen wird, wo Modemenschen nicht als Luftikusse abgetan, sondern als Könner angesehen werden, können Chefredakteure Stars machen und Industriezweige vernichten, können Redakteure Zeichen setzen und das Straßenbild verändern, kann eine Susan Sontag mit einem Essay über fashion glänzen, konnte eine Kolumnistin wie Hebe Dorsey vom Herald Tribune mit regelmäßiger Berichterstattung aus der Kleiderwelt Millionen von Lesern über Jahre hinweg faszinieren. Bei uns bleibt eine Frau wie Antonia Hilke mit ihren Neuigkeiten vom Kleidermarkt Ausnahme und Institution. Schnitt.

Die meisten Moderedakteure gehen bei uns diesen Weg: Sie haben eine Mode- oder Kunstschule besucht, sie entscheiden sich irgendwann während dieser Fachausbildung, ob sie den Versuch wagen wollen, als Designer in die Industrie (zumeist) zu gehen, ob sie in einem Geschäft als Verkäufer oder Einkäufer landen wollen, weil die Konkurrenz groß und das Angebot an interessanten Plätzen klein ist, oder ob sie sich als Assistent im Moderessort einer Zeitschrift bewerben. Auch hier kommen auf Dutzende von Bewerbern nur ein oder zwei Offerten, höchst unterschiedlich in der Qualität. Ein Assistent hat alle Hände voll zu tun und den Kopf eher leer: Koffer ein- und auspacken, Pakete an Firmen zurückschicken, Karteien führen, in der bummvollen Kleiderkammer des Moderessorts Ständer sortieren, später dann an Produktionsreisen teilnehmen, ohne Einfluß nehmen zu können, ein dauerhaftes und oft ermüdendes Assistieren eben, das sich auf mindestens zwei Jahre erstreckt. Eigeninitiative ist gefragt, Geschmack Voraussetzung, Durchsetzungskraft notwendig, Einfühlungsvermögen, Takt und Taktik, Loyalität und Fleiß sind hilfreich. Wer zudem schreiben kann, mit Witz und Fachwissen, und seien es nur Bildunterschriften, wer vielseitig gebildet und interessiert ist, wer beispielsweise erahnt, welcher Film oder welcher Star aus der Musikszene Trends bewirken können oder welche historische Epoche wiederkehren wird, wer Sprache und Sprachen beherrscht, der wird es schaffen, in diesem flirrenden und fiesen, in diesem leichten und harten Gewerbe, und dem sei zugerufen, ganz in Ginkys Sinne: «Werd doch Moderedakteur!»

Claudia Winkelmann

Markt und Mode im Visier

Von der Arbeit bei einer Fachzeitschrift

Mode gehört zu den angenehmen Nebensächlichkeiten, die den Menschen im Alltag etwas Spaß bringen, und Sie ist außerdem ein wichtiges Mittel zur Selbstdarstellung. Daß Mode heute etwas für jedermann ist und nicht mehr nur eine elitäre Veranstaltung für Leute mit viel Geld, liegt an der industriellen Fertigung der Bekleidungsindustrie, die heute Mode für jeden Geldbeutel bietet. Denn Mode ist inzwischen weniger eine Spielweise für Kreative, sondern ein hartes Geschäft einer mittelständischen Industrie, bei dem es um eine ganze Menge Geld geht. Immerhin machte die deutsche Bekleidungsindustrie (mit Damen-, Herren-, Kleider- und Sportmode, aber ohne Maschenmode, die zur Textilindustrie gehört) 1988 einen Umsatz von über 23 Milliarden DM.

Diese Zusammenhänge von Mode und Markt im Auge zu behalten und nicht nur in schöner, exklusiver Mode zu schwelgen, das steht im Mittelpunkt der Arbeit einer Mode-Fachjournalistin. Ich arbeite seit 16 Jahren als solche bei der Textil-Wirtschaft, befasse mich mit allen Facetten dieser schillernden, interessanten, aber auch sehr hektischen und anstrengenden Modebranche von der Textil- und Bekleidungsindustrie bis zum Textileinzelhandel, für den wir in erster Linie schreiben.

Für einen unbefangenen Leser, der zwar jede Menge Modejournale kennt, sind Textil-Fachzeitschriften, wie z. B. die Textil-Wirtschaft, fast immer unbekannt, weil sie nicht am Kiosk verkauft, sondern nur von Branchenleuten abonniert und gelesen werden. Fachzeitschriften gibt es für alle Wirtschaftszweige, denn alle Insider der verschiedenen Wirtschaftsbranchen wollen mehr Informationen aus ihrem Spezialgebiet, als Tageszeitungen und Publikums-Zeitschriften bieten können, da diese sich auf eine allgemein interessierende Berichterstattung konzentrieren müssen. Die Textilbranche und hier vor allem den Textileinzelhandel umfassend über alles zu informieren, was in Handel und Industrie passiert, ist die vielseitige Aufgabe der Textil-Fachzeitschriften. Für mich und meine Kolleginnen als Modejournalistinnen bei einer Fachzeitschrift liegt der Schwerpunkt der Berichterstattung in den frühzeitigen Modeinformationen für den Textileinzelhandel. Und hier liegt auch der gravierende Unterschied in der Arbeit von Mode-Fachjournalisten zu Modejournalisten.

Denn frühzeitige Modeinformation für den Textileinzelhandel bedeutet, in den Textil-Fachzeitschriften in Wort und Bild darüber zu berichten, was es modisch Neues gibt und wie es zu bewerten ist, noch bevor auf den Modemessen die Kollektionen für die nächste Saison gezeigt werden. Das heißt, die Mode-Fachjournalisten reisen schon vor der Saison zu möglichst vielen Konfektionären mit unterschiedlichsten Kollektionen vom hohen bis zum Konsum-Genre, um sich ein Bild vom jeweils aktuellen, modischen Angebot zu verschaffen. Außerdem werden die Informationen über Modetrends und Kollektionen auf den Modemessen und den internationalen Stilisten-Schauen in Paris, Mailand und London komplettiert und kontinuierlich in den Fachzeitschriften veröffentlicht.

Dagegen beginnt die Arbeit der Modejournalisten für die Publikumszeitschriften erst auf den Modemessen und Schauen, wo sie die Modelle zu den Modethemen aussuchen, die dann ein halbes Jahr später, wenn die Mode in die Textilgeschäfte kommt, für den Verbraucher als informative, große Fotoreportagen erscheinen. Nicht nur in der zeitlichen Verschiebung unterscheidet sich die Modearbeit. Für den Modejournalisten in den Modejournalen steht das Bild im Vordergrund. Für den Mode-Fachjournalisten ist das Wort mindestens genauso wichtig wie das Bild. Es ist nicht immer ganz einfach, für etwas Optisches wie die Mode immer die richtigen Worte zu finden. Denn die Textileinzelhändler erwarten von einer Fachzeitschrift mehr als oberflächliche Trendberichte. Mode umweht oft «der Duft der weiten Welt», aber wenn man in und mit der Mode zu tun hat, verliert sich das schnell. Es bleibt nur wenig vom «Traumberuf Modejournalist» übrig, wenn man für eine Fachzeitschrift arbeitet. Das hört sich so an, als mache Mode-Fachjournalismus keinen Spaß. Das trifft keinesfall zu, nur sollte sich niemand vom Hauch Glamour und Luxus, der zum Modegeschäft gehört, verführen lassen. Das wirklich

Interessante an dieser Modebranche ist die Vielschichtigkeit, die einem trotz der vielen Arbeit immer wieder den Spaß erhält.

Keine andere Branche ist so verrückt, daß sie alle halbe Jahre mit einem neuen Produkt, sprich Kollektion, auf den Markt kommt und sich niemals auf dem Erfolg von gestern ausruhen kann. Darum ist Erfolg in dieser Branche sehr vergänglich und muß mit hohem finanziellem und kreativem Einsatz ständig neu erarbeitet werden. Das sorgt für ständigen Wirbel und viel Hektik, aber auch dafür, daß es nie langweilig wird.

In diesem Trubel darf man als Modejournalist für eine Fachzeitschrift nicht den Blick für das Wesentliche verlieren. Da es nicht mehr «die» Mode gibt, wie zu den großen Zeiten der Haute Couture mit ihren klaren Modetrends für eine Saison, sondern wir heute eine Mode haben, die so vielschichtig ist wie unsere pluralistische Gesellschaft, wird von der Modeberichterstattung einer Fachzeitschrift in erster Linie Orientierungshilfe erwartet.

Es gibt heute nur noch wenige Modetrends, die für alle Gültigkeit haben. In den letzten Jahren schaffte das in der DOB nur der Blazer, der wie ein VW lief und lief und lief..., den Jung und Alt, Dick und Dünn gleichermaßen modisch akzeptierten und in unzähligen Varianten kauften. Ganz anders sah es schon beim propagierten kurzen Rock aus: den echten Mini kauften nur die ganz Jungen, alle modischen Frauen akzeptierten nur Längen um das Knie, und die Mehrzahl der Normalverbraucherin entschied sich für gut kniebedeckt. Das sind nur zwei Beispiele, die zeigen, wie der Markt auf bestimmte Modetrends reagiert und wie wenig sich Mode heute verallgemeinern läßt. So differenziert der Modemarkt ist, so detailliert muß in der Modeberichterstattung einer Fachzeitschrift darauf eingegangen werden.

Die international bekannten Namen der Stilisten aus Frankreich und Italien setzen mit ihren modischen Ideen nach wie vor Zeichen, aber was sich davon letztendlich als Mode durchsetzt, steht auf einem anderen Blatt. Viele Modeideen überstehen nicht die harte Realität des Modemarktes, und das verlangt von einem Mode-Fachjournalisten, ständig die Spreu vom Weizen zu trennen, Mode-Gags oder modische Sternschnuppen zu erkennen und für die Fachzeitschriften-Leser auch als solche zu deklarieren.

Für die Publikumsmedien sind diese Mode-Gags eine willkommene Abwechslung mit ihrem Unterhaltungswert für den Leser, auch wenn er keinesfalls daran denken würde, für diese Mode-Gags sein gutes Geld auszugeben. Hier zeigt sich der Unterschied zwischen Modejournalisten für Publikumsblätter und für Fachzeitschriften deutlich: Hauptsache neu und als Foto attraktiv – das sind die Kriterien für die Auswahl von Modellen in der Modepresse, während es für eine Fachzeitschrift auch darauf ankommt, daß die gezeigten Modelle verkäuflich sind – zumindest in einem bestimmten Marktsegment.

Auch bei der Bildauswahl also behält der Modejournalist einer Fachzeitschrift immer den Markt und damit den Verkauf im Auge. Wohl wegen dieses ständigen Blicks auf das Marktgeschehen wird Fachjournalisten – und das betrifft nicht nur die Modebranche – oft vorgeworfen, nicht kritisch genug in ihrer Berichterstattung zu sein oder gar «Hofberichterstattung» zu betreiben. Natürlich besteht die Gefahr, vieles, was in einer Branche passiert, die man so genau kennt, zu entschuldigen. Aber ich kann für mich sagen, daß die genauen Kenntnisse eher meine Kritikfähigkeit geschärft haben. Die Erfahrung hat mir aber auch gezeigt, daß nur konstruktive Kritik etwas bringt.

Insgesamt habe ich es immer für einen Vorteil gehalten, mich als Journalistin in einer Branche wirklich auszukennen, was viele Journalistenkollegen als einseitig und dadurch langweilig empfinden. Ich kann nur die Mode- und textile Wirtschaftsberichterstattung in Tageszeitungen, Publikums-Zeitschriften und im Fernsehen beurteilen, und da produziert sich leider immer mehr mangelhaftes Wissen und schlechte Recherche. Leider bleibt im hektischen, journalistischen Alltag oft keine Zeit für die gründliche Bearbeitung einer Materie. Und so bin ich heute auch oft sehr skeptisch, wenn ich etwas über andere Wirtschaftsbereiche lese, denn vielleicht ist es genauso oberflächlich bearbeitet worden. Journalistisch sorgfältig zu arbeiten und sich mit einer Materie intensiv auseinanderzusetzen, das lernt man bei einer Fachzeitschrift. Und wenn irgendwelche Fakten in einem Bericht nicht stimmen, wird man von seinen fachinteressierten Lesern sofort darauf hingewiesen. Das übt.

Zu den schönen Seiten der Arbeit eines Mode-Fachjournalisten zählt auch, daß man viele interessante Menschen in Industrie und Handel kennenlernt und ihre Entwicklung über Jahre verfolgen kann. Daraus ergeben sich nicht nur informative Gespräche, sondern oft auch unterhaltsame Interviews, Portraits und Reportagen für die Fachzeitschrift. Das gehört ebenso zum «Kürprogramm» eines Fachjournalisten wie Zeitgeist-Themen und Verbraucherfragen, alles, was Spaß macht, interessant ist, wofür aber oft zu wenig Zeit bleibt. Außerdem muß man als Fachjournalist wissen, daß man für die Leser ein Bestandteil ihrer Arbeitswelt ist und sie eine Fachzeitschrift in erster Linie danach beurteilen, inwieweit sie ihnen mit ihren Informationen bei der Bewältigung ihrer Alltagsprobleme hilft. Im übertragenen Sinn ist eine Fachzeitschrift für den Leser ein Arbeitsmittel. Für die Unterhaltung in der Freizeit sind die Publikumsmedien zuständig.

Das soll aber nicht heißen, daß fachlich orientierte Modeinformationen staubtrocken vermittelt werden dürfen. Nur mit journalistisch gut aufbereiteten Berichten kann man heute einen Fachzeitschriften-Leser zum Lesen verlocken. So ist die optische Umsetzung eines Modethemas in Zusammenarbeit mit der Grafik ein wichtiger Bestandteil der Arbeit eines Mode-Fachjournalisten. Denn der beste Artikel bringt wenig Leserresonanz, wenn er nicht gut verkauft wird. Wie Leser einzelne Berichte aufnehmen, das kann man als Journalist natürlich kaum nachprüfen. Leserbriefe oder Telefonate sind oft die einzigen Reaktionen, die aber meist nur von Lesern kommen, die anderer Meinung sind.

Der Mode-Fachjournalist hat also einen sehr vielseitigen und interessanten, aber auch anstrengenden Beruf. Seine Arbeit unterscheidet sich klar und deutlich von der eines Modejournalisten bei Publikumsmedien. Bleibt eigentlich nur noch die Frage: Wie wird man Mode-Fachjournalist? Wie für Journalisten generell, gibt es keine einheitlichen Ausbildungen; oft spielt der Zufall eine wichtige Rolle. Viele, die heute in den Modejournalismus gehen, haben nach der Schule (meist Abitur) eine Ausbildung als Modedesigner – wie ich auch – hinter sich. Das ist ein gutes Rüstzeug, weil eine gewisse fachliche Grundlage vorhanden ist. Wichtig und Grundvoraussetzung für die journalistische Tätigkeit bei einer Fachzeitschrift ist natürlich die Lust am Schreiben. Der Spaß an Mode, den so manche Bewerberin als Grund für ihr Interesse am Modejournalismus nennt, reicht allerdings nicht für den Beruf aus. Man sollte entweder eine fachliche oder eine journalistische Qualifikation mitbringen. Das Handwerkszeug für den Beruf bekommt man in einem einjährigen Volontariat bei einer Textil-Fachzeitschrift mit. Danach wird man Redakteur, und dann heißt es, durch Praxis Erfahrungen zu sammeln. Was man dann daraus macht, das hängt vom Engagement und natürlich auch etwas vom Glück ab.

Katja Aschke

«Als ob die aus dem Puff berichten...»

Antonia Hilke über Mode im Fernsehen

Es ist fast unmöglich, Antonia Hilke nicht zu kennen, es sei denn, man gehörte zu jener skurrilen Minderheit absoluter Fernseh-Verweigerer, deren Zahl jedoch verschwindend gering ist: Nur 3 % aller bundesdeutschen Haushalte haben sich bisher nicht dem Fanclub der elektronischen Bildübermittlung angeschlossen. Und deshalb ist es wirklich fast unmöglich, Antonia Hilke nicht zu kennen.

Warum?

Weil diese Frau seit 1953 ununterbrochen zweimal im Jahr im Fernsehen über Mode berichtet und weil ihre Sendungen einen unbestrittenen Sonderplatz im Rahmen der üblichen Modeberichterstattung einnehmen. Niemand informiert so profund, so klar und dabei auch so interessant über Mode wie sie.

Gekommen ist sie zu dieser inzwischen fast institutionellen Tätigkeit «wie die Jungfrau zum Kind», wie so viele ihrer Generation, denen der Krieg und seine dramatischen Begleiterscheinungen den Lebenslauf geschrieben haben: durch Not, durch Zufall und somit eben auch als Autodidaktin.

Aufgewachsen im Berlin der zwanziger und dreißiger Jahre, geprägt durch das gesellschaftliche Leben in ihrem Elternhaus, auch durch die Eleganz ihrer Mutter, war sie früh an Mode interessiert, war begabt zum Zeichnen, wollte jedoch Medizin studieren. Da ihr als Halbjüdin der zum Studium erforderliche Ariernachweis fehlte, blieb dieser Wunsch unerfüllt. Nach dem Abitur im Jahr 1941 besuchte sie eine private Kunstschule, die renommierte «Reimannschule», die in jenen Jahren jedoch schon in «Kunst und Werk» umbenannt war. Als mit Ausbruch des totalen Krieges die privaten Schulen geschlossen wurden, mußte sie, wie viele andere auch, in eine Maschinenfabrik und wickelte Anker für Motoren.

Der Krieg ging zu Ende, sie konnte den Mann heiraten, den sie vorher wegen ihrer jüdischen Großmutter nicht heiraten durfte, bekam zwei Kinder und war «ungelernte» Hausfrau und Mutter.

Lange hielt diese Ehe nicht, es kam zur Scheidung. 1950 ging sie, mit 50 DM in der Tasche, zu einer Freundin nach Hamburg, wo sie «auf der Ritze schlafen durfte». Der Mann dieser Freundin arbeitete bei der «Welt», es ergab sich, daß sie dort kleine Vignetten verkaufen konnte, «die ganz furchtbar waren, aber das haben wir nicht gemerkt, weil wir ja keine Vergleichsmöglichkeiten hatten».

Die erste Fernsehsendung entstand schon 1953, zur gleichen Zeit, als das Medium bei uns überhaupt seine ersten Schritte unternahm. In einem Bunker auf dem Hamburger Heiligengeistfeld wurde ein Versuchsprogramm gestartet. «Da trat der Zirkus auf mit Elefanten, im Hintergrund stand ich an der Staffelei, und meine zwei winzigen Kinder führten Kleider von der «Hamburger Kinderstube» vor. Das hat nie einer gesehen – wunderbar!» Das «wunderbar!» ist keine Kokketterie, sondern tief verwurzelte Skepsis gegenüber ihrem eigenen öffentlichen Auftreten in jenem Medium, mit dem sie ihr ganzes Leben verbringen sollte. Aus dem Versuchsprogramm im Bunker entwikkelte sich für Antonia Hilke eine Lebensaufgabe: Zweimal jährlich seitdem berichtet sie aus Paris, anfangs unter dem Titel «Neues vom Rond Point»; später hieß die Sendung kurzfristig «Modenshow», und seit 1972 kennen wir sie als «Neues vom Kleidermarkt».

Da man von zwei Fernsehsendungen im Jahr nicht leben kann, hat sie kontinuierlich Mode gezeichnet und über Mode geschrieben in Zeitungen und Zeitschriften wie z. B. «Welt», «Constanze», «Petra» und vielen mehr. Daneben entstanden eine Reihe bemerkenswerter anderer Filme, wie z. B. «L'ange bleu» oder «Alcazar», Dokumentationen über die berühmten Transvestitentheater im Paris der siebziger Jahre. Hauptberuflich jedoch ist sie Modejournalistin im Fernsehen, arbeitet seit 1953 als freie Mitarbeiterin für den NDR, fährt nach Paris und erzählt uns, ergänzt durch ihre unter laufender Kamera hingeworfenen Skizzen, von dem, was sich Paris heute für uns morgen ausgedacht hat. Ihre Sammelleidenschaft für Informationen und Hintergrundgeschichten macht sie «zu einem einsamen Wühler, wie mein Hamster Pippi früher, der immer alles in die Matratze geschleppt hat», und sie sucht in verzweifelter Hoffnung unter unzähligen Notizen für jede Sendung nach genau den richtigen Versatzstücken für ihre bunten, doch immer inhaltsreichen Mode-Montagen.

Da es weder bei einer der neun Anstalten der ARD, noch beim ZDF eine spezielle Moderedaktion gibt, ist sie seit nunmehr 35 Jahren Einzelkämpferin auf exotischem Außenposten, «weil Mode für die Leute, die Programm machen, kein Thema ist», ohne Stab, ohne wirklich zuständige Redaktion, ohne besondere interne Anteilnahme an ihrer Arbeit.

Wie erklärt sie sich die generelle Interesselosigkeit am Thema «Mode» in den Medien?

«Ich halte das für ein deutsches Unglück, für etwas sehr spezifisch Deutsches. Die Wurzeln dieser «Modeverachtung» müssen bis in die Hitlerzeit reichen, denn bis dahin hatte die Mode z. B. in Berlin eine große gesellschaftliche Bedeutung. Die Nazizeit hat eine Zäsur gebracht: Fast alle Talente sind weggejagt oder umgebracht worden, denn die Berliner Konfektion war sehr stark jüdisch geprägt. Das war ein deutlicher Bruch.

Und heute? Ich hab immer den Eindruck, daß die Redakteure, also die Intellektuellen oder die, die sich dafür halten, die Mode mit Hochmut betrachten, nach dem Motto «Wir, das Volk der Dichter und Denker...» Unterstützt wird dieser Hochmut allerdings auch durch die fast ausnahmslos albernen Modesendungen, die immer mal wieder im Programm auftauchen und dann auch wieder verschwinden. Schickimickizeug, das keinen Programmdirektor oder Chefredakteur überzeugen kann. Und so denken die eben, Mode sei grundsätzlich etwas Albernes. Diese Einstellung bestimmt auch den Tenor der Kommentare, wenn z. B. in der Tagesschau als letzter Beitrag etwas über Mode gebracht wird. Der Ton der sonst so seriösen Journalisten bekommt etwas Süffisantes, so, als ob die aus dem Puff berichten oder sich irgendeinen ekligen Käfer angucken. Auch wenn in Talkshows eingeladene Designer befragt werden, wird immer deutlich, daß die sonst gut informierten Talkmaster keine blasse Ahnung haben, was Mode-Design heute bedeutet. Jedesmal bin ich wütend über die Ignoranz und Inkompetenz dieser Leute, die sich anmaßen, mit jemandem zu sprechen und überhaupt nicht wissen, worüber. Das würden sie in der gleichen Sendung keinem Karosseriebauer oder Architekten gegenüber wagen... Modedesign ist heute Industriedesign und nicht der spinöse Einfall einiger absonderlicher Exoten.»

Welche Persönlichkeiten im Bereich der Mode haben Sie besonders beeindruckt?

«Lagerfeld. Ein Mann mit einer ungeheueren Arbeitskraft, mit einer Kreativität, die für zehn ausreicht. Aber wenn der nicht deutsch sprechen würde – würde man ihn doch gar nicht einladen! Oder Kenzo, Saint Laurent, Armani. Schließlich hängt viermal im Jahr Gedeih und Verderb dieser großen Unternehmen allein vom Erfolg der Kollektionen dieser Designer ab, als ob das nichts wäre! Da steht doch ein Riesenpotential an Menschen im Hintergrund. Oder Marietta Riederer, diese angenehme gebildete Frau, die inzwischen gestorben ist, eine der letzten deutschen Modejournalistinnen, die besessen war von ihrem Metier. Oder Hebe Dorsey von der «Herald Tribune»... und... und... und... Es gibt genauso viele interessante Leute in der Mode wie in jedem anderen Industriezweig oder in der Kulturszene.»

Sie sprechen von Marietta Riederer, die leider tot ist. Sie sprechen von Ausländern. Wer beeindruckt Sie unter den deutschen Designern oder «Modeleuten»?

«Da gibt es eine ganze Reihe, Frauen wie Jil Sander, Claudia Skoda und Brigitte Haarke; ein Mann wie Steilmann, Joop, die Leys von Escada... Aber ich kenne natürlich auch die Klage der deutschen Designer, daß sie nicht genügend anerkannt werden, dieses Gejammer, das ist auch falsch. Ich sage dann immer: Leute – wie lange macht ihr das denn schon? Ein Lagerfeld, ein Saint Laurent, alle diese Namen, die wir kennen, die sind doch schon seit 30 Jahren im Geschäft, haben als ganz junge Menschen angefangen und sind heute zu Recht berühmt. Es braucht doch Zeit, um ein Image, eine Handschrift zu entwickeln. Senkrechtstarter wie Lacroix sind und bleiben ein Phänomen.

Auf der anderen Seite ist der Mangel an Anerkennung natürlich nicht nur eine Frage der verhältnismäßig jungen Tradition der deutschen Designer, er ist auch Konsequenz dieser seltsamen Berührungsangst, die Mode bei uns gesellschaftlich erzeugt, so, als ob das was Pornographisches wäre. Modisches Aussehen wird bei uns nicht wie in anderen Ländern mit Interesse und Bewunderung, sondern mit Verachtung quittiert. Ein Mann - toll angezogen – «ist der schwul?» Eine elegante Frau – «na, wer weiß...» Sehen Sie sich die Leute in Bonn doch einmal an! In Frankreich werden die Vertreter des Staates offiziell von den namhaften Modehäusern angezogen – das ist doch unvorstellbar hier. Warum eigentlich? In Frankreich ist Mode ein Kulturgut wie Theater, bildende Kunst, Literatur. Können Sie sich das bei uns vorstellen?»

Angesichts dieser Situation müßte es doch eine Herausforderung für einen Journalisten sein, diese Einstellung zu verändern. Was raten Sie denn dem potentiellen Nachwuchs, der sich mit der Frage an Sie wendet, wie man es anstellt, im Fernsehen – und in einer seriösen Weise wie Sie – über Mode zu berichten?

«Ich rat ihm: ‹Laß die Finger davon!›»

Nicht sehr ermutigend...

«Es ist aber so. Er soll studieren, Germanistik, Publizistik, Sprachen – und er soll sein Studium abschließen. Oder er soll eine Journalistenschule besuchen. Aber selbst nach einer fundierten Ausbildung – wer soll ihm eine Chance geben? Es gibt doch keine Fachredaktionen für Mode. Beim Fernsehen ist es genauso wie bei den Zeitungen, wo Mode irgendwie mitläuft, auf der Seite «für die Frau» oder auch mal im Wirtschaftsteil. Ich rede jetzt nicht von den Frauenzeitschriften, die Mode über Fotos veröffentlichen, mit ein paar Bildunterschriften. Aber schreiben – wer schreibt denn über Mode bei uns? Ich kann mich an vielleicht drei, vier gute Artikel erinnern, im Spiegel, in der ‹Zeit›, aber sonst? In Amerika und England gibt es festangestellte vollamtliche Journalistinnen, die wie Theaterkritiker, Filmkritiker, Literaturkritiker nur über Mode schreiben, die das ganze Jahr durch die Welt reisen und deren kritische Berichte wichtige und oft gefürchtete Wegweiser sind. Oder ein Blatt wie das amerikanische «Womens wear daily», ein täglich erscheinendes Wirtschaftsblatt, das alle Produkte und Veranstaltungen sieht und prüft... Alles, was wir hier über Mode haben, sind Blätter... zum Blättern.»

Sie glauben, das läßt sich nicht ändern?

«Wie denn? Wer soll sich, als freier Mitarbeiter, denn leisten, nach Mailand, Paris, London, Berlin, München zu fahren, um Informationen zu sammeln, um dadurch einem Sender einen interessanten Stoff anbieten zu können? Wer soll sich denn leisten, sich mit Philosophie, Literatur, Soziologie zu befassen, wenn er nicht als festangestellter Redakteur bei einer Zeitung oder beim Fernsehen sitzt? Und wenn er da sitzt, kann er's auch nicht, weil Mode ja nur so nebenher mitläuft.

Es gibt kein verantwortliches Ressort. Dann fährt er eben mal mit an die Copacabana, und dann entsteht ein gewaltiger Werbespot mit viel Glamour und Busen und nackten Hintern und alles ganz toll, und hinterher fragt der Zuschauer: ‹Und...?› Bunte Bilder, lauter schnelle bunte Bilder- und sonst nichts.»

Woran liegt das?

«An der fehlenden Kompetenz, an einer sehr oberflächlichen Behandlung des Themas; die denken, wenn sie sich selbst gern gut anziehen, genügt das, um über Mode zu berichten.»

Wo liegen denn die Kriterien in der Beurteilung von Mode wirklich?

«Das ist schwer zu sagen. Keinesfalls darf man sich in seinem Urteil über Mode auf die eigene Person beziehen. Wenn ich eine neue Kollektion sehe, brauche ich nur einmal hinzusehen und weiß sofort: ‹Das ist was! Das könnte ‹Mode› werden!› Es ist Erfahrungssache.»

Aber dieses Erkennen-können muß sich ja an irgend etwas messen?

«Vielleicht an der Kontinuität der modischen Wellenbewegungen. So wie Designer Antennen haben müssen für das, was kommen könnte, muß auch der Modejournalist eine Art sechsten Sinn haben. Was nicht heißen soll, daß ich mich nicht auch schon x-mal geirrt habe. Sachen, wo es mich geschüttelt hat, und ich habe gedacht: ‹O Gott, was ist denn das für eine Verkleidung!› Und hinterher wurde mir klar: ‹Schade, genau das war's...› Ich bin überhaupt nicht unfehlbar. Aber es gehört wirklich sehr viel Erfahrung dazu, die heute keiner mehr erwerben kann, wenn er nicht dafür bezahlt wird, durch die Welt zu reisen und Mode anzugucken. Es gibt eben keinen Ullstein-Verlag mehr, der die jungen Leute rausschickt und sagt: ‹Wehe, wenn du was schreibst! Du mußt erst mal Erfahrungen sammeln...›»

Welche Eigenschaften haben Ihnen in Ihrer beruflichen Entwicklung am meisten weitergeholfen?

«Eigenschaften...? Der Hauptmotor war, Geld verdienen zu müssen und sich immer und immer wieder von neuem zu überwinden.»

Überwinden wozu?

«Eigentlich bin ich ganz ungeeignet für das, was ich mache.»

Wieso?

«Es ist für mich eine Qual, öffentlich aufzutreten. Immer noch habe ich die gleichen Hemmungen und Ängste wie am Anfang, bin nie mit dem Ergebnis zufrieden, entdecke lauter Fehler, geniere mich, weiß, was ich vergessen habe – und wenn ich es dann allerdings nach einem halben Jahr sehe, denke ich auch: ach... so schlecht war es doch nicht...»

Würden Sie, nach 35 Jahren Mode, diesen Weg noch einmal gehen?

«Nein, wenn ich es mir aussuchen könnte, ich würde es nicht noch mal machen. Nach wie vor hätte ich gern Medizin studiert – und nach wie vor fällt es mir schwer, vor der Kamera zu sitzen und mich auszustellen. Aber ich denke, wenn man eine Sendung macht, dann muß man auch dazu stehen, muß zu sehen sein und sagen: ‹Hier, Leute, jetzt erzähl ich euch was...›»

Worin besteht die größte Anerkennung für Ihre Arbeit?

«Sicher in der Zustimmung, die ich von vielen Seiten bekomme, daß ich immer wieder höre: ‹Außer Ihrer Sendung gibt es eigentlich nichts Vernünftiges über Mode...› Das freut mich dann, aber es ist doch auf der anderen Seite auch ein Unding, daß ich etwas mache, wo ich überhaupt keine richtige handfeste Konkurrenz habe. Das ist doch ein Armutszeugnis für dieses Land und für das Verhältnis, was man hier zur Mode hat. Es ist doch nicht in Ordnung, daß eine Frau, die sich den Siebzigern nähert, so etwas immer noch allein macht...

Ich wäre wirklich froh, wenn es guten Nachwuchs gäbe.»

«Mode ist eine so unerträgliche Form …

… der Häßlichkeit, daß wir sie alle sechs Monate ändern müssen», lästert Oscar Wilde.

Aber gerade dadurch sichert sie viele Arbeitsplätze, würde man heute dagegenhalten.

Und wer Mode kauft? Der wird darüber stöhnen, daß sie ihn viel Geld kostet.

Gabriele Honnef-Harling / Klaus Honnef

Modewelten

Interview mit dem Fotografen F. C. Gundlach

Herr Gundlach, warum sind Sie Modefotograf geworden?

Fotograf bin ich aus Zufall geworden. Ich war Autodidakt und bekam dann einen Studienplatz an einer privaten Fotoschule. Das schien erst schiefzugehen, weil ich zu wenig Vorkenntnisse hatte. Ich wäre deswegen fast von der Schule geflogen. Bei der Mode bin ich dann geblieben, weil es mir Spaß gemacht hat. Was ich immer an diesem Beruf geschätzt habe, ist, daß er mir persönliche Unabhängigkeit gegeben hat. Ich hatte das Glück, seit meinem 25. Lebensjahr selbständig zu arbeiten. Als Fotograf braucht man nicht die große Institution, den großen Apparat, um zu arbeiten. Ich habe anfangs mit dem Gedanken gespielt, zum Film zu gehen. Aber als ich dann sah, daß zuerst der Feuerwehrmann im Atelier sein mußte, bevor man überhaupt einen Lichtschalter umdrehen darf, habe ich mich lieber für die Unabhängigkeit entschieden. Beim Theater und besonders beim Fernsehen ist es doch genauso. Als Fotograf hatte ich den riesigen Vorteil, daß ich mit meiner Kamera und meiner Arbeit mir eine Unabhängigkeit schaffen konnte, die für mich die entscheidende Voraussetzung ist für mein ganzes Leben.

Herr Gundlach, über 30 Jahre Modefotografie in der Bundesrepublik Deutschland, seit über 30 Jahren sind Sie einer der bekanntesten und herausragenden Repräsentanten der Modefotografie. Was hat sich innerhalb dieser Zeit in Deutschland für die Modefotografie verändert?

Wenn ich das jetzt ganz subjektiv beantworte, würde ich sagen, daß sich von dem Beginn meiner Tätigkeit als Modefotograf der Spielraum, die Aufgabe, die Funktion des Fotografen immer mehr eingeengt hat.

Das hat viele Gründe. Ein Grund ist z. B. der, daß die Arbeit für eine Zeitschrift – wenn ich jetzt an die fünfziger Jahre oder an die ‹Film und Frau› zurückdenke – lange nicht so im Detail festgelegt war. Dem Fotografen war zwar ein Thema vorgegeben, aber die Realisation hing weitgehend von ihm ab. Wenn man eine Idee hatte, trug man diese der Redaktion vor, sie wurde meistens akzeptiert. Manchmal präsentierte man auch gleich eine fertige Serie. Ich konnte früher sogar wesentlichen Einfluß auf die Auswahl der Kleider nehmen.

Heute ist es so – und das gilt vor allem für die Frauenzeitschriften in Deutschland –, daß sie dann gekauft werden, wenn sie eine möglichst hohe Identifikation der Leserin mit dem Inhalt der Zeitschrift erlauben, und das engt das Themenangebot und seine Darstellung ein.

Würden Sie sagen, daß das tatsächlich ein besonderes Problem der deutschen Modefotografie ist oder ist auch die internationale Modefotografie mit ähnlichen Problemen konfrontiert?

Ich glaube, daß das ein internationales Problem ist. Es gibt gerade im Augenblick ganz überraschende Parallelen. Das Haus Gruner + Jahr z. B. gibt zwei sogenannte Billig-Blätter in Frankreich heraus, ‹Prima› und ‹Femme actuelle›, die einen Riesenerfolg haben und sich ein bißchen an das Schnittmuster anlehnen, das in Deutschland in den letzten Jahren Erfolg hatte, wie z. B. ‹tina›, ‹Bild der Frau›, ‹Bella› u. ä. Das gleiche versucht man auch in Amerika. Da gibt es die Zeitschrift ‹Women's World› vom Bauer-Verlag, die Mode- und Lebenshilfe anbietet, damit großen Erfolg hat und sogar ohne Anzeigen auskommt. Das, was uns unterscheidet von Amerika und vor allen Dingen von Frankreich und Italien, ist, daß man sich dort den Luxus erlaubt, Zeitschriften zu haben mit einer sehr geringen Auflage wie z. B. die französische ‹Vogue›. Die ‹Vogue› hat, wenn ich richtig informiert bin, eine Auflage von 35 000, und sie war nie höher. Das ist dann eine Marktnische, die eine Minorität anspricht. Sie hat natürlich dadurch die Möglichkeit, Themen ganz anders anzugehen, exklusiver und extremer darzustellen als ein Blatt, das eine Million Auflage hat. Ich glaube, darin liegt der Schlüssel.

Hat es Ende der vierziger, Anfang der fünfziger Jahre in der nachmaligen Bundesrepublik oder dem Trizonesien, wie die Rheinländer sagten, schon eine ähnliche Modezeitschrift wie heute die ‹Vogue› gegeben, also eine Zeitschrift, die aus Prestigegründen gemacht worden ist?

Nein, das hat es eigentlich bei uns nie gegeben. Bis zum heutigen Tage nicht. Es gibt zwar jetzt eine deutsche Ausgabe der ‹Vogue›, aber die deutsche ‹Vogue› hat meiner Ansicht nach den entscheidenden Nachteil, daß sie eben keine deutsche ‹Vogue› ist. Achtzig Prozent aller Beiträge sind Beiträge aus anderen Ländern, stammen von ausländischen Fotografen und Mitarbeitern.

Vor dem Krieg gab es einige Blätter in Deutschland, wie die vom Beier-Verlag in Leipzig herausgegebene ‹die neue linie›, es gab ‹Die Dame› und die ‹Elegante Welt› von Ullstein. Das waren Blätter mit einem ähnlichen Prestige-Anspruch wie vielleicht jetzt die ‹Vogue› in Frankreich.

Eines der erstaunlichsten Phänomene in der Geschichte unseres damals noch jungen Landes war, daß bereits kurz nach Ende des Krieges eine große Zahl von Zeitschriften erschien und daß die Mode selbst schnell wieder großes Interesse fand. Diese Zeitschriften wurden bald mit Modefotografien illustriert. An welche Vorbilder haben damals die deutschen Modefotografen und eben auch Sie angeknüpft?

Was zunächst nach dem Krieg entstand, waren sehr einfach gemachte Zeitschriften. Als es dann aber etwas besser ging und wieder Papier zur Verfügung stand, gab es fast zehn Illustrierten. Fernsehen existierte noch nicht, und diese Bilderblätter hatten die Aufgabe, in Bildern und Reportagen über aktuelle Ereignisse zu berichten. Die erste wirklich entscheidende Gründung einer Zeitschrift, die sich intensiv mit Mode beschäftigte, war dann ‹Film und Frau›, später ‹Constanze›. Die ‹Film und Frau› knüpfte – und das lag begründet in der Person des Chefredakteurs Curt Waldenburger – an Vorkriegstraditionen an. Waldenburger hatte vorher in Berlin oder in Leipzig eine Zeitung gemacht, und er nahm das Konzept der Verbindung von Film und Mode damit wieder auf. Daß Mode so wichtig wurde, erklärt sich aus dem riesigen Nachholbedarf nach der Abstinenz während des Krieges.

Wir wollen noch etwas bei der Tradition bleiben. Sie haben das Beispiel der Illustrierten genannt, nehmen wir die ‹Neue Illustrierte›, die mit der Person von Wolfgang Weber an die große Tradition der ‹Berliner Illustrirten› und der ‹Münchner Illustrierten› in den zwanziger und dreißiger Jahren anknüpfte. Gab es etwas Ähnliches auch auf dem Sektor der Modefotografie?

Eigentlich nicht. Es gab wieder die ‹Elegante Welt›, aber die Verleger hatten eigentlich nie die finanziellen Möglichkeiten, ein großes Blatt aufzuziehen. Die Illustrierten hatten es da einfacher, weil sie eben sehr viel schneller zu großen Auflagen und damit zu Kapital kamen. Wichtig zu erwähnen ist in diesem Zusammenhang der Einfluß der Zeitschrift ‹Heute›. ‹Heute› war eine amerikanische Gründung, ebenso wie die ‹Neue Zeitung›. Und ‹Heute› war ein Bilderblatt, das nach einem größeren Zuschnitt geplant war. Ich weiß nicht genau, wie lange sie existiert hat, ich glaube, sie wurde dann 1949 oder 1950 eingestellt. ‹Heute› fing damit an, Mode wie ein Feuilleton zu publizieren, mit großen Abbildungen, fotografiert von Frau Relang.

Die fünfziger Jahre sind sicher ein Höhepunkt der amerikanischen Modefotografie. Viele der Großen, wie Richard Avedon und Irving Penn, fingen damals an. ‹Harper's Bazaar› hatte sicher unter der Regie von Carmel Snow seine größte Zeit. Sind diese Publikationen damals den deutschen Modefotografen und auch Ihnen bekannt gewesen? Haben Sie sich daran orientieren können und wollen?

Der große Verlag Condé Nast, der u. a. ‹Vogue› herausgibt, und der Hearst-Verlag mit ‹Harper's Bazaar› erlebten nach dem Krieg große Veränderungen. Es gab zwar keine Unterbrechung wie bei uns, selbst in den Kriegsnummern wurden Kleider angeboten, aus Uniformstoff gemacht. Aber nach dem Krieg war die Entwicklung anders. Und das ist vor allem zwei Leuten zu verdanken.

Ich glaube, der Mann mit dem größten Einfluß überhaupt auf die Fotografen der Nachkriegszeit war Alexej Brodovitch. Er war der Art Director von ‹Harper's Bazaar› und ein Mann, der eine ganze Fotografengeneration geprägt hat, allen voran Avedon, den er mitentdeckt hat und der auch von Carmel Snow, die Chefredakteurin war, gefördert wurde. Das gleiche gab es bei Condé Nast, da war es Alexander Liberman. Brodovitch und Liberman entstammten beide russischen Emigrantenfamilien, hatten einen europäischen Hintergrund und wirkten im Amerika der fünfziger Jahre vielleicht exotisch.

Sie waren meiner Ansicht nach die Katalysatoren für die Entwicklung der Zeitschriften in Amerika. Und Penn, der etwas früher als Avedon zu arbeiten begann, machte sicherlich seine besten Bilder zu jener Zeit, zwischen 1948 und 1953, Avedon ebenfalls. Diese Bilder haben mich natürlich stark beeindruckt. Ich lernte die amerikanischen Zeitschriften kennen, als ich Assistent bei der Fotografin Ingeborg Hoppe in Stuttgart war. Eines Tages landete ich in der Bibliothek des Amerika-Hauses, und ich sah diese Zeitschriften zum erstenmal. Ich hab mir dann Hefte ausgeliehen, auch mal heimlich eine Seite rausgerissen. Daher rührt auch meine Affinität, die ich zu Blumenfeld entwickelt habe. Erwin Blumenfeld ist ein Fotograf, der mich vor allem durch seine Schwarzweiß-Bilder, die mitunter sehr surrealistische Tendenzen haben, stark geprägt hat. Als ich das erste Mal nach Amerika kam, war auch eines der ersten Dinge, die ich getan habe, ihn zu besuchen.

Avedon habe ich dann später in Paris gesehen, als ich auch dort arbeitete. Wenn ich mich erinnere, wie er mit einem gemieteten Omnibus durch die Gegend fuhr, voller Models und Requisiten, um seine wunderbaren Fotos aufzunehmen, das waren Möglichkeiten, von denen wir nur träumen konnten.

Wenn wir das vergleichen, die amerikanische Modefotografie aus der Zeit und die deutsche, erscheint uns die deutsche häufig bieder.

Das ist sicherlich richtig, aber das hat mehrere Gründe. Ich meine – natürlich ist die Redaktion immer ein Filter für gewisse Dinge, es lag aber auch an den Möglichkeiten der Präsentation. Bis wir dazu kamen, ganzseitige Fotos zu publizieren, hat es Jahre gedauert. Wenn Sie die ersten Zeitschriften ansehen, zehn Fotos auf einer Doppelseite war das Normale. Internationalität war damals noch nicht drin. Die kam erst später.

So etwas Vergleichbares an Position wie ein Art Director gab es dann hier wohl auch nicht?

Ein Art Director muß ein Gesprächspartner sein für alle inhaltlichen Themen und für die formale Gestaltung. Ein Art Director ist dann am besten, wenn man seinen Einfluß, sein Wirken überall spürt, er aber mit seiner Handschrift Autoren und Redakteure nicht dominiert.

Wann beginnt seine Aufgabe?

Bei dem ersten konzeptionellen Gespräch, denn im Prinzip berührt seine Arbeit jedes Ressort.

Ist seine Funktion vergleichbar etwa mit dem Bildredakteur, wie er z.B. beim ‹Stern› lange Zeit durch Rolf Gillhausen repräsentiert wurde?

Ja, Gillhausens Funktion war sicher die eines Art Directors. Er war für das optische Bild des ‹Stern› verantwortlich, und darin bestand seine Wirkung. Eine ähnliche Persönlichkeit hat es in der deutschen Mode-Publizistik nie gegeben.

Sie sind in den fünfziger Jahren dadurch sehr bekannt geworden, daß Sie, soweit wir sehen, der einzige oder einer der ganz wenigen waren, die bewußt Filmstars fotografiert haben, aber zum großen Teil nicht in ihren Filmrollen, sondern als Models. Wie sind Sie auf diese Idee gekommen?

Ja, das hat sich fast zwangsläufig entwickelt. Als ich anfing, selbständig zu arbeiten, habe ich zunächst für eine Zeitschrift namens ‹Funkillustrierte› fotografiert und lebte in Stuttgart. Ein Freund von mir war Redakteur bei dieser Zeitschrift, und wir dachten uns zusammen eine ganze Menge Themen aus. Vom Funk kam ich zum Film, und dann machte ich beim Film eben Bilder, die keine ‹Ufa-Bilder› mehr waren. Meine Fotos fielen den Regisseuren dann auch sehr schnell auf. Es waren keine Glamour-Bilder mit Softlinse und Gegenlicht, sie waren realistischer, ungeschminkter, persönlicher. Dadurch ergaben sich eine ganze Menge Kontakte zu verschiedenen Filmproduktionen. Und im Laufe der Zeit lernte ich natürlich eine Menge Stars, Produzenten und Filmregisseure kennen. Als ich dann intensiv für ‹Film und Frau› Modefotos aufnahm, führte es fast zwangsläufig zu dieser Synthese.

Nach unserem Eindruck waren die Models in den fünfziger Jahren erstens älter als heute und zweitens, gab es damals überhaupt schon ausgebildete Models oder kamen sie aus ganz anderen Bereichen?

Seit dem großen Erfolg von Brooke Shields ist das Alter der Models deutlich unter 20 gesunken, viele fangen heute mit 15 an. In den fünfziger Jahren waren die Frauen auf den Modefotos sicher älter, und sie waren häufig die Hausmannequins der Modehäuser. Heute kommen Models aus allen Bereichen, direkt von der Schulbank oder werden buchstäblich auf der Straße entdeckt. Heute ist ein bestimmter Typ gesucht. Man muß zwischen der Person und ihrem Image trennen. Durch die Umsetzung in die Zweidimensionalität kann ein Mädchen älter wirken. Um das Beispiel der damals erfolgreichen Wilhelmina zu nennen, sie konnte mit 23 aussehen wie 30, so wie es dem damaligen modischen Leitbild ensprach. Am Anfang, also gleich nach dem

Krieg, wurden also vor allem Hausmannequins fotografiert, auch als ich meine ersten Pariser Kollektionen aufzunehmen hatte. Die Kleider wurden inklusive der Mannequins eingehüllt in weißes Leinentuch, wegen der Sperrfristen zur Veröffentlichung der neuen Modelle, damit die Modespionage nicht funktionieren konnte. Hausmannequins waren auch deshalb notwendig, weil die Kleider der Haute Couture und besonders Diors Kleider extreme Figuren verlangten. Die Wespentaille war ‹in›, Hüften und Busen waren betont. Mit der Mode hat sich auch die Figur des Models geändert. In den siebziger Jahren waren die Models größer, die Schultern ausgeprägter, sie hatten weniger Hüfte und fast gar keinen Busen.

Wieweit können Sie Ihre eigenen Vorstellungen, vielleicht sogar Visionen, innerhalb einer fotografischen Kampagne verwirklichen? Wenn man mal eine bestimmte Kampagne betrachtet, von wem kommt die Idee, etwas zu fotografieren?

Ich persönlich habe Auftragsfotografie nie als Abwertung meiner Arbeit gesehen. Im Gegenteil! Für mich war es oft reizvoll, wenn ich Bedingungen zu erfüllen hatte, eine Synthese finden mußte zwischen dem, was die Zeitschrift oder der Kunde wollte und dem, was ich selber will. Und oft gelang mir dabei, meine eigene Version durchzusetzen. Als Fotograf bringe ich mich selber in jedes Bild ein. Die Entstehung einer Fotografie ist ein Prozeß von vielen Entscheidungen. Das fängt mit der persönlichen Konzeption des Fotos an, mit der Auswahl des Hintergrundes, des Models, der Pose, mit der Wahl von Kamera und Objektiv, mit dem Aufbau des Lichtes. Aus allen diesen Komponenten setzt sich der individuelle Stil eines Fotografen zusammen, den er als seinen Anteil in die Mitarbeit mit einbringt.

Wer wählt die Mode, die zu fotografieren ist, aus?

Die Moderedaktion. Solange ich in Paris und Berlin Couture fotografiert habe, habe ich immer großen Wert darauf gelegt, selbst die Kollektionen anzusehen und auch mitzuberaten, was fotografiert wurde. Das ist heute schon deshalb nicht mehr möglich, weil es viele Modezentren gibt und sich das Geschehen nicht mehr ausschließlich auf Paris konzentriert. Ich finde, wenn man Mode fotografiert, ist es notwendig, auch etwas von Mode zu verstehen. Und je früher ich in den Prozeß der Meinungsbildung über das Konzept einer Modefoto-Produktion einbezogen werde, desto besser ist es.

Heute ist es so, daß die Moderedaktionen zu den Modemessen in München, Paris und Mailand fahren und für ihre Zeitschriften die Mode aussuchen, die dann in mehreren Heften publiziert wird. Es ist sicher keine leichte Aufgabe, aus den vielen Schauen mit vielleicht 10000 Kleidern die Modelle auszusuchen, die dann unter der Überschrift, ‹Neue Mode› vorgestellt werden. Mit diesen 50–100 Kleidern müssen dann alle Trends, Farben und Formen einer neuen Saison repräsentiert werden.

Wer sucht die Models aus?

Wenn die Themen für ein Heft festliegen, ist damit schon eine gewisse Vorauswahl für den Typ der Models gegeben. Sicherlich gibt es persönliche Präferenzen bei der Auswahl der Models. Ich arbeite gerne längere Zeit mit denselben Models zusammen, mit denen ich einen guten Kontakt habe. Spitzenmodels waren und sind immer rar. So seltsam es klingt, es gab nie mehr als jeweils 10 Top-Models in der ganzen Welt, damals wie heute, auch wenn der Typ, der gefragt ist, sich geändert hat.

Wie ist das denn? Bestimmt die Mode den Typ oder der Typ die Mode?

Der Wechsel der Moden macht die Veränderung unseres Zeitgefühls sichtbar. Das ist ein ganz unterschwelliger Prozeß. Modeschöpfer registrieren diese Trends und setzen sie in Mode um. Das schließt aber nicht aus, daß ein Modeschöpfer auch von einem bestimmten Typ inspiriert werden kann. Aber noch nie habe ich erlebt, daß eine Mode, ein neuer Trend, der gegen dieses Zeitgefühl lief, ein Erfolg wurde.

Wer sucht die Schauplätze für die Fotografien aus und nach welchem Gesichtspunkt?

Für die sogenannte ‹Life›-Fotografie sind Außenaufnahmen fast Bedingung. Es ist natürlich ein großer Unterschied, ob man Sommer synthetisch im Studio darstellt oder ob am Strand fotografiert wird. Die Menschen bewegen sich einfach anders, wenn sie sonnengebräunt draußen agieren. Deshalb müssen wir reisen. Da Modefotos ein halbes Jahr vor Beginn der Saison produziert werden, ist im Oktober/November also der Sommer dran und im Mai der Winter. Die Schauplätze werden heute nach den optimalen Wetterbedingungen ausgesucht, denn die Produktionstage sind so teuer geworden, daß ein Produktionsausfall von ein oder zwei Tagen wegen schlechen Wetters teurer ist als eine Flugreise dahin, wo bestimmt die Sonne scheint.

Wie arbeiten Sie als Modefotograf? Welche Freiheit und welche Möglichkeiten hat das Model? Inszenieren Sie das ganze Foto oder ist das auch eine Art Teamarbeit, eine Art Einverständnis zwischen Model und Ihnen, oder kommt das wiederum auf das Model an?

Es ist sicher eine Teamarbeit. Ich bin nicht jemand, der sich in jedem Bild selber spiegeln muß. Für mich ist immer das Thema das wichtigste. Von da gehe ich aus. Zum Umsetzen gehört natürlich ein Team, leider heute ein sehr großes Team. Auf einer Reise sind wir manchmal bis zu 10 Personen, dazu gehören die Models, meistens zwei oder drei, dann der Friseur, die Stylistin, der Assistent und der Fotograf auf der einen Seite, der Art Director, Redakteur oder Kunde auf der anderen Seite. Also schon ein sehr heterogenes Team, das dann losreist und in doch zuweilen sehr stressigen Situationen, denken Sie dabei nur an Klimawechsel, Zeitverschiebung, ungewohnte Ernährung, miteinander arbeiten muß. Da kommt es schon sehr darauf an, – und ich möchte dies Wort hier wirklich verwenden – Disziplin zu halten oder Harmonie herzustellen.

Was die Arbeit mit dem Model angeht, so gebe ich nicht jede Pose vor, ich versuche, die Aufgabe, das Foto zu erklären, und dann warte ich auf eine Reaktion, das ist das gleiche, als wenn eine Schauspielerin eine Rolle interpretiert. Wenn ich mit der Interpretation nicht übereinstimme, greife ich behutsam ein und korrigiere. Heute arbeite ich fast ausschließlich mit der Kleinbildkamera und registriere jede Veränderung. Ich habe sie dann aufgenommen und muß sie nicht wiederholen, was oft gar nicht geht. Die Arbeit im Studio ist sehr viel kritischer, auch für das Model.

Inwiefern?

Man muß sehr viel präziser sein. Wenn man draußen ist, dann gibt es eben Zufälligkeiten, man kann reagieren auf Licht und Schatten oder Wind, man reflektiert Stimmung. Das fällt im Studio natürlich alles weg, man muß hier die Atmosphäre konstruieren.

Das im Studio verwendete Licht ist seit 10–15 Jahren fast ausschließlich Blitzlicht. Und Blitzlicht hat natürlich ungeheure Vorteile, es ist einfach immer in gleichbleibender Qualität und ausreichender Menge verfügbar. Es kann aber steril aussehen. Die Lichtkonzeption denke ich mir vorher aus und kontrolliere sie über ein Polaroid.

Wo arbeiten Sie lieber, im Studio oder draußen?

Beides eigentlich. Ich habe bereits in den späten fünfziger Jahren angefangen, Mode mit der Leica zu fotografieren. Damals hatte ich große Schwierigkeiten, das Kleinbildformat überhaupt durchzusetzen, weil die Redakteure Probleme beim Aussuchen hatten.

Aber die Kleinbildfotografie hat mir erheblich mehr Spontaneität erlaubt. Besonders gern fotografiere ich mit sehr kurzen Brennweiten, weil hier der Kontakt zum Model sehr viel enger ist, man kann sogar selbst mit der Hand eine Falte glattziehen.

Darüber hinaus hat man eine steilere Perspektive und eine große Tiefenschärfe. Das bedingt, daß man mit der Komposition des Bildes sehr präzise sein muß, denn jede Ungereimtheit wird sichtbar. Ich habe gern mit mehreren Bildebenen gearbeitet, das verleiht den Bildern einen erzählerischen Charakter. Ich habe vorhin davon gesprochen, daß ich vom Bildjournalismus herkomme. Deshalb hat es mir immer Spaß gemacht, mit den verschiedenen Möglichkeiten der Fotografie zu spielen und Elemente der Reportage in die Modefotografie einzubeziehen.

Sie haben einmal gesagt, man könne keine Mode diktieren. Wir fanden das sehr interessant, weil doch so häufig von einem Modediktat gesprochen wird, weil jeder glaubt, daß ihm die Mode aufdiktiert, ja oktroyiert wird.

Ich bin felsenfest davon überzeugt, daß das nicht geht. Ich habe vorhin gesagt, ein Modeschöpfer sei jemand, der ein Gefühl für Trends hat, die sich entwickeln. Mir geht es genauso. Solange ich mich in Übereinstimmung mit dem befinde, was vor meiner Kamera passiert, ich mich dabei wohl fühle, komme ich instinktiv auf die richtige Lösung.

Wenn eine Mode, wie ich das oft gesehen habe, kein Erfolg wurde, dann kam sie entweder zu früh oder sie wurde deshalb ein Flop, weil die Frauen sie nicht annahmen. Es gibt dafür ein berühmtes Beispiel. Yves Saint-Laurent scheiterte nach seinem ersten großen Erfolg zwei Jahre später, weil er etwas getan hatte, was gegen den Trend lief und gegen das Gefühl der Frauen. Er schnitt bereits 1959 die Röcke überm

Knie ab. Das war einfach 5 oder 10 Jahre zu früh. Mit der Frauenbewegung in den sechziger Jahren wurde die Mini-Mode dann nicht nur akzeptiert, sie wurde geradezu zum Symbol einer veränderten Rolle.

Wir haben den Eindruck, daß die Modefotografie in den sechziger Jahren noch eine Explosion erlebt hat und daß in den siebziger Jahren dann mehr oder minder Flaute herrschte. In den sechziger Jahren sind viele junge und bedeutende Modefotografen hinzugekommen. In den siebziger Jahren die Flaute. Ist unser Eindruck richtig, und wenn er richtig ist, was sind für Sie als führender Modefotograf die Gründe?

Ich glaube, es liegt daran, daß sich weltweit die Informationsgewohnheiten geändert haben. Selbst in den USA führen die exklusiven Blätter wie ‹Vogue› und ‹Harper's Bazaar› nur noch ein Schattendasein.

Um es banal zu sagen, der Gebrauchswert der Blätter ist wichtiger geworden. Und das reduziert zwangsläufig das optische Angebot. In Italien ist im Moment eine Gegenströmung sichtbar. Mailand ist nach meiner Ansicht wichtiger geworden als Paris, als Zentrum der Mode, aber auch das Zentrum der Publizistik und Fotografie. Ich kann Ihnen aber nicht sagen, wer diese riesigen Hefte, die ein Kilo und mehr wiegen, kauft. Ich habe immer den Eindruck, die erscheinen unter Ausschluß der Öffentlichkeit, gehen vielleicht an die Inserenten. Die italienische ‹Vogue› und die ‹Donna› haben 300 oder 400 Anzeigenseiten. Vielleicht finanzieren sie sich allein über die Anzeigen, nicht über den Vertrieb.

Wenn wir heute die internationale Modefotografie, vor allem in den von Ihnen genannten Zeitschriften, ansehen, haben wir den Eindruck, daß plötzlich wieder eine bedeutende Fotografie auftaucht, daß überhaupt Mode als Vorbild, als Faszination einen neuen Schub gewonnen hat. Woran liegt das?

Ich glaube, daß der Glamour wiederkommt. Nehmen Sie einen anderen Bereich unseres Lebens, das Essen. Plötzlich gibt es so viele phantasiereiche Köche. Und vielleicht kochen bei der Mode jetzt auch wieder andere Leute. Karl Lagerfeld z. B. ist eine Figur, die Exklusivität und Glamour ausstrahlt. Und wir spüren es auch ein bißchen wieder an den Modellen. Wir haben eine Produktion, die vor einem Jahr entstanden ist, ‹die neue Künstlichkeit› getauft. Plötzlich werden von diesen jungen Modellen Bewegungen angeboten, die keine Funktion mehr haben, sondern einfach nur schöne Gesten.

Gibt es auch in der Bundesrepublik Deutschland, seitens ihrer Auftraggeber, also der Moderedaktionen, schon Impulse in dieser Richtung?

Zögernd, ja.

Warum zögernd?

Vielleicht liegt das daran, daß bei den großen Modezeitschriften heute ein großer wirtschaftlicher Druck herrscht. Es gibt andere Informationsmöglichkeiten heutzutage, die die Frauen nutzen. Natürlich spielt hier das größere Fernsehangebot eine große Rolle. Vielleicht verzichtet man auf gewisse Informations- und Unterhaltungswerte aus Zeitschriften und bedient sich lieber des Fernsehens, holt sich die modische Information aus dem Billig-Blatt. Das ist eine große Konkurrenz für die traditionellen Frauenzeitschriften. Außerdem spielt wohl eine Rolle, daß sich die Struktur der Bevölkerung verändert hat und damit die Bedürfnisse in den verschiedenen Altersgruppen. Ich meine, in Zukunft wird man sich auf kleinere, thematisch spezialisierte Zeitschriften mit geringer Auflage einrichten müssen.

Mode hat auch immer etwas mit Erotik zu tun. Wenn es in der internationalen Modefotografie der siebziger Jahre eine neue Perspektive gegeben hat, dann ist es sicher die, daß sie in Richtung einer fast pornographischen Note erweitert worden ist. Um zwei Namen zu nennen, Guy Bourdin und Helmut Newton. Können Sie sich, Herr Gundlach, Fotografien mit ähnlicher Thematik in deutschen Modezeitschriften vorstellen?

Ich kann mir schon Fotografen vorstellen, die Spaß daran haben, Gerhard Vormwald ist sicher ein Mann, der das kann.

Aber wird das veröffentlicht?

Ja, ich wollte gerade sagen, er macht das für den ‹Stern›.

Im ‹Stern› haben Guy Bourdin und Helmut Newton auch publiziert.

Dazu möchte ich grundsätzlich noch etwas sagen. Der Adressat der Mode- und Frauenzeitschriften ist die Frau. Und Frauenzeitschriften sollten eigentlich von Frauen gemacht werden. Ich glaube, daß sie oft ein präziseres Gefühl für das haben, was ihre Bedürfnisse sind und was sie sehen wollen. Und ich meine, wenn eine Frauenzeitschrift in ihrer Darstellungsweise zu erotisch wird, gibt's Konflikte mit den Leserinnen, die da vielleicht Konkurrenz sehen.

Die Mode im ‹Stern› wird von Männern gemacht, sie ist sicher illustrativ und amüsant. Sie hat aber nicht den Zweck, Frauen über die Mode zu unterrichten. Vor Jahren machte der ‹Stern› eine Zeitlang ein Mode-Journal. Damals war Henri Nannen noch Chefredakteur, und der wunderte sich immer, daß in diesen Modejournalen nie eine Anzeige drin war von der Textilindustrie. Er lud alle Textilfabrikanten und Modehersteller ein, sich darüber zu unterhalten, und die machten ihm klar, daß das nicht ihre Zielgruppe sei.

Aber ist das nicht doch eine Mentalitätsfrage? Guy Bourdin ist der Starfotograf der französischen ‹Vogue›, er fotografiert auch sehr viel für Modehäuser. Unter den Werbefotografen hat er wohl im Moment den größten Einfluß auf die Gestaltung seines Endprodukts, er kann, soweit wir das wissen, sogar das Design seiner Fotos bestimmen. In seiner Fotografie hat er die gleiche Freiheit, wie sie zu seiner Zeit Penn gehabt hat, diese Freiheit, die wir in den deutschen Illustrierten vermissen.

Ist es tatsächlich so, daß die französische oder italienische ‹Vogue› keine Entsprechung in Deutschland haben? Daß die Frauenzeitschriften in Deutschland biederer sind als je zuvor? In den fünfziger Jahren gab es sexuelle Anspielungen, wenn auch versteckt, und solche sind in Ihren Arbeiten immer wieder anzutreffen, verlieren sich aber, je weiter man in die Gegenwart kommt.

Ich glaube schon, daß die Blätter, die Sie genannt haben, eine Ausnahmestellung haben. Es gibt in Deutschland eine Zeitschrift, die da etwas mehr versucht, ‹Cosmopolitan›. Mehr Erotik, mehr Sex, mehr handfeste Frauenthemen, die häufig über den Text verkauft werden, nicht mit Bildern allein. Sie haben Penn genannt. Penn hat sicher einen enormen Einfluß auf die Modefotografie ausgeübt in seiner frühen Phase, in den fünfziger Jahren. Penn hat ganz aufgehört, für Zeitschriften zu fotografieren, obwohl er noch jeden Tag arbeitet. Er hat einmal von einer großen Enttäuschung gesprochen. Seine Meinung deckt sich da hundertprozentig mit meiner. Für mich war immer die Publikation das Endprodukt, nicht das Foto, das ich in der Hand halte. Das hat sich gravierend geändert. Der Einfluß, den man auf die Gestaltung einer Seite hat, ist nicht mehr der gleiche.

Ist das vielleicht ein unausweichlicher Weg? Landet Gundlachs Werk schließlich im Museum?

Ja, vielleicht.

Gibt es eine Zukunft für die Modefotografie in den Printmedien oder werden hier die elektronischen Medien immer bedeutender?

Da hab ich meine Zweifel. Mode über elektronische Medien zu verkaufen, ist schwer. Die modische Information ist besser mit stehenden Bildern zu vermitteln, mit dem gedruckten Foto. Denn ich glaube einfach, daß die Frau die Seite öfter ansehen will, sie will etwas zum Anfassen haben. Vielleicht ändert sich das. Aber das elektronische Bild huscht zu schnell vorbei, um es einer kritischen Analyse zu unterziehen. Für mich selbst ist heute eigentlich das Bild in der Hand, das Original auch wieder wichtiger, als es viele Jahre gewesen ist. Eine Fotografie ist auch ein Objekt mit sinnlichen Qualitäten.

Maggie Riepl

Alles anders als in ‹Blow up›...

Modefotograf Jens Gläser über seinen Weg

Jens Gläser, Modefotograf, Berliner, 28 Jahre alt. Nach dem Abitur absolvierte er eine zweijährige Ausbildung an der Berufsfachschule für Fotografie im Lette-Verein Berlin. Seit drei Jahren freiberuflich tätig. Sein Fotostudio beschäftigt inzwischen vier Mitarbeiter.

Warum wollten Sie ausgerechnet Modefotograf werden?

Gläser: Ich habe bereits als Jugendlicher leidenschaftlich gern fotografiert. Daher war schon vor dem Abitur für mich klar: Ich will Fotograf werden. Mode hat mich schon immer fasziniert. Sie ist für mich Ausdruck von persönlichem Zeitgeschmack, Kultur und Ästhetik.

Haben Sie Vorbilder?

Gläser: F. C. Gundlach halte ich für einen der besten deutschen Modefotografen. Helmut Newton imponiert mir, weil er einen Trend gesetzt und der Modefotografie neuen Pep und Impulse gegeben hat. Außerdem hat mich der verstorbene Reinhard Wolf stark beeindruckt. Ein Perfektionist mit versierter Technik und ungewöhnlichem Einfallsreichtum.

Für wen arbeiten Sie?

Gläser: Meine Kunden sind Tageszeitungen, aber auch Illustrierte aus dem «Yellow Press»-Bereich, für die ich mich auf Kosmetikthemen und «Wie mache ich das Beste aus meinem Typ»-Stories spezialisiert habe. Außerdem arbeite ich für Berliner Einzelhändler, mache Fotos für ihre Kunden-Kataloge.

Wie sieht es mit den klassischen Frauenzeitschriften aus?

Gläser: An Frauenzeitschriften wie «Brigitte», «Cosmopolitan» oder «Petra» kommt man schwer ran. Die arbeiten mit ihrem festen Fotografenstamm. Als Newcomer hat man da kaum Chancen. Ich habe zwar schon kleine Veröffentlichungen in «Madame» und «Vogue» gehabt, aber noch keine großen Auftragsproduktionen.

Würde Sie das denn reizen?

Gläser: Natürlich, aber in diesem Metier läuft eben vieles über Beziehungen. Heute bin ich noch nicht bekannt genug. In zehn Jahren sieht das sicher ganz anders aus.

Wo liegen für Sie überhaupt die Schwierigkeiten in dieser Branche?

Gläser: Die Mode ist äußerst schnellebig geworden, das bedeutet nicht nur, daß Designer kommen und gehen, auch Modefotografen verschwinden schnell wieder in der Versenkung.

Welche Art von Modefotos gefallen Ihnen?

Gläser: Die meisten Kunden bevorzugen Farbdias. Ich persönlich ziehe Schwarzweiß-Fotos vor, weil sie ausdrucksstärker sind. Hier hat man auch über die Labortechnik die Möglichkeit, das Bild zu verändern. Die meisten gängigen Modefotos – Model steht da in einer bestimmten Pose – finde ich zu clean und langweilig. Man sollte zwar die Klamotte erkennen können, aber Model, Pose und Hintergrund sollten möglichst in Einklang sein.

Ist die Modefotografie ein lukratives Geschäft?

Gläser: Nach meinen bisherigen Erfahrungen nicht. Tageszeitungen zahlen nicht viel. Da lohnt sich oft der Aufwand einer zeitintensiven Modeproduktion mit Model, Stylist, Visagist überhaupt nicht. Schwarzweiß-Fotos werden mit 50–80 DM bezahlt, Farbfotos liegen zwischen 100 und 200 DM, je nach der Auflagenhöhe der Veröffentlichung. Um nicht draufzahlen zu müssen, mache ich in vielen Fällen das Styling selber. Die Mädchen müssen sich selber schminken und frisieren, weil ein Visagist und Friseur zu teuer wird. Anders ist das sicher, wenn man für «Brigitte» in die Karibik fährt, um Bademoden zu fotografieren. Aber – wie gesagt – an diese Aufträge muß man erst mal rankommen.

Und wie ist das mit Privatkunden?

Gläser: Ich muß leider sagen, daß die Leute aus der Modebranche schwierige Kunden sind. Ein bißchen exzentrisch, sehr von sich überzeugt, aber nicht besonders zahlungsfreudig. Ich muß oft meine Rechnungen anmahnen.

Fotografieren Sie ausschließlich Mode?

Gläser: Nein, Modefotografie macht mir zwar am meisten Spaß, aber davon allein könnte ich nicht leben. Inzwischen habe ich viele Kunden aus der Industrie, die mir ein festes Einkommen sichern, um meinen Betrieb aufrechtzuerhalten.

Sie haben in kurzer Zeit ein Studio mit vier Mitarbeitern aufgebaut. Wie finanzieren Sie das?

Gläser: Ich muß jeden Monat mindestens 15000 bis 20000 Mark Umsatz machen. Kaufmännisches Kalkül gehört neben der Kreativität zu meinem Beruf dazu. In dieser Hinsicht habe ich eine Menge lernen müssen, denn während meiner Ausbildung war von Betriebswirtschaft nie die Rede.

Wie haben Sie den Einstieg geschafft?

Gläser: Nach meiner Ausbildung bin ich nach Hamburg gegangen, habe bei verschiedenen Fotografen – unter anderem bei F. C. Gundlach – assistiert. Viel Arbeit für ’nen Appel und ’n Ei. Aber ich bereue diese Zeit nicht, denn dort konnte ich endlich praktische Erfahrungen sammeln. Allerdings fehlten mir in Hamburg die Beziehungen, um weiterzukommen. Ich bin nach Berlin zurückgekehrt, habe bei der «Berliner Morgenpost» und der Stadtillustrierten «Tip» meine ersten Aufträge bekommen. Ein Jahr lang habe ich mit einem Kollegen ein Studio im Hinterhof betrieben. Das ging allerdings nicht lange gut. Seit zwei Jahren habe ich mein eigenes 160 qm großes Studio mit Fotolabor in Charlottenburg. So bin ich von Lieferanten unabhängig, kann schnell und vor allem qualitativ einwandfreie Fotos anbieten.

Wieviel Geld haben Sie bislang investiert?

Gläser: In das Studio habe ich rund 200000 Mark gesteckt, denn ohne gute Ausrüstung kann man keine gute Arbeit abliefern. In dieser Hinsicht bin ich Perfektionist. Ich fahre lieber einmal weniger in Urlaub und kaufe statt dessen neues Equipment.

Was bedeutet für Sie Erfolg?

Gläser: Zur Zeit heißt Erfolg für mich vor allem, daß die Kasse klingelt. Schließlich muß ich meinen Betrieb am Laufen halten.

Hatten Sie sich Ihren Beruf so vorgestellt?

Gläser: Natürlich nicht. Ich hatte völlig unrealistische Idealvorstellungen, den Traum von der großen Freiheit eines Freiberuflers. Ich habe geglaubt, das läuft so ab wie in Antonionis Film «Blow up». In Wirklichkeit sieht es anders aus. Es gibt nur zwei Möglichkeiten: Entweder man macht ausschließlich das, was einem Spaß macht und lebt ewig von der Hand in den Mund. Oder man ist Realist, und das bedeutet viel, viel harte Arbeit, auch abends und am Wochenende. Urlaub ist kaum drin. Viel Zeit verbringt man mit Organisation. Das Fotografieren selbst nimmt maximal 20 Prozent meiner Zeit in Anspruch, 80 Prozent sind Vorarbeit und Weiterverarbeitung.

Was bedeutet das konkret?

Gläser: Man muß Kontakt mit Kunden halten, versuchen, neue Kunden zu gewinnen. Das bedeutet viele Telefonate führen, Briefe, Angebote schreiben. Wenn man einen Auftrag hat, muß die Fotoproduktion vorbereitet werden. Bei Modeaufnahmen muß ein Model geordert werden, eine passende Location beziehungsweise Dekoration für das Studio gesucht werden. Nach Abschluß der Fotosession stehen Laborarbeiten, Fotoversand, Rechnungen auf dem Programm.

Überkommt Sie nicht manchmal der große Frust?

Gläser: Manchmal bedrückt mich der Apparat, den ich unterhalten muß. Man steht dadurch permanent unter Druck, muß Aufträge an Land ziehen. Andererseits ist für einen allein der Arbeitsaufwand zu groß. Meine Mitarbeiter geben mir die Freiheit, intensiver arbeiten zu können und vor allem die Sicherheit, meinen Kunden guten Service zu bieten.

Wie stellen Sie sich Ihre Zukunft vor?

Gläser: Ich möchte irgendwann genug Geld haben, um nur noch das machen zu können, was mir Spaß macht. Aber diese Unabhängigkeit muß man sich mit einigen harten Jahren erarbeiten.

Worin sehen Sie die Vorteile, worin die Nachteile Ihres Berufes?

Gläser: Mein Beruf ist interessant, vielseitig und kreativ. Aber er erfordert großen Arbeitsaufwand. Außerdem wird es – auf Grund eines Überangebotes am Markt – immer schwieriger, sich durchzusetzen.

Ist es trotzdem noch ein Traumberuf?

Gläser: Ja, trotz allem könnte ich mir keinen anderen Beruf vorstellen.

Welchen Rat würden Sie jungen Leuten geben, die Modefotograf werden wollen?

Gläser: Zunächst einmal einen vernünftigen Schulabschluß zu machen. Der Standard in diesem Beruf ist heute sehr hoch, man muß wirklich etwas auf dem Kasten haben, um voranzukommen. Am sinnvollsten finde ich dann eine Ausbildung in einem Meisterbetrieb. In der Praxis lernt man am meisten, dort kann man auch alle die teuren Geräte benutzen, die man sich als Laie nicht leisten kann. So eine Lehrzeit ist sicher viel härter als die Ausbildung an der Uni oder einer Berufsfachschule, aber es lohnt sich. Ich halte es für wichtig, Erfahrungen zu sammeln, Profis auf die Finger zu gucken – egal, wie gut oder schlecht das bezahlt wird. Um ein echter Profi zu sein, der allen extremen Situationen mit Routine begegnet, braucht man mindestens zehn Jahre Berufserfahrung. Wer ein geregeltes Leben anstrebt und nicht bereit ist, abends länger oder auch mal am Wochenende zu arbeiten, sollte besser die Finger davon lassen.

Regina Willnecker

Zwölf Sombreros im November

Vom Styling und allem, was dazugehört

Meist hochkant und mikroskopisch klein kann man am Rand von großformatigen Modeaufnahmen in den Zeitschriften neben dem Fotografen manchmal auch den Stylisten und Visagisten genannt finden. In den Programmen größerer Modeveranstaltungen oder auf den Einladungen zu Modenschauen erscheinen ihre Namen zunehmend häufiger. Sie scheinen wichtig zu sein. Was machen sie eigentlich?

Der Stylist- seine Berufsbezeichnung sagt es eindeutig, bestimmt und gestaltet den Stil der Präsentation. Soll z. B. eine Schau romantisch, cool, flippig oder sportlich sein, so wird er – in Absprache mit Veranstaltern, Herstellern, Fotografen und Choreographen – ein entsprechendes Konzept entwickeln und die notwendigen Accessoires besorgen. Man arbeitet immer im Team, sollte sich also gut verstehen. Vom Stylisten wird bei der Themengestaltung ein ausgeprägtes Trend- und Modeempfinden verlangt. Anhand der ‹Ware› muß er vorschlagen, mit welcher Präsentation der Zuschauer vor dem Laufsteg oder der Leser eines Blattes am wirkungsvollsten zu erreichen ist. Schließlich handelt es sich ja nicht um Kunst, die nur betrachtet werden soll, sondern um ein Produkt, das seine Abnehmer finden will und finden muß.

Hat man sich über die grundsätzliche Zielrichtung geeinigt, beginnt die praktische Arbeit des Stylisten.

Modisches Zubehör wie Hüte, Schuhe, Handschuhe, Strümpfe, Schmuck und eventuell noch vieles mehr muß besorgt werden. Dinge, die kaum ein Auftraggeber stellt, die kein Model besitzen kann und die sich von Saison zu Saison, von Fototermin zu Fototermin und von Schau zu Schau ändern. Neben modischem Fachwissen, Trend- und Farbsicherheit muß der Stylist eine gute Portion Phantasie und viele Kontakte zu Industrie und Handel besitzen.

Er (oder sie natürlich) muß in kürzester Zeit genau die richtigen Schuhe zum neuen Mexiko-Look für 12 Mädchen in den richtigen Größen herbeischaffen, dazu mitten im Winter zwölf große Sombreros, pfundweise bunte Holzketten mit mexikanischen Metallkreuzen, Netzstrümpfe außerhalb der Karnevalszeit, ellenbogenlange Spitzenhandschuhe in Pink, Pferdesattel für die männlichen Models, vier mannshohe Kakteen, Cowboy-Peitschen und einen Mundharmonika-Spieler.

Für einen geübten Stylisten ist das alles eine leichte Übung, es gibt weitaus schwierigere Aufgaben, doch wird deutlich, was zur alltäglichen Praxis in diesem Beruf gehört.

Für Fototermine muß alles echt sein und wird meist auch nur in einfacher Ausführung gebraucht. Für Schauen mit vielen Models müssen die Accessoires stabil und vielfach benutzbar sein, weil Umziehen, Umschminken, Umfrisieren in so atemberaubender Eile vor sich gehen muß, daß die Accessoires im Galopp zum Kleiderständer leicht verloren werden.

Neben seinem Organisationstalent muß der Stylist im Nähen, Flikken, Kürzen perfekt sein, denn kein Zuschauer darf die häufig notwendigen Inprovisationen bemerken. Rollkragenpullover z. B. müssen vor jeder Schau im Rücken aufgeschnitten und mit einem Reißverschluß versehen werden, damit Make-up und Frisur des Models nicht zerstört werden. Für schwierige Trägerkleider müssen schnelle und einfache Anziehmöglichkeiten gefunden und erprobt werden, Schuhe müssen rutschsicher und laufbequem gemacht werden, Hüte für jeden Kopfumfang passend.

Kurz: der Stylist ist das berühmte ‹Mädchen für alles› und kann von vornherein darauf gefaßt sein, daß (fast) alles, was der Fotograf oder Choreograf bemängeln, seine Arbeit angeht und seiner Korrektur bedarf.

Läuft die Schau, hat er nur noch eine Kontroll- und Hilfsfunktion; er schließt und öffnet Reißverschlüsse, fängt zugeworfene Handschuhe hinter der Bühne auf, zaubert die immer farblich passenden Strümpfe für die gerade zerrissenen herbei, verteilt Kopfschmerztabletten, beantwortet Fragen nach dem ersten Flieger nach London oder nach der nächsten Toilette.

Es ist unschwer zu erraten, daß die Stimmung hinter der Bühne immer aufs höchste angespannt ist, daß aber alles bestens funktionieren muß. Das Team arbeitet unter Hochspannung, ein einziger falscher Funke kann zur Explosion führen.

Was also muß ein Stylist gelernt haben, was muß er können?

Eigentlich alles. Ein Patentrezept jedoch gibt es nicht. Da ich selbst längere Zeit als Stylist gearbeitet habe, weiß ich, was dazugehört, weiß aber auch, daß es sehr unterschiedliche Wege gibt, ein guter Stylist zu werden. Ich selbst bin durch Zufall dazugekommen. Während der Produktion eines Modethemas für die Redaktion, die ich als Journalistin – mein Hauptberuf – betreute, konnte ich mich in einigen Punkten mit der engagierten Stylistin nicht einigen. Auch der Fotograf hatte mit ihr Schwierigkeiten und fragte mich am Ende der Produktion, ob ich nicht Lust hätte, selbst Styling zu machen. Da ich neben einer abgeschlossenen Schneiderlehre auch ein Mode-Design Studium hinter mir und im Lauf meiner journalistischen Arbeit auch ein gutes Trend-Feeling entwickelt hatte, traute ich mir die Aufgabe zu.

Zunächst einmal arbeitete ich für längere Zeit nur mit diesem Fotografen zusammen. Wir machten viele redaktionelle Kinderproduktionen, bei denen wir eine relativ große Freiheit hatten und manchen verrückten Einfall realisieren konnten. Kinder verlangen als Models zwar vom Fotografen und vom Stylisten oft ein stabiles Nervenkostüm und dazu ein besonderes Einfühlungsvermögen, mit ihnen und den sie begleitenden Omas und Müttern umzugehen – doch das Ergebnis war eigentlich immer für alle Beteiligten sehr schön.

Anspruchsvoller ist die Arbeit für einen Werbekunden, der meist mit einem fertigen Konzept kommt und oft Wunder erwartet. Auch Dinge, die sich in einem Fotostudio nicht realisieren lassen, z. B. wenn man im tiefen Winter Badeanzüge fotografieren soll, das Budget für eine Reise in sonnige Gefilde jedoch nicht eingeplant wurde. Nun muß alles in der Kulisse möglich gemacht werden: Kalifornische Sonne – durch entsprechendes Licht gerade noch möglich; Strand-Atmosphäre – mit Unmengen weißem Sand auch. Doch die Brandung kann man nur durch Hintergrundprojektion oder Kulissenbemalung imitieren. Palmenstrände bieten im Studio auch gewisse Schwierigkeiten und Affen für den Urwald kann man zwar mieten, doch man kann sich auf ihre Disziplin nicht verlassen...

Die Besorgung der Accessoires haben mir das Leben manchmal schwergemacht. Tagelang rannte ich zwischen Trendbesprechung und Fototermin in der Stadt von Geschäft A zu Geschäft Z. Nur selten sind Auftraggeber so großzügig, daß sie den Kauf der Accessoires in ihrem Budget mit einplanen. Man muß alle diese Handschuhe, Hüte, Schuhe und Handtaschen gegen Gebühr (15–30 % des Kaufpreises) ausleihen – und viele Geschäftsleute verdienen nicht schlecht dabei. Man muß aber auch die richtigen Leute kennen, die ihre Teile dem Stylisten vertrauensvoll ausleihen. Die volle Kaufsumme muß als Scheck – selbstverständlich aus dem eigenen Bestand – hinterlegt werden, und es gilt die ungeschriebene Regel: Stellt das Geschäft nach dem Fototermin Spuren der Benutzung fest, muß der Stylist das Teil kaufen. Strümpfe, Wäsche, Bademoden werden aus verständlichen Gründen nie verliehen, sondern nur verkauft. Das kann oftmals auf Kosten des Stylisten gehen, z. B. wenn er einen Komplettpreis für sein Honorar und die anfallenden Stylinggebühren vereinbart hat.

So wächst mit der Zeit ein Fundus heran, der auf der einen Seite notwendig ist, weil man ihn immer wieder braucht, auf der anderen Seite jedoch auch schnell veraltet, da ein Stylist immer auf dem Stand von morgen, wenn nicht sogar von übermorgen sein muß.

Nicht selten habe ich bei Fotoproduktionen Blut und Wasser geschwitzt, denn leider ist es nicht jedem Model – ob männlich oder weiblich – klarzumachen, daß die Teile nur geliehen sind und bei Verschmutzung gekauft werden müssen.

Deshalb ist es natürlich ratsam, peu à peu ein paar Hersteller kennenzulernen und die benötigten Accessoires zum Einkaufspreis zu bestellen. Hinzu kommt, daß oft genug die eigene Vorstellung von einem Accessoire mit der des Auftraggebers beim besten Willen nicht in Einklang zu bringen ist. Letztlich ist der Umgang mit Auftraggebern und Kunden eigentlich immer eine diplomatische Gratwanderung, da es sich schließlich meist um rein geschmackliche Aspekte handelt. Kennt man sich noch nicht, dann kann die Meinungsfindung bei dieser Paarung leicht ins Auge gehen. Dann bestimmt oft der Dritte – Fotograf oder Choreograph – die endgültige Auftragsgestaltung. So kommt es nicht selten vor, daß viele Stylisten jahrelang mit denselben Fotografen und denselben Choreographen zusammenarbeiten, weil jeder weiß, was er vom anderen erwarten kann. Neben seiner Fähigkeit, das richtige Accessoir eine Saison im voraus zu kennen und zu finden, muß ein guter Stylist auch in der Lage sein, Accessoires selbst herzustellen oder fertige Dinge umzubasteln, Hüte zu dekorieren, Schuhe zu färben, Schmuck aus ungewöhnlichen Objekten oder Materialien herzustellen. Manchmal sind Hüte weder aus Filz noch aus Stroh, sondern müssen Phantasiegebilde aus Zweigen, Heidekraut und trockenen Blättern sein – erst mit solch einem Hutgespinst wird der modische Trend der fotografierten Modelle klar und deutlich.

Modenschauen verlangen von einem Stylisten das Organisationstalent, jedes Accessoir – und sei es noch so ausgefallen, mindestens 6-manchmal auch 20mal zu besorgen – je nachdem, wie viele Mädchen auf der Bühne auftreten. Die oft riesigen Mengen an Utensilien kann man nur noch in Umzugskartons anschleppen, wenn man bedenkt, daß eine Schau 12–20 völlig unterschiedliche Bilder haben kann.

So habe ich manche Nacht vor einer Schau gesessen und gebastelt, weil der letzte Schliff, der Einfall überhaupt, erst in der Generalprobe geboren wurde: Masken mußten mitten in der Nacht auf dem Balkon umgespritzt, Reitpeitschen mit langen bunten Seidenbändern versehen werden, hohe schwarze Turbanhüte wurden gebastelt und mit 5-Mark-Stück-großen Spiegeln beklebt, Plastikweintrauben mit Goldbronze gefärbt und als Ohrgehänge drapiert...

Ich kann sagen, ich habe Styling oft mit großer Freude, aber meistens mit großer körperlicher Anstrengung gemacht – und am Ergebnis meiner harten Arbeit nie lange Freude haben können. Denn nach der Schau oder nach dem Fototermin heißt es, mindestens einen ganzen Tag lang: sortieren, säubern, verpacken, zurückschicken oder -bringen, bezahlen, sich für Make-up-Spuren an Hüten entschuldigen, um einen günstigen Kaufpreis ringen – und bei alledem immer freundlich bleiben, damit man beim nächstenmal wiederkommen kann.

Und was bringt die ganze Anstrengung unterm Strich, außer Freude an einer gelungenen Schau oder einem tollen Foto?

Es ist sinnvoll, sich von einer Model-Agentur, die auch Stylisten in ihrer Kartei führt, aufnehmen zu lassen. Die Agentur kassiert zwar von der Tagesgage, die zwischen 500,– DM und 900,– DM liegt, ihre Provision, aber sie vermittelt auch Aufträge. Man kann auch versuchen, permanent mit einem Fotografen zusammenzuarbeiten und macht dann alle seine Fotoaufträge als Stylist mit. Bei Produktionen über mehrere Tage oder im Ausland entspricht das Honorar der jeweiligen Verhandlungsbasis. Daher sollte sich der Stylist immer zuerst mit dem Fotografen absprechen, da die meisten Werbeagenturen oder Kunden von diesem eine komplette Kostenaufstellung und später auch die vollständige Rechnung haben wollen.

Wichtig ist auf alle Fälle, sich als Stylist auf eine bestimmte Stilrichtung hin zu spezialisieren, die man auch konsequent und trendmäßig weiter verfolgt. Bleibt der Stylist weitgehend in einem Themenbereich, z. B. als Profi für Sportmode, Wäsche, Männermode etc., kann er seinen Fundus besser nutzen und mit der Zeit auch steuerlich abschreiben.

Oft habe ich mich gefragt, warum ich Stylistin und nicht Visagistin geworden bin. Ihre Arbeit schien soviel leichter zu sein, und ich habe sie immer ein wenig beneidet. Zwar muß er (oder sie) genau so trendsicher, farbsicher und geschmackssicher sein wie alle anderen, auch genauso schnell, oft noch schneller, da sich Make-up und Frisuren ja nicht vorbereiten lassen. Aber er kommt mit seinem großen Schminkkoffer erst am Tag des Geschehens, breitet Döschen, Paletten, Pinsel, Tuben und Stifte aus, prüft die Beleuchtung des Schminkspiegels, trifft mit Fotograf und Stylist kurze Absprachen über die Make-up-Richtung, wirft einen Blick auf die Kleider der Models – und schon kann's losgehen.

Nach getaner Arbeit packt er wieder zusammen, trägt Schminkkoffer, Lockenscheren, Lockenwickler, Föns wieder nach Hause, wäscht und putzt alles für den nächsten Auftrag – und fertig ist sein Geschäft. Kein Zurücktragen, Zurückschicken, keine peinlichen Fragen bei Flecken im Kragen oder Kratzern auf Schuhsohlen.

Ja, warum bin ich nicht Visagistin geworden?

Zunächst: Ich habe Nähen und Mode gelernt und nicht Frisieren und Schminken, die beiden Grundvoraussetzungen für diesen Beruf, der in letzter Zeit immer beliebter wird. Was jedoch im ersten Moment wie leicht verdientes Geld aussieht, entpuppt sich beim genauen Hinsehen als echte Kunst und harte Arbeit.

Die Kunst des Schminkens ist für Foto- und Bühnenlicht eine völlig andere als für den privaten Rahmen. Viele Farben werden von den Scheinwerfern schlicht aufgefressen, sind nicht mehr zu sehen; es darf auch keinerlei Schatten im Gesicht des Models geben, die aber in jedem normalen Gesicht von Natur aus vorhanden sind, z. B. unter den Augen oder am Kinn. Wie Fotograf und Stylist muß auch der Visagist den Stil von morgen kennen und wissen, wohin der Trend geht. Denn er muß das Model für den Kaufhaus-Katalog nett und freundlich zurechtmachen können, die adrette Nachbarin für die Waschmittelwerbung, die Superfrau für eine Avantgarde-Anzeige, die erst im nächsten Jahr erscheint. Er muß Frauen und Männer unterschiedlicher

Hautfarbe schminken können, denn die Welt der Models ist international, – heute ein Bademoden-Mädchen aus Jamaika, morgen eine sommersprossige Engländerin, übermorgen eine Asiatin – oder alle zur gleichen Zeit. Aus festem, feinem, fülligem und dünnem Haar muß er Frisuren formen, oft ‹zaubern›, die sich Fotograf oder Choreograph gerade vorstellen. Als Visagist muß man nicht nur in Stilfragen, sondern auch in seinen handwerklichen Fähigkeiten immer auf dem laufenden sein. Nachdem z. B. lange Zeit strubbelige Gel-Frisuren en vogue waren, sind heute wieder Wasserwellen im Look der dreißiger Jahre gefragt. Komplizierte Rasta-Locken für die Jungen, Dornröschenzöpfe für die Romantischen, lange glatte Ponyfrisuren für die Sportlichen. Das heißt, neben Fön und Lockenstab gehören auch Haarteile, falsche Zöpfe, Perücken, Spangen, Netze, Gel und Schaum zu seinem täglichen Handwerkszeug. Eine Friseurlehre ist also selbstverständlich, ebenso eine Ausbildung in allen Fachfragen der Kosmetik. Nur so ist es möglich, alle Make-up-Produkte spezifisch einzusetzen und auftretende Probleme fachgerecht zu lösen.

Neben dem handwerklichen Know-how sollte der Visagist Gelassenheit und Geschick im Umgang mit Menschen beweisen. Models verhalten sich anders als eine Frau, die alle paar Wochen einmal zur Kosmetikerin geht, um sich verwöhnen zu lassen. Und er muß schnell sein: Make-up und Frisur müssen oft in sehr kurzer Zeit völlig verändert werden. Von speziellen Kosmetikinstituten werden Kurse angeboten, die ca. 4–8 Wochen dauern und besonders intensiv auf die Anforderungen des Visagisten-Berufs eingehen. Die Preise für diese Kurse, die von Visagisten geleitet werden, schwanken zwischen 800 und 2500 DM. Es ist jedoch ein Irrtum zu glauben, daß man nach einem solchen Kurs schon im Fotostudio arbeiten kann, eine Assistenz bei einem erfahrenen Visagisten ist ratsam, bringt zwar wenig Geld, aber die Chance, die Arbeit im Studio kennenzulernen und zu testen, ob man dem Job überhaupt gewachsen ist.

Sein Handwerkszeug muß der Visagist selbst finanzieren: vom reichhaltigen Sortiment erstklassiger Make-ups in immer neuen Farben bis zu Tupfern, Puder, Pinseln, Haarteilen, Lockenstab. Allerdings ist dieses ‹Arbeitsmaterial› steuerlich abzusetzen.

Im Durchschnitt verdient ein Haar- und Make-up-Artist, wie sich die Visagisten auch nennen, pro Tag zwischen 500,– und 900,– DM, bei mehrtätigen Aufträgen oder längeren Fotoreisen wird ein Pauschalbetrag vereinbart.

Wenn man gut im Geschäft ist, kann man schnell viel Geld verdienen. Aber neben dieser Perspektive und der kurzen Freude an einem gelungenen Ergebnis kostet diese Arbeit, besonders bei vielen Reisen, sehr viel Kraft und setzt eine liebenswürdige und zugleich starke Persönlichkeit voraus.

VI Institutionen im Umfeld

Schauen
Messen
Agenturen

«Mode ist ein eher unerklärliches Phänomen,
zumindest was folgende Dinge angeht:
die Zwanghaftigkeit, mit der sie neue Zeichen sucht,
ihre offensichtlich willkürliche und ständige Produktion
von Bedeutungsinhalten – eine Art Streben nach Bedeutung –
und das logische Geheimnis ihres Kreislaufs.
Sie alle gehören zu ihrem Wesen.»

Jean Baudrillard

Carl Heinz Bauer

Hinsehen bei der Haute Couture

Chronist der Mode seit fast 40 Jahren

Es war wie eine Explosion. Jubel ohnegleichen brach aus, der Wunderknabe der Couture hatte eine Sternstunde. Alles, was in der westlichen Welt der Mode Rang, Ruf und gigantische Umsatzzahlen hat, wurde zum Augenzeugen: Die mächtigen Großeinkäufer amerikanischer Konzerne, die wichtigsten Stofflieferanten, der weltweite Smart-Set der Schickeria und die international buntgewürfelte Schar der Modejournalisten – allesamt professionelle Modebetrachter mit dem Dauertraining der Anschauung. Die ältesten Hasen der Bekleidungsberufe gerieten außer Fassung, feuchten Auges gab es stehende Ovationen.

Die amerikanischen und japanischen Modereporter voran stürzten ans Telefon, die verblüfften Modechronisten kritzelten eiligst das Datum: Mittwoch, 28. Juli 1976, 11 Uhr vormittags, französische Sommerzeit. An diesem Tag begann für die Mode der Gegenwart eine neue Zeitrechnung – was war passiert?

Tagelang hatten die Nobelschneider der Haute Couture ihre Wintervorschläge präsentiert, schön und kleidsam, aber ohne Paukenschlag. Befriedigt notierten die Fachbeobachter die Wiederkehr der Couturekleider bester Tradition, aus edelsten Stoffen, von feinster Verarbeitung. Keine Knalleffekte, keine Capriolen mehr – Erleichterung ringsum. Allen war klar: Nur dies ist die Überlebenschance der Haute Couture, Versuchslabor für die Konfektion und höchster Leistungsnachweis für das Schneiderhandwerk zu sein. Aber sonst?

Die Modesalons präsentierten pures Paris, schön und chic, hier nichts Ungewohntes, kein Schimmer einer Sensation. Und dann gab es die Detonation! Gezündet von Yves Saint Laurent, von dem man ja schon immer wußte, daß er der Größte ist! Aber dies? Das jahrelange

Warten des Modevolks auf den längst fälligen Wechsel – jetzt war es ausgestanden. Perplex saßen die tausend Geladenen im prunkvoll vergoldeten Ballsaal aus der Zeit Napoleons III. und trauten ihren Sinnen kaum: Seit Diors Lebzeiten schien soviel Schönheit total vergessen. War's möglich denn? Silhouetten, Stoffe und Farben wie zu Zeiten der Grand Opéra und der belle époque um 1900 vor Augen, aus den Lautsprechern Tosca- und Traviata-Arien der Callas im Ohr – Ausrufe des Entzückens überall.

«Die Revolution!» murmelte fassungslos die betagte Diana Vreeland, heute schon legendäre Modeexpertin, langjährige Redakteurin der amerikanischen «Vogue» und danach Leiterin des «Costume Institute» des New Yorker Metropolitan Museums, «das ist es, alles wird sich ändern, nichts wird mehr wie früher sein!» Selbst Lord Snowdon, ungewohnt in dieser Umgebung, geriet ins Schwärmen. Eigens von der feinen britischen «Vogue» engagiert, gab der Foto-Graf das Modellnotieren bald auf – hier schien einfach alles geeignet!

Mit dem perfekten Gefühl für Timing hatte Saint Laurent zur rechten Zeit die wohlgeformte weibliche Gestalt wiederentdeckt, die äußerst feminine Linie: Zurück zur Natur der Figur, Taillen, Hüften, Busen – nichts mehr wurde kaschiert, alles saß wieder präzise da, wo man es seit langem vermutet hatte, seit die «Neue Sachlichkeit» à la Courrèges so vieles versteckte und verleugnete. Und nun dieser dramatische Wechsel, als stammten die Umsitzenden aus einer anderen Epoche, das Straßenbild kam einem hinterher bedauernswert rückständig vor. Die Investition in die Schau war beträchtlich: Eine Million Dollar (1976!) für des (Mode-)Kaisers neue Kleider – niemand zweifelte.

Als Geheimagent an die chinesische Mauer zu kommen, dürfte leichter sein, das steht fest. Die hehren Hallen der Haute Couture sind zu den Saison-Premieren verriegelt und verrammelt, als gelte es, einen sagenhaften Inkaschatz zu schützen. Doppelt und sechsfach sind die Kontrollen, bis man sich endlich seufzend niederlassen kann, in der ersten oder der letzten Reihe, im Blickfeld der Fotografen oder halb hinter einer Säule versteckt, je nach Namen, Ansehen, Auflagenhöhe der Zeitung oder Reputation des Luxus-Journals. Vorher ist jedesmal die gleiche Formular-Zeremonie erfüllt worden: Mit gründlicher Personenbefragung die Anmeldung beim Pariser «Chambre Syndicale de la Haute Couture», der Interessenvertretung der Couture-Häuser.

Der Nachweis, für renommierte Print-Medien zu arbeiten, muß von den Redaktionen beglaubigt und später durch die Zusendung von Veröffentlichungen belegt werden. Der Fotoausweis, der zu jeder Saison eine andere Farbe hat, wird erst zusammen mit der jeweils persönlichen Einladung ein ‹Sesam-öffne-dich› für die scharf kontrollierten Türen des Mode-Olymps. Die Modeschlachten um Profit und Prestige der Luxusmeister von Stich und Schere können beginnen.

Wie kam das energische, humorvolle Muttchen mit den weißblonden Haarsträhnen und rosaroten Apfelbäckchen hier herein?

«Die Mode ist ein natürliches Entzücken, stärker als Seuchen, Kriege und Wirtschaftskrisen», brummelt sie und bekommt den glasigen Blick.

Es war «Peppy» Eugenia Sheppard von der «New York Herald Tribune», allmächtigste Modeschreiberin der Welt, ihre Mode-Kolumne wurde täglich (!) von 100 US-Zeitungen nachgedruckt. Ihr Anblick ließ mich hoffen: Hierher kehrt man immer wieder! Da sitzen wir nun, der Clan, der den geheimnisvollen Modecode entschlüsseln zu können glaubt – und die meisten können es auch. Die brillantesten Schreiber darunter, Leute, die das modische Gras wachsen hören, bevor es gesät ist, seit Jahrzehnten meist unverändert die gleichen.

Denn hier ist noch der Ort, wo biblisches Alter etwas gilt, von diesem Corps trennt man sich nicht, nur weil man daheim vielleicht schon Enkelkinder zu versorgen hat. Sah ich nicht als blutjunger Anfänger mit der demütigen Bereitschaft zur Bewunderung schon 1952 die gleichen Gesichter? Mon Dieu, und immer noch ist man Augenzeuge beim ewigen Rauf und Runter der Rocksäume, bei Triumphen und Niederlagen der neuesten Looks, ein halbes Menschenalter bei den Saison-Starts der Haute Couture, ohne einen einzigen ausgelassen zu haben.

Denn alle sechs Monate wird das große Mode-Theater auf vielen Pariser Bühnen gleichzeitig gespielt: Welterfolge und Reinfälle, reißerische Zugstücke, Lustspiele, brave Hausmannskost und wahre Ausstattungs-Revuen und manchmal auch Tragikomödien und Dramen – immer jedenfalls theatralische Sehenswürdigkeiten, die uns professionelle Betrachter zugleich vom kollektiven Fieber befallen lassen: Wie sag ich's meinen Lesern?

Unter den Couturiers ist jeder seine eigene Mimose, allergisch gegen alles und jedes, was ihr feingesponnenes Weltbild einengen könnte. «Ich kenne die Herren nicht», schockierte schon die Chanel und meinte ihre eigenen Kollegen, «worüber soll ich schon reden mit Herrn Balenciaga? Courrèges – wer ist das?» Nun, ich kannte sie, die Meister der großen alten Garde, die Fath, Dior, Chanel und kenne sie alle, diese Namen, die heute Millionen vertraut sind und die jedermann nennt, die Götter und Halbgötter des Pariser Mode-Elysiums, die unsere Umwelt so nachhaltig beeinflussen, ob wir es nun bemerken oder nicht.

Haute Couture! Jahrzehntelang war die Hohe Schneiderkunst geeignet, Frauen um den Verstand und Männer um ihr Vermögen zu bringen. Eine Zuflucht für Leute mit Scheck-Appeal, ästhetisches Vergnügen für schöne Seelen, die ihren Kassenbestand niemals zu überprüfen brauchen. «Mode ist der Hauch des Wunderbaren», sagte einmal Dior. Quer durch den Adel von Geburt und Geld zieht sie sich heute hin, quer durch Generationen und gesellschaftliche Sahne- und Quarkschichten – Mode als Massenkonsumgut im Massenzeitalter. Heute ist Mode ein Geschäft mit den Ideen anderer Leute: Die Kopien, in Massen sogleich auf den Markt geworfen, machen erst die wahren Traumumsätze, obwohl die meisten Fließbandfabrikanten sich nur selten an Lack und Logik des Originals halten. Aber «Modell Paris» – für die Mode gibt es kein prächtigeres Prädikat, immer noch nicht. Die tüchtigen Könner des Prêt-à-porter, schon ebenfalls in aller Munde, sind ja längst einbezogen.

Hektisch und hysterisch geht's bei den Couture-Premieren zu, turbulent und keineswegs charmant. Immer, wenn die Knüller kommen, stöhnen bei ihrem Anblick die Amerikanerinnen «oh, my goodness», und man weiß nie, ob das nun Abscheu oder Entzücken bedeutet. Selbst die riesigen Blumenarrangements tun einem dann plötzlich leid, die auf Kaminsimsen vor türhohen Spiegeln stehen, um sich optisch zu verdoppeln. Bei Dior allein kosten diese Wunder der Blumensteckkunst nicht selten 10000 Dollar. Noch heute traure ich der legendären Carmel Snow nach, der Chefredakteurin von «Harper's Bazaar» mit ihrem weltweiten Einfluß, die mit ihrem kompaniestarken Gefolge bei den Premieren zwei Stuhlreihen forderte – und sie auch bekam. Winzig wie ein graugelockter Kanarienvogel, schnarchte sie oft leise vor sich hin, weil ihr Whiskykonsum mal wieder das Höchstmaß überschritten hatte. Ihr Geheimnis, wie sie mit unfehlbarem Instinkt trotzdem das Modegewissen schlechthin verkörperte – ihre Kommentare ließen an Präzision nichts zu wünschen übrig. Ich habe noch vor Augen, wie sie sich, bereits sterbenskrank, 1964 in die Salons hineintragen ließ – immer noch war ihr fachliches Urteil unbestechlich. Ihre Nachfolgerinnen Nancy White und die unerhört elegante Diana Vreeland von der «Vogue»-Konkurrenz – Päpstinnen der Modekritik auch sie –, die aber trotz ihrer enormen Macht die resolute Carmel Snow nie erreichten. Mode ist wie ein geheiligtes Pariser Monopol, eine Art Nationaleigentum, auch mit Dollar-Milliarden nicht anderswo anzupflanzen. Doch die Haute Couture-Equipe bildet eine eigene Liga, die füreinander keineswegs immer innige Gefühle hegt. Absprachen? Nicht die Spur! Am liebsten möchte sie von der Existenz der anderen nicht die geringste Notiz nehmen, und die meisten bringen es auch fertig. Den im Sommer 1976 verstorbenen Captain Molyneux, Modezar der Zeit zwischen den Weltkriegen, fragte ich 1965, warum er damals, mit 75 Jahren, auf die Modeszene zurückkehrte: «Ein Couturier», schwärmte er, «fühlt sich nur in Paris wohl. Denn anderswo kleiden sich die Frauen, um zu leben. Hier leben sie, um sich anzuziehen.» Das ist noch heute nicht anders.

Deutlich vor Augen habe ich noch den schüchternen Christian Dior mit seinen raschen, knappen Chinesenschritten, dessen Couture noch Kunst war. Mit ihm ist endgültig eine Ära zu Ende gegangen, auch wenn das Haus noch immer sehr erfolgreich bestehen kann. Es wurde ein wahres Imperium, riesiger und einflußreicher als je zu Diors Lebzeiten. Aber nie wieder hat ein einzelner Couturier die Mode so unumschränkt beherrscht wie er, nicht einmal Yves Saint Laurent, der zweifellos bedeutendste der Gegenwart, den selbst die eigenen Kollegen schamlos kopieren.

Der sanfte Tyrann Dior trug immer triste Anzüge, an die ich mich beim Wegsehen schon nicht mehr erinnern konnte. Er war ganz schön korpulent, weil ihm Schlemmen und Naschen über alles ging, sein joviales Dauerlächeln war eher ein Zeichen seiner extremen Unsicherheit. Er hatte den stillen Charme der wahren Persönlichkeit – ein unwiederbringliches Stück Paris. Als er am 24. Oktober 1957 starb, kamen Blumenkränze in solchen Massen, daß man sie kurzerhand am Arc de Triomphe, dem Grabmal des Unbekannten Soldaten, niederlegen ließ. Bei Dior hatten komplette Kollektionen eine einzige «Linie», der als Leitmotiv alle Modelle folgten, wie 1953 die «Ligne tulipe». Lange Zeit war er eine Art ABC-Schütze, seine Schnitte streng nach den Buchstaben des Alphabets konstruierend, die Silhouette wie mit dem Zirkel und Lineal nach geometrischen Gesetzen formend. Damit nahm er Courrèges glatt zehn Jahre vorweg.

Ich erinnere mich genau an die H-Linie 1954: Mitten in der Hochkonjunktur von Bauch und Busen eine flunderflache Linie voller kühner Unterschlagungen, an die A-Linie Frühjahr 1955 und die spargelschmale Y-Linie zum Herbst des gleichen Jahres, der 1956 gar eine hochbetonte F-Linie folgte. Diors Nachfolger wurde ein kalkweißer Jüngling von zwanzig Jahren, sensibel wie Chiffon und mit dem Aussehen eines Konfirmanden; bei jeder seiner Saison-Schauen hing er halb ohnmächtig vor Lampenfieber in den Kulissen – bis ein Beifallssturm ihn erlöste. Noch heute ertränkt er seine Umwelt in einem Ozean von Einfällen: Yves Saint Laurent, der als Modekönig der Gegenwart schlechthin gilt, ihn zu ignorieren kann sich kein Konfektionär mehr leisten.

Nur fünf Saisons hatte das Dior-Intermezzo des Wunderknaben gedauert, vom Babydoll-Kittel, der Trapez-Linie im Januar 1958, bis zur Frühjahrskollektion 1960, als die Schuhe so spitz wurden, daß einen schon beim bloßen Hinsehen der Schmerz durchzuckte und die Witzblätter spotteten: «Bitte einmal putzen und anspitzen!» Das Haus Dior feuerte ihn, was es bis heute bitter bereuen muß: Nie wieder tauchte ein gleichrangiger Designer auf. Mit seiner ersten eigenen Kollektion am 29. Januar 1961 begann Saint Laurents Weltruhm. Seitdem beeinflußt «Yves I., le plus grand» unvermindert den Stil unserer Zeit. Dior III, Marc Bohan, macht derweil gehobene Kleider für gehobene Konsumentinnen, eine Dior-Kollektion ist heute eine unter vielen guten.

Beim Dior-Begräbnis sah ich einen bleichen, hageren Mann in Ohnmacht fallen, dessen Gesicht mir damals schon vertraut war; doch erst Jahre später wurde er weltberühmt: Pierre Cardin. Bei ihm verfolgte ich schon die Präsentationen, als sein Publikum noch kaum ein Dutzend Personen bildete. Später rauften sich hier Weltstars wie Shirley McLaine um einen Treppenplatz. Cardin war der erste, der Kleider mit Couture-Etikett in die Kaufhäuser brachte, damals noch shocking für die gesamte feine Branche – längst haben es ihm alle nachgemacht.

Ich denke an die großen Couture-Namen, die heute niemand mehr kennt. An das Modehaus Manguin, in dem verschnörkelten Palais, das einstmals die glanzvollen Feste der berüchtigten Comtesse Blanche de Clermont-Tonerre sah. Jahrelang wurde hier mit opulenten Buffets sonntags abends der Auftakt der Couture-Woche gefeiert, die Gäste tafelten und turtelten. An das prachtvolle Palais Rothschild in der Avenue Matignon, in dem Maggy Rouff residierte, und an das trotzige Palais Eiffel, das einmal der Architekt des Eiffelturms sich bauen ließ, mit den großen goldübergossenen Freitreppen. Jean Dessés hatte es einst bezogen, der Hofschneider der Friederike von Griechenland, der damals zwei junge Assistenten beschäftigte, die später selbst berühmt wurden: Guy Laroche und den stolzen Römer Valentino. Heute steht hier ein schauriges Bürohochhaus mit amerikanischen Niederlassungen. Nur ein Steinwurf entfernt das ehemalige Modehaus Jacques Heim, der eine Renommier-Kundin hatte, die der Volksmund zärtlich-bissig «Tante Yvonne» nannte. Ich sah sie einmal aus dem Haus Heim mit Stoffpröbchen auf die andere Straßenseite rennen, hin zu ihrem protokollbewußten General – denn es war Madame de Gaulle.

Und da gab es Pierre Balmain, der zur konservativen Partei der gemäßigten Modemitte gehörte. Die Modereporter mokierten sich hier über Schauen «von edler Langeweile, von faszinierender Farblosigkeit», um hinter vorgehaltener Hand zu flüstern, nur hier kaufen zu wollen, falls sie das notwendige Kleingeld besäßen und eine schöne Frau. Die Balmain-Kollektionen werden heute von dem Dänen Erik Mortensen kreiert, der den luxuriösen Stil des Hauses zeitgemäß aufgefrischt hat. Hubert Marquis de Givenchy hat für seine diskrete, makellose Eleganz wohl als einziger noch eine große Privatkundinnenschar. Das 1952 eröffnete Couturehaus huldigt noch immer seinem schönen, schmalen Idealbild Audrey Hepburn, die noch heute bei jeder Saison-Präsentation dort in der ersten Reihe sitzt, unverändert schön anzuschauen.

Amüsant ist Louis Féraud, dieser kernige Kumpel, der auch ein Schiffsschaukelbremser sein könnte und der wahrhaftig einmal Bäkker in Arles war. Ihm fallen die wohl farbenprächtigsten Kleider ein, er ist auch ein exzellenter Maler großformatiger Ölbilder, ausgestellt in renommierten Galerien. Ein Tausendsassa war Jacques Esterel, der Erfinder, der Dutzende von Maschinenpatenten besaß und die Modejournalisten zu seinen turbulenten Schauen an die entlegensten Orte scheuchte. Seinem Starmannequin Bibelot ließ er als Modegag einmal eine Glatze rasieren; er starb 1975 an einem Herzinfarkt.

Mit einer Kollektion, die ich mit der Ahnungslosigkeit des Anfängers damals für «schrecklich-schaurig» hielt, eröffnete im Februar 1954 Coco Chanel an der gleichen Stelle den gleichen Salon, den sie bei Kriegsbeginn aufgegeben hatte und der bis heute noch unverändert so aussieht. Am 10. Januar 1971, als sie 87jährig starb, war es Sonntag abend, der einzige Tag, den sie sich dafür zu gestatten schien, denn an den Wochentagen arbeitete sie bis zu Erschöpfung. Ich sehe sie noch immer vor mir auf der vorletzten Stufe der berühmten Art deco-Treppe sitzend, mit den vielen wunderlichen Spiegel-Facetten und den multiplen Reflexionen – sie brauchte Spiegel «zum Erweitern der Proportionen und Entfalten von Perspektiven»: Zu sehen war immer Chanel und wieder Chanel und noch einmal Chanel. Kettenrauchend saß sie da, mit dem Canotier auf dem Kopf, die Zigarettenspitze im Mund und eine Kamelienblüte am Revers, komplett im Chanelkostüm, kiloweise behangen mit klirrenden Klimperketten, Broschen, Ohrringen und Steinen aller Art, einen Daumen durch eines ihrer Colliers gezogen und die Schere an einem Band um den Hals, als sei dies der Großorden Chanel – nichts und niemand ist ihr jemals entgangen, und in ihrer Gegenwart wagten wir kaum zu flüsten. «Ich kann nicht einmal einen Knopf annähen», kokettierte sie, aber sie lieferte die Basis für alle Moden, die nach ihr kamen.

Chanels Kontrapart war Balenciaga, der letzte große Schneider der Couture, der in jeder seiner Kollektionen unbemerkt ein ganz und gar von ihm selbst handgearbeitetes Modell präsentierte. Christobal Balenciaga, ein gebürtiger Spanier, war die graue Eminenz, die in klösterlicher Enthaltsamkeit jede Publicity verachtete – sie dem Hause Dior aber immer geneidet hat. Er war der einzige Pariser Couturier, den ich niemals zu Gesicht bekommen habe – wie sollte ich auch: Niemals schritt er durch die Salons, solange ein Fremder im Hause war. Er war ein Mode-Genie von seltenem Stilgefühl, 1958 erfand er das meistgeschmähte, meistverkaufte Modell jener Zeit – das Sackkleid. «Er ist unser aller Meister», hatte Dior immer neidlos zugegeben – gekannt haben sie sich nicht. Mit 74 Jahren schloß Balenciaga sein Pariser Haus, 30 Jahre hatte es bestanden, mit 500 Angestellten, das war 1968. Emanuel Ungaro und André Courrèges, deren Aufstieg er noch erlebte, waren seine langjährigen Assistenten gewesen. Im März 1972, ein Jahr nach Chanel, starb Balenciaga in Valencia in Spanien.

Der junge Mann mit asketischem Schädel, der elf Jahre lang Balenciaga-Schüler war, schoß 1964 wie eine Rakete hoch, alle Kleider-Kollegen an Mut und Konsequenz übertreffend, ein Baske mit Namen André Courrèges. Der Rock-Revolutionär, der einmal Pilot und Brückenbauer gewesen war, erfand die knappsten Textilien seit Adam und Eva – die erste Moderevolution seit dem 47er New Look von Dior. Die Mikro-Mini-Welle kam in Bewegung, passend zum Beatles-Boom der swinging-sixties, mit Röcken in Rheumatismus-Länge, für die eigentlich Vergnügungssteuer hätte entrichtet werden müssen. Der andere junge Mitarbeiter von Balenciaga, still, klein und damals mit pechschwarzem Vollbart, machte sich später ebenfalls selbständig und sammelt seitdem unentwegt Preise für die schönsten und elegantesten Draperien der Haute Couture: Emanuel Ungaro. Die Mannequins? Berühmt werden nur wenige Sterne ihres Fachs, selbst die amerikanischen Top-Models der Gegenwart sind nur wenigen Eingeweihten namentlich bekannt. Mit ihrer makellosen Schönheit präsentieren sie nie sich selbst, wie meist die übrige Garde der hübschen Girls, sondern immer nur das jeweilige Modell. Ihre Maße und ideale Haltung machen sie so unentbehrlich, daß die gegenwärtig etwa 20 Top-Models ständig zwischen Paris, Mailand, Rom und New York hin- und herpendeln – nichts für ein intensives Privatleben!

In den fünfziger Jahren gingen die Namen von Mannequins um die Welt wie die von Pin-up-Stars. Noch heute glaube ich bei Dior Lucky durch die Räume schleichen zu sehen, genannt «die Katze», ihr schnurrendes Schweben ist bis heute unerreicht, auch wenn bei mancher Drehung die Hüte und Aschenbecher der ersten Reihen mitflogen. Sie wurde zur Vorsitzenden der ersten Mannequin-Gewerkschaft» gewählt, 1963 starb sie früh an Krebs. Ein anderes Paradepferd bei Dior war Alah, die schöne Eurasierin mit den hohen Backenknochen, die Jahre später vergessen in Armut vegetierte. Im Modeviertel um die Avenue Montaigne sah ich sie noch manchmal in billigen Bistros herumschleichen, unerkannt, vergessen. Und ich denke an die semmelblonde Nico Peffgen, Erbin einer Kölner Bier-Dynastie, mit der man in heute längst vergessenen Künstler-Bars im Viertel Saint Germain-des-Prés nächtelang über Mode und Menschen philosophieren konnte. Später filmte sie bei Fellini in Rom, wurde in New York als «Nico» die Sängerin der Pop-Gruppe «The Velvet Underground» und gehörte zu Andy Warhols «Factory». Später zog sie nach London, ging als Modefotografin in die Sahara. Im vergangenen Sommer, 1988, starb sie auf Ibiza.

Schöne Erinnerungen sind die Schauen bei Jacques Fath, in seinem vornehmen Haus gleich um die Ecke des Hotels Georg V. Er war der erste Sunnyboy der Couture und sah aus wie ein Filmstar, dem alle Mädchenherzen zuflogen. Erst 42jährig, auf dem Höhepunkt seines Ruhms, starb er plötzlich an Leukämie. Bei seiner Beerdigung im Oktober 1954 gab es in der Pariser Innenstadt ein Verkehrs-Chaos. Tausende säumten die Straßen wie bei einem regierenden König, wie ich es ähnlich nur noch einmal bei der Trauerfeier für Coco Chanel in der Kirche Madeleine erlebte.

Die Fath-Fêten waren so berühmt wie seine Kleider, er schuftete und verschwendete, sein Hang zum üppigen Feiern war ausgeprägt wie bei Louis XIV., dem Sonnenkönig. Bedeutsam auch, weil auf diesen legendären Festen erstmals gekrönte Häupter erschienen, eingeladen von ihrem Lieferanten, einem Schneider.

Heute sind Couture-Feste seltener und dann oft intimer, gelegentlich bittet einer der Couturiers in sein Haus. Wie am 1. Februar 1969 Cardin in den Wintergarten seiner Wohnung am Quai Anatol France, gegenüber dem Louvre. Ein winziges, artiges Persönchen stellte er uns vor, mit einer rabenschwarzen Ponyfrisur bis zu den Wimpern, so schüchtern wie unbekannt. Als es zu singen begann, zuckten die Gäste zusammen: wurde da nicht die Piaf imitiert? Das Mädchen war Mireille Mathieu. Oder Karl Lagerfeld gibt ein Sonntags-Frühstück in den alten Chanel-Salons. Oder alle Jahre wieder ein Atelierfest bei Louis Feraud, hoch unterm Dach auf der Faubourg Saint-Honoré, mit Blick in den Innenhof des Palais Elysée mit seinen wachhabenden Zinnsoldaten.

Die Schauen selbst werden nur noch selten in den eigenen Couture-Häusern präsentiert, sehr zum Leidwesen der «alten Garde» unter den Modekritikern – die prachtvollen Kunstwerke paßten dort einfach besser hinein. Heute werden dafür Nobel-Adressen angemietet, die Ballsäle großer Luxushotels etwa, die hohen Oberlichtsäle von Museen oder der Akademie der Schönen Künste. Die Couture-Kollektion von Chanel läßt ihr Entwerfer Karl Lagerfeld im schönen Art deco-«Théâtre des Champs Elysées» vorführen, wo 1925, in der «revue nègre» Josephine Baker über Nacht zum Liebling von Paris wurde. Dior, Scherrer, Lanvin und Laroche zeigen ihre Neuheiten im Kuppelsaal des «Grand Hotels», wo Kaiserin Eugénie, die Gattin Napoleons III., die Premieren der damals noch neuen Grand Opéra feierte, während Yves Saint Laurent den Saison-Auftakt jeweils im überfüllten, rot-goldenen Kaisersaal des «Intercontinental» präsentiert, traditionsgemäß immer zum Abschluß jeder Haute-Couture-Woche, präzise an einem Mittwoch um 11 Uhr vormittags. Gestartet wird am Sonntag vorher, immer mit Christian Lacroix, gleich in drei Schauen hintereinander: zuerst, gewissermaßen als Generalprobe, für Privatkunden und Freunde des Hauses, danach für die internationale Modepresse, garniert mit einigen aktuellen «Illustrierten-Gesichtern» als Futter für das Heer der Fotografen, zuletzt schließlich die Schau für die wichtigsten Einkäufer. Dazwischen, an vier Tagen also, hasten die Modereporter im Zickzackkurs durch Paris, von einem Vorführungsort zum nächsten. Nicht selten überschneiden sich die Anfangszeiten, es hilft nichts, eine Schau muß man dann mal überspringen – aber welche?

Prominente und Prominöse sitzen auf den Renommierplätzen, Reiche und Neureiche, Fürstinnen und Flimmerstars und neuerdings auch mal ein deutsches Film- oder Fernsehgesicht. Blicke in die vertrauten Runden bestätigen es immer wieder aufs neue: Das Modevolk ist komplett versammelt, mit Profi-Neugier ausgestattet, die Prestige-Plätze in den ersten Reihen sind storyträchtig besetzt – die Couture kann präsentieren! Die Schneider-Götter enthüllen ja immer erst als letzte die im Blickpunkt stehende Saison: die Angst vor den schnellen Brütern, den schamlosen Ideen-Ausbeutern, ist zu groß. Es ist wie immer, tout le monde sitzt tuschelnd beieinander: Prinzessin Caroline von Monaco mit Mann und Hund, daneben Catherine Deneuve, Paloma Picasso, Hélène Rochas, die Politikergattinen momentaner und vergangener Regierungen wie die Damen Pompidou und Chirac, Mitterand und Rocard, gesäumt von der dollarschweren

Jet-Society aus New York, die Klatschspalten anderntags reichen kaum aus.

Gelegentlich werden die schönen Stätten der Couture-Modenschauen an Prunk und Pracht übertrumpft, nichts erscheint dann ausgefallen genug. Da gab es eine Siebenstunden-Gala für die Wintermode '84/85, Karl Lagerfeld war der Gastgeber für das Haus Chanel. Das hatte wohl auch die altehrwürdige Pariser Grand Opéra noch nicht gesehen: Im Grand Foyer war ein 70-m-Laufsteg dekoriert, Kaskaden von weißen Blüten rieselten die Marmorbrüstungen herunter. Für 800 Gäste war ein mitternächtliches Kerzenlicht-Souper gedeckt, während Jongleure, Gaukler und Zauberer bei Barock-Musik von Tafel zu Tafel zogen. Im berühmten, von Garnier erbauten Treppenhaus sang die Primadonna Margarita Zimmerman Lieder des 19. Jahrhunderts, hoch darüber ein jonglierender Seiltänzer, von Dutzenden weißer Tauben umschwirrt. Ein atemberaubendes Spektakel ohnegleichen, die Mode nur macht's möglich, in Paris kann man dafür sogar die Oper mieten. Klar, daß die Chanel-Kollektion besonders enthusiastisch beschrieben wurde!

Die Schauen der Haute Couture! Pünktlich Ende Januar und Ende Juli gehen sie über die Laufstege, nach vier turbulenten Tagen macht der Kritiker Inventur: Paris ist immer noch der Schmelztiegel der modischen Trends, hierher weht der Modewind. Glanz und Faszination der Haute Couture sind nicht verloren. Im Gegenteil: Die Edelschneider setzen sich wieder deutlicher von allen anderen Modemachern ab, exquisit in Styling, Stoff und Verarbeitung nehmen sie die Chance der Haute Couture wahr: Erst mit der Konfektion zusammengefaßt ergibt das ein Modebild, das allen zeitgemäßen Bekleidungsvorstellungen gerecht wird. Eine Modesaison ist in Wort und Bild noch gar nicht ganz «ausgeschlachtet» – schon heißt es für uns Mode-Chronisten wieder «Auf nach Paris!»

Irgend jemand wird mir dort, wie immer, mit gönnerhafter Geste ein heftpflastergroßes Fleckchen als Sitzmöglichkeit offerieren: ein Ministühlchen aus goldbronziertem Holz, das nur ein Menschenfeind ersonnen haben kann. Überall die gleichen verschnörkelten Gebilde, ein Alpdruck für gängige Konfektionsgrößen. Jedesmal frage ich mich, ob es nicht hier war, wo man sich den Bandscheibenschaden zugezogen hat.

«Attention, s'il vous plaît, la mariée» – wie oft ich das wohl gehört habe: Achtung, bitte, die Braut – der monotone Ausruf, wenn die verschleierte Unschuldswolke erscheint, traditionelles Schlußmodell aller Pariser Modepremieren. Was uns alle sogleich in einen geradezu tumultartigen Aufbruch geraten läßt, hin zu Telefon und Schreibmaschine. Oder mit Taxi und Metro hinein in die nächste Schau, die längst schon begonnen haben müßte...

Eleonore Müller-Stindl

Auf Messen jobben

Nützliche Kontakte auf vielen Ebenen

Schauplatz Igedo, Düsseldorf. Vor dem Stand X in Halle 12 eine Menschenschlange. Eine gute Kollektion? Also drängelt man mit. Am Pult vor dem Eingang fragt eine junge Frau: «Von welcher Firma kommen Sie?» Man antwortet: «Presse, Zeitung soundso. Ist Herr Y da?» Sie fragt zurück: «Welche Zeitung? Kenn ich nicht. Herr Y? Schauen Sie doch nach.» Blöde Gans, zischt man vor sich hin. Wenig später die gleiche Szenerie vor einem andern Stand, aber welch ein Unterschied! «Zeitung soundso? Herr Y ist zwar beschäftigt, aber wen darf ich melden?»

Beide Empfangsdamen gehören nicht zur Firma. Beide jobben auf der Messe, verdienen sich etwas dazu. Aber wetten, daß die erste das nächste Mal nicht mehr beschäftigt wird, die zweite aber vielleicht die Chance bekommt, am Stand selbst mitzuhelfen?

Eine Modeschülerin mit guter Figur und freundlichem Gesicht kann sich ohne weiteres als Standmodel bewerben und den Kunden auf Wunsch das eine oder andere Kollektionsteil vorführen. Auf kleinem Raum braucht sie die Kunst des Schreitens ja nicht zu beherrschen, die Berufsmodels für die Shows auf dem Laufsteg erst erlernt haben müssen. So kann eine Modestudentin ohne offizielles Praktikum während DOB-Messen schon hinter die Kulissen des Modemarktes schauen. Usancen und Mechanismen der Branche begreifen lernen. Wer Fremdsprachen beherrscht, zumindest fließend Englisch, kommt natürlich besser voran, denn jede namhafte DOB-Firma bemüht sich, den Export auszuweiten, schon um den Konkurrenzdruck im Inland erträglicher zu gestalten. Zu den deutschen Modemessen kommen inzwischen ganze Scharen ausländischer Einkäufer, und deutsche Firmen beteiligen sich an Messen in Paris, London und New York. Die großen Exportmengen strömen in die Länder jenseits unserer Grenzen, vor allem in die EG- und EFTA-Staaten, wobei das klassische Modeland Frankreich erhebliche Quantitäten schluckt und die Niederlande, Schweiz und Österreich fast komplett von deutschen Konfektionären «eingekleidet» werden. Nur ein Zahlenvergleich: Die deutsche DOB erzielte 1988 einen Umsatz von 11,4 Mrd. DM. 3,79 Mrd. gingen in den Export.

Junge Leute haben auch auf diesem Feld viele Möglichkeiten, Fernweh mit dem Beruf zu verbinden. Immer vorausgesetzt, sie sind engagiert und scheuen sich nicht, auch mal einen Kleidersack anzupacken. Die Ärmel hochkrempeln, mit zupacken, lernen wollen, das ist wichtig, wenn einem schon während des Studiums ein Einstieg in die DOB-Industrie oder in ein Designer-Atelier gelingen will. Bei Designern ist es übrigens um so wichtiger, da die wenigsten über gut organisierte Apparate verfügen. Kreativität als Zugabe wird dann begrüßt, man wird an die Musterung rangelassen, in das heilige Atelier, wiederum vorausgesetzt, man spielt sich nicht als ein Lagerfeld auf, sondern bleibt auf dem Teppich des Eleven, der lernen will.

Über das Dolmetschen auf der Igedo kam übrigens Uta Raasch in Berührung mit der Mode. Sie «leckte Blut», lernte das Metier auf der Modeschule und startete klein-klein, bis sie die Leiter zum Designerhimmel erklomm. Auch die Karriere einer Frau, die heute internationale Modepromotionen macht, begann mit dem Jobben auf DOB-Messen.

Zahlen können Schall und Rauch sein. Wenn man sich aber vorstellt, wie viele Menschen während einer Igedo oder Mode-Woche München direkt und indirekt mit dem Verkauf von Kollektionen beschäftigt sind, dann kommt man zu dem Schluß: Ein Job für mich sollte drin sein. Während der großen Igedo, Anfang März und September, stellen in den 14 Hallen rund 2000 Firmen aus. Dazu kommen rund 1000 weitere im Fashion House, in Hotels und Stadtbüros. Die Mode-Woche München hat etwas kleinere, nicht ganz so gigantische Ausmaße. Immerhin erreicht die Zahl der Aussteller in den Hallen, jeweils an den ersten Tagen des April und Oktober, mehr als 700 Firmen, die der Stadtaussteller über 500.

Größere Firmen kommen mit Handelsvertretern und Standhilfen schnell auf vier bis zehn Personen. Rechnet man die Einkäufer dazu, die eine Modemesse im Laufe von vier Tagen besuchen – in Düsseldorf etwa 50000, in München etwas weniger –, dann begreift man, welch wirtschaftlichen Wert große Messen für eine Stadt haben.

Und was leisten Messen überhaupt? Auf eine kurze Formel gebracht: den Einkäufern aus dem Einzelhandel an einem konzentrierten Platz einen tunlichst umfassenden Überblick über die Angebote vieler Firmen zu bieten. Nicht nur aus dem Inland, sondern auch aus nahen und fernen Ländern. Und die kommen einzeln oder in Ländergruppen zusammengefaßt auf unsere Messen, um auf einem Markt Fuß zu fassen, der als einer der konsumfähigsten der Welt gilt: der deutsche Markt. Italiener haben inzwischen deutsch gelernt, aber Hongkong- und Taiwan-Chinesen, Inder oder Uruguayer brauchen Dolmetscher, tunlichst mit Fachkenntnissen. Einkäufer reagieren ja nicht anders als Otto Normalverbraucher in den Läden. Wird man gut informiert, ist schon eine Brücke der Verständigung geschlagen. Müde Hinweise und leere Floskeln haben in dem hart gewordenen Geschäft mit der Mode keine Daseinsberechtigung mehr. Selbst bei bekannten Firmen, die Einzelhändler auf Grund ihrer verkäuflichen Ware und Liefertreue schätzen, ist man dankbar für Zusatzinformationen, beispielsweise auf neue Details, wichtige Farben oder Besonderheiten von Stoffen. Wer Interesse zeigt, auch als Verkaufshilfe, erfährt die wichtigsten Einzelheiten und holt sich Pluspunkte beim Chef. Verkauf, Produktion und die ganze Vermarktung sind ja heute genauso wichtig wie die Kreation. Das wissen auch Designer, die bereits zum Establishment gehören. Ob Brigitte Haarke, Beatrice Hympendahl oder Marc Kehnen, um nur einige zu nennen: Sie sind sich nicht zu fein, ihre Kunden selbst zu bedienen, zumindest selbst zu empfangen, mit ihnen zu diskutieren und auf Anregungen einzugehen. Auch für sie sind Messen wichtig: als Treffpunkt mit den Kunden, als Informationsbörse und Kristallisationspunkt für neue Kontakte.

Regina Willnecker

Casting, Shooting, Overtime

Model-Agenturen und Model-Alltag

«Traumberuf – Mannequin und Fotomodell – Ausbildung in vier Wochen. Gute Vermittlungschancen. Kostenpunkt des Tages- oder Abendkurses 3500,- DM.» So oder ähnlich lauten die Kleinanzeigen in Tageszeitungen und Mode-Magazinen. Ohne Wenn und Aber werden Mädchen und Frauen angesprochen, wird ihnen eine glanzvolle Karriere versprochen, ja ohne Probleme in Aussicht gestellt, wovon sie heimlich schon lange geträumt haben. Wird ihnen nicht oft gesagt, daß sie toll aussehen, sind sie nicht auch schon zur Disco-Queen für ein Wochenende gewählt worden und zur Miss Bikini im letzten Jahr in Spanien? Spricht man sie nicht auf ihren tollen Geschmack hin und ihr raffiniertes Make-up immer wieder an? Was trennt sie also noch von ihrem Traum, auf der Bühne oder in einem Foto-Studio zu arbeiten, schöne Kleider zu tragen, sie vorzuführen?

Meistens sind es ganz reale Punkte, die diesen Traum leider nie zur Realität werden lassen. Denn mit einer Körpergröße unter 1,72 cm braucht ein Mädchen kaum an das Märchen vom gutbezahlten Fotomodell zu glauben; bei einem Mann sollten es mindestens 8 cm mehr sein. Diese ganz einfache Grundvoraussetzung für diesen Beruf verschweigen jedoch die Agenturen in ihren Kleinanzeigen vorsichtshalber. Sie bilden jede und jeden aus, der bereit ist, für diesen Kurs zu zahlen, – und was danach kommt, steht erst einmal in den Sternen. Denn auch nach dem Kurs scheint der Weg zur Karriere schnurstracks für die nun ausgebildeten männlichen und weiblichen Models weiterzugehen: Sie werden in der Kartei oder in dem Katalog der Agentur aufgenommen. Natürlich gegen ein entsprechendes Entgelt. Für ca. fünfhundert bis manchmal zweitausend DM müssen sie sich für die sogenannte ‹Setkarte› fotografieren lassen, um damit potentiellen Kunden angeboten zu werden.

Leider war dieser teure Schritt meist der letzte, was die Kursteilnehmer von ihrem Traumberuf hören und sehen. Also, außer Spesen, (fast) nichts gewesen? Meistens bleibt leider außer einem Gehtraining, das man mit einem Lexikon auf dem Kopf auch nach guter alter Methode kostenlos zu Haus hätte üben können, nichts über.

Die Realität sieht nämlich überwiegend so aus, daß wirklich tolle Mädchen (und Männer) nach wie vor auf märchenhafte Weise entdeckt, angesprochen und engagiert werden. Mal ist es ein Fotograf auf Talent-, Körper- oder Typ-Suche, dann eine Redaktion, die ein Gesicht entdeckt oder eine Modell-Agentur, die ein Casting veranstaltet, um neue Mädchen für die Kartei zu suchen. Diese Agenturen erkennt man immer an dem Zusatz, der unter ihrem Eigennamen stehen muß, «im Auftrag der Bundesanstalt für Arbeit». Damit sind sie legitimiert, denn in der Bundesrepublik kann längst nicht jeder eine Modell-Agentur aufmachen.

«Casting» kommt wie die meisten Begriffe in der Berufswelt der Mode und vor allem der Fotografie aus dem Englischen und bedeutet «Rollenverteilung». Das heißt, bei einem Casting-Termin wird ein Typ gesucht, den die Auftraggeber – der Fotograf oder die Redaktion zum Beispiel – für eine bestimmte Kosmetik-Serie suchen. Bei dieser Gelegenheit haben auch Newcomer (Neulinge) eine Chance, ihr Talent zu proben. Entspricht die Frau / der Mann im Typ den Auftraggebern und dem Fotografen, wird mit ihr/ihm ein Test gemacht. Das heißt, sie/er wird geschminkt und in den zu fotografierenden Kleidern in die Kulisse gestellt. Und dann beginnt eigentlich der schwierigste Teil.

Denn nun ist man/frau völlig auf sich gestellt. Einige Fotografen geben zwar noch sachdienliche Hinweise wie «spring mal», «mach mal einen Schmollmund», «geh mal ein paar Schritte vor», aber damit erschöpft sich die Regie zu diesem Zeitpunkt meist. Denn nun soll das Talent des Modells (und nicht nur seine Optik) getestet werden. Schließlich soll das Mädchen / der Mann nicht an und für sich fotografiert werden, sondern es/er soll ein ansprechendes und positives Transportmittel für eine Sache sein, das durch sie/ihn, durch Lächeln, Gestik, Typ dem späteren Betrachter verkauft werden soll. Egal, ob es sich um Kaffee, Kosmetik, Kleider oder Kunststoffplatten handelt.

Spätestens an diesem Punkt merkt man, daß Modell sein mehr heißt, als nur schön zu sein. Persönliche Ausstrahlung, Sicherheit und schauspielerische Begabung gehören dazu. Mehr noch als im Foto-Studio wird dieses Können auf der Bühne verlangt. Modenschauen werden heute selten nur noch als Kleiderparade über den Laufsteg geführt. Mal wird ein wenig Komik, mal Improvisations- oder Imitationstalent, meistens jedoch gut trainiertes Tanzen vom Choreographen verlangt. Eine perfekte Figur (Kleidergröße 36 bis höchstens 38), ein hübsches Gesicht (immer dem Zeitgeschmack entsprechend oder zumindest entsprechend zurechtgemacht), tadellos gesunde Haut und Haare, gepflegte Hände und Füße sind selbstverständlich. Sozusagen das Kapital, das ein weibliches, aber auch männliches Modell mitbringen muß.

Daß so etwas mit 16 – in diesem Alter beginnen Models in Deutschland meistens, wenn sie Profi werden wollen – noch relativ selbstverständlich ist, heißt nicht, daß es so bleibt. Die Arbeit als Model ist sehr anstrengend, doch diese Anstrengung darf ihnen niemand ansehen. Da heißt es, sich gesund ernähren; kein Nikotin, kein Alkohol. Beide Sünden sähe man der Haut in Kürze an. Was das bloße Auge nicht sieht und durch ein gutes Make-up zu vertuschen ist, das Auge der Kamera ist gnadenlos – die Vergrößerung des Fotos oder das brutale Licht der Scheinwerfer auf dem Laufsteg erst recht.

Gesunde Haare, Haut, Fingernägel setzen eine gesunde, vitaminreiche Ernährung voraus. Amerikanische Models – international ein guter Maßstab – sind deswegen nicht selten Vegetarier. Neben der Ernährung trainieren sie ihren Körper durch regelmäßiges Joggen, Stretching, Schwimmen, Bodybuilding. Nur so bleiben die körperlichen Konturen straff, die Muskeln fest und der Körper auf andauernde und anstrengende Bewegungen vorbereitet. Eine Ballett-Ausbildung schafft zusätzliche Körperhaltung, und Jazz-Gymnastik ist die beste Voraussetzung für gekonnte Tanzeinlagen, die vor allem bei junger Mode immer häufiger zu finden sind.

Und wer nicht nur ab und zu mal als Modell «jobbt» (das ist bei ernsthaftem Interesse auch nur in den Anfängen möglich), der muß lernen, mit seinen Kräften und seinem Körper zu haushalten. Nicht selten beginnt der Job im Fotostudio morgens um 9 Uhr, bei einer Anreise ist mit dem Weckerklingeln um 6 Uhr zu rechnen. Und der Tag ist lang. Normal endet der Tag im Studio (und auch die Bezahlung) um 18 Uhr. Oft aber haben sich alle Beteiligten erst dann richtig warmgelaufen, oder der Fotograf muß an diesem Tag die Shootings komplett im Kasten haben, so kann es auch leicht 20 oder 21 Uhr werden. Einziger Trost: Nach 18 Uhr gibt es «Overtime», das heißt, einen Zuschlag zur Tagesgage. Doch nach der Arbeit, nach Abschminken und Einpacken, heißt es dann noch, nach Hause fahren und unter Umständen am nächsten Morgen taufrisch und gutgelaunt beim nächsten Job in einem anderen Studio mit einer neuen Aufgabe anzutreten.

Modenschauen verlangen nicht weniger Kraft. Sie beginnen zwar meist am Nachmittag oder Abend, doch die Vorbereitungen laufen mindestens seit dem Morgen, wenn nicht bereits seit dem Vortag.

Die Kleider müssen probiert und auf die Models verteilt werden, die Accessoires zusammengestellt und zugeordnet werden. Die Lauffolge der Models wird festgelegt und zu auf die Modelle abgestimmte Gruppen zusammengestellt. Dann erst kann mit der eigentlichen Probe der Choreographie begonnen werden. Die Musik wird getestet, ob man nach ihr laufen, tanzen, schreiten kann. Der Choreograph erklärt seinen Ablauf – meist auf englisch, wie Englisch sowieso die Sprache im Fotostudio und auf dem Laufsteg ist, da Models, Choreographen, Fotografen, Stylisten, Visagisten meist aus aller Herren Länder zusammengewürfelt sind.

Nun muß sich nicht nur jedes Mädchen allein, sondern vor allem in seiner Gruppe harmonisch und im Takt bewegen, die Kleider attraktiv in Szene setzen und schließlich den Betrachter nie merken lassen, welche Mühe und Anstrengung hinter all dem Geschäft mit der Mode steckt!

Wen wundert es da, wenn man nach einer Show oder einem anstrengenden Fototermin die hübschesten Mädchen von Seite 1 kaum noch ungeschminkt erkennt. Sie sind ausgelaugt, haben ihr Bestes gegeben und denken nur noch an eine heiße Badewanne und ein ruhiges Bett.

Model zu sein heißt eigentlich, daß der eigene Körper kein reines Privatvergnügen mehr ist. Er ist das Kapital, und das Kapital will gehegt und gepflegt werden. Sonst ist es eines Tages nichts mehr wert.

Beschwert sich erst einmal ein Kunde oder ein Fotograf bei der Agentur über das Aussehen oder das Benehmen des Models, herrscht höchste Alarmstufe. Natürlich will die Agentur als Vermittler des Models diese Kritik nicht auf sich sitzen lassen, denn wird das Model nicht mehr gebucht, bekommt auch die Agentur keine Provision mehr. So wird dem Model zu einer Abmagerungskur geraten, zur speziellen Haarpflege oder Veränderung von Haarfarbe und Frisur, Pediküre oder Maniküre oder sogar zu einer kosmetischen Operation, wenn zum Beispiel ein Muttermal als störend kritisiert wird. Ist sein Verhalten bei der Arbeit noch nicht «professionell» genug, wird das Model zum internationalen Training oft zu einer befreundeten oder angeschlossenen Agentur nach Paris oder Mailand geschickt. Natürlich auf eigene Kosten. Dort muß es sich dann im internationalen Wettbewerb beweisen, kann den Kollegen und Kolleginnen zwar manch einen Trick abschauen, lernt andere Fotografen oder Choreographen und deren Arbeitsstil kennen, ist aber auch in einer fremden Großstadt mutterseelenallein. Nicht immer einfach! Der Preis für Schönheit ist auch nicht selten Einsamkeit. Deshalb sieht man Models auf der Straße auch selten toll zurechtgemacht und geschminkt, sondern ungeschminkt und mehr als lässig angezogen. Und ihre Freunde sind auf Dauer auch nicht steinreiche Industrielle mit Sportwagen und Dauerparties, die sich die hübschen Mädchen als Accessoires halten, sondern ganz normal lebende Männer, Studenten, kaufmännische Angestellte, Werbekaufleute, die die Anstrengung des Jobs honorieren und am Feierabend keine Titelschönheit erwarten.

Neben der faszinierenden Welt der Mode und Schönheit ist es nicht zuletzt das Geld, das viele Mädchen in diesen Beruf lockt. Dabei ist es wie mit allen faszinierenden Berufen und Berufungen in diesem Leben: Nur wenige erreichen die Spitze und verdienen das ganz große Geld. Das Gros tummelt sich an der Basis, kann trotzdem gut sein und viel Spaß am Job haben, aber die großen Scheine? Die bleiben oft aus. Außerdem sollte man immer bedenken, daß man mit fünfundzwanzig schon relativ alt für diesen Job ist und mit dreißig fast nur noch als «Typ» im Charakterfach arbeiten kann. Für Beauty und Fashion ist man dann wirklich altes Eisen.

Und bis dahin, was kann man bis dahin verdienen?

Als Anfänger, vorausgesetzt eine Agentur nimmt den Neuling in der Kartei oder sogar im Model-Buch auf, wird man für circa dreihundert DM am Tag vermittelt. Davon kassiert die Agentur 15 bis 20 Prozent, und die Kosten für eine Set-Karte muß man selbst finanzieren. Von diesem Honorar müssen Steuern bezahlt werden. Jobbt man als Model neben einer anderen Arbeit, wird beides zusammen versteuert. Für Ballett-Stunden, Jazz-Dance, Bodybuilding, Sonnen-Bank muß man selbst aufkommen. Der Kunde zahlt die Fahrtkosten zum Studio oder zum Ort der Modenschau, meistens ein Mittagessen und das Honorar an die Agentur. Die gibt das Geld dann abzüglich ihrer Provision an das Model weiter. Muß das Model jedoch einmal eine Diät machen oder die Haare kundengerecht wachsen lassen, muß es auf eigene Kosten eine Pause machen. Ohne Job kein Honorar. Kommt die Agentur auch mit dem «Vorschlag», daß man sich wohl besser trennt, kann man sich auch selbst bei Fotografen vorstellen und bewerben, doch die Chancen sind weitaus geringer als über eine Agentur. Ob mit oder ohne eine Agentur, eine gute Bewerbungsmappe, Fotos für die unterschiedlichsten Aufgaben, braucht jedes Model: Porträts, für den Abend geschminkt, ganz natürlich. Auch Ganz-Fotos sind notwendig, im Kleid, in der Hose, aber auch in Wäsche oder Badeanzug. Nur so kann der Fotograf, der Choreograph und schließlich der Kunde beurteilen, ob das Mädchen für seine Aufgabe die Richtige ist. Gibt es noch besondere Pluspunkte wie besonders schöne Hände oder Füße, können diese auch separat herausgestellt werden, weil oft auch nur Teilaufnahmen gemacht werden. Neben freien, phantasievollen Aufnahmen wollen Fotografen und Choreographen auch immer bereits veröffentlichte Fotos sehen, um nach ihnen den Marktwert eines Models zu beurteilen.

Ist erst einmal eine Tagesgage von tausend oder mehr DM erreicht, hat das Model in der Branche bereits einen Namen und wird auch ohne Mappe oder eine persönliche Vorstellung nur anhand seiner Set-Karte gebucht. Dann ist ihr Gesicht und ihr Typ bekannt. Zweitausend bis zweitausendfünfhundert DM sind Spitzen-Gagen, die ein sehr gutes Model im Fotostudio normalerweise verdienen kann. Darüber hinaus gibt es natürlich Exklusiv-Verträge, die mit dem Zehnfachen und mehr honoriert werden. Das sind aber die ganz seltenen Bonbons und bedeuten auch fast immer eine Sperrung für alle übrigen Jobs.

Mehr und mehr werden in der letzten Zeit Mädchen und Männer gesucht, die nicht nur schön und perfekt sind, also austauschbar mit Frisur und Make-up, sondern Typen, Charaktere, Menschen, die eine bestimmte Gruppe darstellen und von dieser als Prototyp akzeptiert werden. Plötzlich gibt es die Welle der Rothaarigen, Sommersprossigen, die irisch-edel aussehen, oder der Braven mit Seitenscheitel, die den College-Yuppie darstellen, oder den Brillentyp männlich und weiblich, die Mädchen völlig ohne oder mit Madonna-Busen. Das Bild der hübschen Mädchen von Seite 1 ist vielseitiger geworden. Unsere pluralistische Welt hat nicht mehr nur ein Schönheitsideal.

Das geht sogar so weit, daß Designer – wie Jean Paul Gaultier aus Paris – Rentner-Typen in ihre super-junge Kollektion stecken. Oder die französische Firma Comme de Garçon mit zwei Mädchen wirbt, die Zahnspangen tragen.

Für Männer war es eigentlich immer schon mehr eine Maxime, hauptsächlich interessant zu wirken. Da stören weder ein paar Falten, noch Sommersprossen oder leichte Segelohren. Paßt der Typ in die Jeans oder in den Anzug, tanzt er wie Michael Jackson auf dem Laufsteg oder beherrscht er Break-Dance, dann darf er auch mal etwas kleiner sein. Schlank sollte er aber immer sein, denn die Klamotten müssen trotzdem gut passen und wie angegossen sitzen. Männliche Models verdienen im Schnitt weniger als Frauen, sie kommen kaum über tausend DM pro Tag hinaus, dafür können sie mindestens bis zu ihrem vierzigsten Lebensjahr als Model arbeiten und müssen nicht ganz so penibel auf ihre Schönheit achten. Gepflegte Zähne, Hände und Füße und je nach Job gut rasiert oder mit gepflegtem Drei-Tage-Bart, auch ein bißchen Body-Building kann dem Spargeltarzan sicher nichts schaden. Ansonsten ist sein männlicher Charme gefragt: jungenhaft, bärbeißig, macho-haft, in Tango-Schleichmanier, Collegeboy, Börsen-Business-Boss-mäßig – schauspielerische Fähigkeiten machen seinen Marktwert aus.

Für Männer gilt jedenfalls genau das gleiche wie für ihre Kolleginnen, mit einer Agentur, die sie vertritt, sie vermittelt und in vielen Dingen berät und auch eine gewisse Schutzfunktion ausübt, sind sie besser beraten als ein Einzelkämpfer.

Denn kaum ein Model kann gleichzeitig zu einem Fototermin gehen und daneben auch noch das eigene Vermittlungsbüro bedienen. Wichtig ist, daß man vor jedem Vertrag die Seriosität einer Modell-Agentur überprüft. Vor allem ist Vorsicht geboten, wenn eine Agentur Geld verlangt, bevor sie selbst eine Leistung oder ein seriöses Angebot erbracht hat.

Newcomer und Interessierte sprechen am besten vor allem anderen mit der Modell-Agentur des Arbeitsamtes, die es in jeder größeren Stadt gibt und die sich «Künstlerdienst» nennt. Dort ist unter der Telefon-Nummer des Arbeitsamtes die richtige Stelle zu erreichen und auch um spezifischen Rat zu fragen.

Die Hoffnungen, dort oder anderswo angenommen zu werden, sind jedoch längst nicht so groß wie die Zahl der Bewerber. Der Künstlerdienst beim Arbeitsamt bekommt zum Beispiel wöchentlich einen Wäschekorb mit Bewerbungspost, wovon noch nicht einmal ein Prozent in die Kartei aufgenommen werden kann. Wie in vielen kreativen Berufen heißt es hier bei großem Selbstbewußtsein jedoch auch: nicht aufgeben, an sich arbeiten, neue Wege der Selbstdarstellung finden und versuchen, auch international, seinen Weg zu gehen. Nicht selten gilt der Prophet auch in diesem Metier im eigenen Land wenig, sowie ausländische Models auch bei uns auf Grund ihrer mehr oder weniger großen Exotik immer etwas gefragter sind.

Simone Bergmann

Die Kamera raubt die Seele des Menschen

Ansichten eines Fotomodells

Als ich S. das erste Mal in ihrer Agentur sah, starrte sie jeder befremdet an. Sie war mehr als nur eine dieser nordischen Superschönheiten. Etwas Eigenwilliges, Unangepaßtes und Störrisches ging von ihr aus. Bei den «Bookern» war sie nicht beliebt. Man hielt sie für schwierig und kompliziert. Einer der Unterbosse kam auch gleich angeflitzt und machte ihr Vorwürfe. Vorwürfe, daß sie zu «zickig» sei, den Fotografen nur Schwierigkeiten mache, ihren Job nicht «professionell» sehen würde. S. verteidigte sich kraftlos.

Monate später besuchte ich sie in ihrer Wohnung in der Avenue Montaigne in Paris, einem Getto für Reiche. Ein Haute-Couture-Haus reiht sich an das andere, Luxusschlitten parken mit laufendem Motor am Straßenrand, Chauffeure in Uniform verstauen weiße Tüten oder öffnen den Wagenschlag für Damen in unauffälligen Chanelkostümen, die mit winzigen baumelnden Hängetaschen schnell auf einen Sprung zu Dior sind und deren gelockte Haarfrisuren auch beim heftigsten Windstoß wie Beton stehen.

Der Aufgang zu S.'s Wohnung führt durch eine bombastische Marmorhalle an einem dichtbewachsenen Innengarten vorbei. Ihr Zimmer ist schon aus Platzgründen nur sehr spärlich möbliert. Das Bett auf dem Fußboden, daneben zwei Bücher von Camus und Freud. Auf einem kleinen Hocker einige Flaschen mit zwei Cocktailgläsern. An den Wänden Fotos von ihrer Familie.

S. ist Deutsche. Schon mit fünfzehn fing sie als Model an, in einer Stadt, deren Namen sie lieber verschweigen möchte. Damals war es ein funkelndes Abenteuer für sie, jeden Tag durch Make-up, Frisuren und Kleider in eine immer neue Person verwandelt zu werden. In der Schule galt sie als ein kleiner Star. Die Klassenkameraden schoben sich ihre neuesten Fotos unter der Schulbank zu. S. verdiente Geld, sehr viel Geld sogar. Doch schon nach wenigen Monaten begann die glänzende Fassade zu bröckeln. Sie machte das Abi.

Weil sie nicht wußte, was sie danach machen sollte, ging sie mehr aus Verlegenheit nach Paris und fing wieder als Model an. Das war vor einem Jahr. Seit einigen Monaten wird sie kaum noch gebucht. Zur Zeit arbeitet sie stundenweise als Krankenschwester in einem Hospital für Krebskranke.

«Für mich ist die Kamera etwas ganz Aggressives. Die ist wie eine Waffe. Als Model hat man da absolut keine Verteidigungschancen. Für den Fotografen ist das natürlich eine faszinierende Sache. Der kann auf eine unaufdringliche und doch penetrante Weise auf Menschen zugehen. Der Fotograf kann sich hinter der Kamera mit seinen Gefühlen verstecken. Ich finde, die Araber haben recht, wenn sie sich nicht fotografieren lassen wollen. Die sagen ja, die Kamera raubt die Seele des Menschen. Das sind ja noch Naturvölker, die nicht gelernt haben, sich zu verstellen. Ich habe über dieses Phänomen lange nachgedacht, warum das wohl so ist. Als Model mußt du in die Linse des Objektivs gucken, so als ob dort ein Mensch stünde. Der Fotograf steht auf der anderen Seite und blickt dich mit seinen Augen durch das Objektiv an. Also zwischen dir und dem Fotografen steht immer dieses Ding, diese Kamera. Der Fotograf kann aber alle meine Regungen sehen. Und es ist so, als ob er mir meine intimsten Geständnisse stiehlt. Den Ausdruck von Mißtrauen auf meinem Gesicht oder ein gewisses Interesse, Freude oder auch Angst. Der Fotograf hat vielleicht auch seine Regungen. Die kann ich aber nicht sehen, weil er die hinter der Kamera verstecken kann. Er kann seine Gefühle in sich versenken.

Als ich mit fünfzehn anfing, da war ich hypernervös. Ich war kein bißchen natürlich. Ich wußte ja einfach nicht, wie ich in der Kamera aussehe, ob ich zu viel gebe oder zu wenig. Erst später habe ich gelernt, daß ich so einem Scheißfoto gar nichts zu geben habe. Und wenn du den Job länger machst und richtig professionell wirst, dann mußt du es schaffen, deine eigenen Verteidigungsmechanismen aufzubauen. Mir hat mal ein Fotomodell gesagt: Drei verschiedene Gesichtsausdrücke, die reichen, um in diesem Beruf was zu werden.

Wirklich schlaue Leute, die schon lange in diesem Beruf sind, wie zum Beispiel Filmschauspieler, denen ist das eben perfekt gelungen. Die haben ihre Verteidigungsmechanismen aufgebaut, um diese

Waffe abzuwehren. Filmschauspieler müssen nur den Gesichtsausdruck länger halten als Fotomodelle. Die müssen ganze Bewegungsabläufe planen und dabei in der Kamera völlig echt wirken. Das ist eine phantastische Leistung der Koordination. Ein guter Schauspieler macht mir richtig Angst, weil der gelernt hat zu lügen. Selbst seine instinktivsten Bewegungen hat der unter Kontrolle. Wenn du so bist, dann weißt du genau, wie du dich hinsetzen mußt, auf welche Art du den Körper bewegst, den Kopf drehst, wirkungsvoll zur Zigarette greifst. Und wenn du das hundertmal exerziert hast, du also die Sache so im Griff hast, daß sie dir ins Unterbewußte gerutscht ist, das ist dann eine Katastrophe. Denn dann wirst du zu deinem eigenen Schauspieler und verlierst deine Identität.

Als Fotomodell habe ich gelernt, daß man völlig unkompliziert sein muß. Wie auf Knopfdruck reagieren, dann weggehen und sein Geld kassieren, oder aber man muß eine ganz starke Persönlichkeit sein, eben bestimmte Abwehrmechanismen haben, damit die Dinge nicht so dicht an einen herankommen. Es ist komisch, aber die Frauen mit viel Gefühl bleiben bei diesem Job auf der Strecke. Das ist wirklich irre. Die halten das einfach nicht aus. Warum ich nicht mehr gebucht werde? Für mich ist das einfach nicht gelaufen, weil ich den Modeleuten zu kompliziert bin. Ich habe den Ruf weg, schwierig zu sein. Einfach nur, weil ich nicht alles mit mir machen lasse. Ich sollte auch mal mit Newton arbeiten, der sagte dann aber ab, obwohl er mich gut fand, ich war ihm zu schwierig. Ich lasse nicht alles mit mir machen. Fünfmal schminken, und die Haare zu fürchterlichen Frisuren aufdrehen. Aber Gott sei Dank finde ich diesen Job nicht so aufregend, daß ich dafür so die Zähne zusammenbeißen würde.

VII Wirtschaftsfaktor Mode

Werbung
Technik
Verkauf

«Man muß etwas Neues machen,
um etwas Neues zu sehen.»

Georg Christoph Lichtenberg

Eugen Rapp

Die Mode und Werbung

Einstieg mit Strategie und Phantasie

«Wer aufhört zu werben, um Geld zu sparen, der könnte auch die Uhr stehenlassen, um Zeit zu sparen.»

Diesen sinnigen Spruch las ich vor ein paar Jahren in einer der ältesten, traditionsreichsten mittelständischen deutschen Bekleidungsfirmen. Da dieser Satz auf einer überdimensional großen Pinwand im Büro des Werbeleiters hing, wäre das eigentlich gar nicht so erwähnenswert, wenn diese Wand heute nicht vor Leere gähnte, wie der ganze Raum überhaupt. Als ich dieses Zimmer ein Jahr zuvor zum letztenmal betreten hatte, war es noch voller Leben, überall Plakate, Sujets, ein kreatives Chaos mit eigener Gesetzmäßigkeit. Viele Jahre wurden in diesen heiligen Werbehallen Kampagnen skizziert, entworfen, realisiert, an Argumentation und Überzeugungskraft hat es nie gefehlt. Die Werbestrategien waren stets zielgruppenorientiert, ein Millionenetat gewährleistet. Kurzum, das mit dem Spruch wäre auch gar nicht so komisch gewesen, wenn nicht gerade das Unternehmen in diesen Tagen den Konkurs angemeldet hätte.

Langsam stieg in mir in dem nun funktionsberaubten Raum das Gefühl hoch, als ob die Zeit hier wirklich stehengeblieben wäre. Was aber war passiert?

Es stand eine Familie hinter dem Unternehmen, die durch private Interessen den präzisen Ablauf der Kommunikation plötzlich empfindlich zu stören begonnen hatte.

Abstieg und Ruin waren von diesem Moment an unaufhaltsam im Vormarsch, bis zum bitteren Ende. Familienname: Bleyle.

Ein anderes Beispiel: Wolfgang Ley, Gründer der ESCADA AG, die im Zeitraum von nur 14 Jahren kometenhaft von Null auf 359 Mio. DM Umsatz gestiegen ist, hat anläßlich der Bilanzpressekonferenz 1988 seine Werbestrategien offengelegt. ESCADA ist eine hochwertige, im obersten Drittel der Konfektion angesiedelte Damenoberbekleidungsmarke, die international agiert und deshalb exportorientiert ist. Mit einer Exportquote von 70 % ist das Unternehmen auch in den Vereinigten Staaten stark engagiert. Als nun 1987 der «schwarze Montag» den Dollar in die Niederung von 1,58 DM trieb, hatten viele Unternehmer in diesem Markt das Signal gesehen, dem schlechten nicht auch noch das gute Geld nachzuwerfen und reduzierten die Werbung, um die Verluste zu minimieren. Nicht so Wolfgang Ley. Ganz im Gegenteil, er hat das Werbebudget gerade in dieser schlechten Zeit gewaltig aufgestockt, in Publikumszeitschriften wie ‹Vogue› und ‹Harper's Bazaar› statt wie gehabt nur sechs, jetzt sogar Strecken mit acht und zwölf Seiten belegt. Das Resultat waren zwei Millionen $ Verlust in diesem Markt, dafür aber eine solide Stärkung der Präsenz. Die Wiedererkennungsfähigkeit steigt zudem besser, wenn sich die Mitbewerber zurückhalten. Ein Poker? Nein, ein sachliches Kalkül. Mit der Erholung der amerikanischen Wirtschaft allgemein, dem Dollarkurs im besonderen, war das «verlorene» Geld 1988 schnell wieder eingespielt, darüber hinaus die Stellung im Handel gefestigter als je zuvor, weder Zeit noch Terrain verloren. Das Verständnis von Wolfgang Ley zu Werbung und Marketing beweist Konsequenz und Nerven. Dazu meint Wolfgang Ley lakonisch: «Die Kuh wird unter den Augen ihres Herrn fett.»

Doch lassen Sie uns aus den Vereinigten Staaten zurückkommen auf die Situation bei uns, und schauen wir uns stellvertretend für alle anderen Wege der Berufsausbildung den authentischen Werdegang von Werner Stelzl an:

Werner wächst in einem oberbayerischen Dorf mit ca. 3000 Einwohnern nahe der österreichischen Grenze auf und besucht in Oberaudorf die Volksschule. Auf der darauffolgenden Realschule entscheidet er sich bereits für die große Richtung «Gestaltung», so ist die Fachoberschule für Gestaltung, die zwei Jahre dauert, die logische Konsequenz der Weiterbildung. Diese Schule beendet Werner mit dem Fachabitur. In eben diesen zwei Jahren wird die elementare Basis für den späteren Berufsweg geschaffen, das Interesse verstärkt.

Die Schule ist handwerklich orientiert, Zeichnungen und Plastiken, zwei- und dreidimensional, stehen im Vordergrund. Interessante, praxisbezogene Menschen lernt Werner hier kennen. Kunstgeschichte, Farbenlehre und die Herstellung von Radierungen setzen weitere Schwerpunkte im Oberschulalltag.

Verfeinerung und Erweiterung bringen die nun folgenden acht Semester auf der Fachhochschule, deren Abschluß den Titel «Diplom-Grafiker» beinhaltet. Typographie, Fotodesign, Grafikdesign und Illustration sind hier mögliche Schwerpunkte. Werner hat sich für Grafik-Design entschieden und Foto-Design als Nebenfach gewählt. Nach vier Jahren steht eine Diplomarbeit zur Diskussion: Das Erscheinungsbild eines Unternehmens. Es geht darum, einer Firma als Außenstehender ein neues Corporate-Design zu entwerfen und, ohne die Interna zu kennen, aus vorhandenem Prospektmaterial eine neue gestalterische Linie zu entwickeln. Fazit: Eine Mappe mit ca. 20 Vorschlägen. Diese Arbeit hat Werner akribisch und erfolgreich abgeschlossen, somit sein Diplom erhalten. Wer jetzt glaubt, die Industrie hätte darauf gewartet, den eben flügge Gewordenen aufzunehmen, irrt. Denn da ist zunächst einmal der leidige Dienst an der Waffe, der seinen Tribut verlangt. Dadurch wird Werner erst einmal gründlich aus der Bahn geworfen. Die lange zweckentfremdete Zeit läßt Zweifel an sich selbst und Distanz zu dem Erlernten aufkommen. Ziemlich verloren und desillusioniert steht der frischgebackene Diplom-Grafiker nach dem Wehrdienst mit seiner Mappe und den Arbeiten auf der Straße, besinnt sich aber bald der eigenen Stärke und wagt den Sprung ins kalte Wasser. Von Freunden (Kontakte sind in diesem Beruf sehr wichtig, aber beweisen mußt du dich letztendlich selbst) hört er, daß die Bekleidungsfirma aus dem Young-Fashion-Bereich Esprit für die Werbeabteilung Nachwuchs sucht. Da Art-Directoren grundsätzlich keine Zeit haben und nichts schwieriger ist, als mit solchen Leuten einen Termin zu vereinbaren, hat sich Werner kurzentschlossen die Vorlage-Mappe unter den Arm geklemmt, in den Zug gesetzt und ist nach siebenstündiger Fahrt auf dem Düsseldorfer Hauptbahnhof ausgestiegen. Bei Esprit findet zu diesem Zeitpunkt auch prompt ein internationales Meeting statt, und die Stimmung ist, wie an jedem anderen Tag auch, hektisch. Da Werner nun aber schon einmal da ist, bekommt er auch einen Termin mit der Art-Directorin Marion Hauff und deren Assistentin. So nebenbei erfährt er, daß er Bewerber Nummer 35 ist. Es wird ein neutrales, emotionsloses Gespräch, das die mitgebrachten Vorlagen einbezieht und die Interessensebene auslotet. Dabei wird klargestellt, daß die «freien» Arbeiten im Hause Esprit nicht nur in einem engen Korsett stecken, sondern sehr viel mehr mit vorgegebenen Richtlinien der Zentrale in San Francisco, wo der internationale Art-Director Tomatsu Yagi aus Japan wegweisend arbeitet, zu koordinieren sind. Auch die Idee vom großen Geld ist bald ausgeträumt, mit einem Bruttolohn von 3000,- DM, der netto ca. 1900,- DM auf dem Gehaltsstreifen bringt, sind auf dem teuren Pflaster Düsseldorf keine großen Sprünge zu machen. Doch als Werner die Stellung bekommt, ist er froh und glücklich darüber – ein Anfang ist gemacht.

Auch wenn das Unternehmen seinen Auftritt in der Öffentlichkeit zu allen Zeiten im Teamgeist demonstriert, ist es doch von innen heraus durch und durch hierarchisch aufgebaut. So sieht denn auch der Werbealltag aus. Gefordert sind weniger eigene Ideen als die Ausführungen z. T. recht einfacher Dinge wie Einladungskarten. Dennoch sieht Werner gerade in diesen Arbeiten Positives, da er sich instinktiv mit elementaren Dingen wie Typographie, Druck und Produktionsabläufen auseinandersetzen kann. Gerade hierin hat er zunächst die größten Schwierigkeiten, erkennt aber schnell: «Wenn du nicht in der Lage bist, dich selbst zu organisieren, kannst du dabei ganz schnell Dinge für ein paar hundert Mark verbocken.»

Werner, selbst ein sensibles Naturell, arbeitet seither alle Zeitabläufe peinlich genau kalkulierend, präzise und gewissenhaft durch, um derlei Pannen zu vermeiden. So entspricht er bald den Anforderungen, und sein Salär wird nach dem ersten Jahr von 3000,- DM auf 3300,- DM angehoben, das heißt im Klartext, daß 200,- DM monatlich mehr in der Tasche bleiben. Ein eigenes Telefon kann er sich deshalb trotzdem noch nicht leisten.

Esprit beschäftigt keine firmenfremden Agenturen, alles wird unter dem eigenen Dach gestylt. Mit ‹alles› meinen wir: Grafik, Werbung, Architektur für Shop in the Shop-Systeme, Franchisenehmer und eigene Stores. Nach dem ersten Halbjahr werden die anfänglichen Unsicherheiten bei Werner aufgearbeitet. Routine und Selbstsicherheit setzen ein. Besonders vorteilhaft für seine Entwicklung versteht er heute die Tatsache, daß es bei der Espritwerbung vor allen Dingen darum geht, nicht in erster Linie Masse, sondern auch Qualität zu produzieren. Zu diesem Zeitpunkt war der öffentliche Auftritt auch noch absolut neu, fast revolutionär, heute mag sich das schon überlebt haben. Noch während des eineinhalbjährigen Engagements in Düsseldorf findet Werner die Weiterführung seines Berufs in Aussicht gestellt. Er hätte aber den Platz auch ohne kurzfristige Perspektive verlassen, um die Rolle des nur Ausführenden, der selbst so gut wie nichts bewegen kann, abzuschütteln.

Auf Düsseldorf folgt Hamburg. Eine kleine Werbeagentur mit gerade fünf Mitarbeitern, die sich aus einem Reinzeichner, einem fünfundzwanzigjährigen Art-Director, dem Creativ-Director (Inhaber und Geschäftsführer), einer Art-Directorin und einer Sekretärin zusammensetzt. Der Kundenkreis ist klein, dafür hochkarätig. Unter ihnen wiederum ein Textiler: Erdmann Kleidung (Berlin). Durch den Kundenmix erfährt Werner hier eine Multiplikation der Aufgabenstellungen. Texter und Fotografen geben als freie Mitarbeiter Hilfestellung von außen. Die Gehaltssituation hat sich nicht wesentlich verändert (3800,- DM). Die Arbeitszeiten sind auch hier, wie vorher bei Esprit, firmengerecht und richten sich nach den Bedürfnissen des Kunden. Überstunden stehen auf der Tagesordnung. Auch eine Agentur dieser Größenordnung ist auf Flexibilität, Beziehungen und Wellenlängen zum Partner angewiesen.

Das Beispiel des Werner Stelzl zeigt uns, daß bei aller Energie die steilen Karrieren in der Minderheit sind und bleiben werden. Doch es zeigt uns auch, daß das Ziel zu erreichen ist und Talenten immer eine Tür offensteht.

Wer wirklich gut ist, kann hier ein großes Umfeld an Möglichkeiten finden. Aber gut sein allein ist es auch noch nicht, eine Art Berufung sollte schon dazukommen, denn der Weg zum Erfolg hat mit Kinoillusionen wie «Blow up» wenig gemeinsam.

Die Werbung ist neben dem Geschäft mit den Urlaubsreisen, das in den vergangenen Jahren Zuwachsraten bis zu 30 % Plus vermelden konnte, eine der wenigen Branchen, die ebenso stetige Zuwächse vorweisen kann, in besonders guten Jahren bis zu 23 %. Geworben wird immer: Ist die konjunkturelle Lage schlecht, ist eben deshalb nicht darauf zu verzichten, ist sie gut, diktiert der Wettbewerb die Budgets.

Ganz so einfach, wie sich das hier darstellt, ist es wiederum nicht. Die Mediaforschung ist ein weitläufiges Gebiet, und Unternehmen wie Escada, mondi, Bogner etc. erforschen peinlich genau die Werbewirkungs-Dimension, bevor der Mediaplan festgeschrieben wird. Dazu addiert sich eine sehr unterschiedliche «Budget-Moral» in den diversen Firmen. Es gibt durchaus Etats, die fünf und sechs Prozent vom Umsatz erreichen, im Durchschnitt ist aber ein Mode- und Textilunternehmen nicht bereit, mehr als zwei Prozent vom Umsatz für die Werbung auszugeben. Sehr differenziert ist dabei auch die Einstellung zur Endverbraucherwerbung, die massiv ins Geld geht. Wogegen sich die einen mit Sponsoring bescheiden, wie der amerikanische T-Shirt-Hersteller Hanes zum Beispiel, gehen die anderen mit Millionenetats in auflagenstarke Endverbraucherprospekte, wie z. B. Betty Barclay. Wer heute den «Spiegel» aufschlägt, wird mindestens fünf bis zehn Anzeigen von Textilern dort vorfinden, wer die Tageszeitungen daraufhin prüft, wird deren Präsenz dort ebenso verstärkt erleben. Die Branche hat im härter gewordenen Verdrängungswettbewerb gelernt, intensiver um den Endverbraucher zu buhlen. In den fünfziger Jahren war die konsumgüterherstellende Industrie in der bequemen Situation des Diktats. Was immer sie produzierte, die Nachfrage war da. In den sechziger Jahren wurden erste Anzeichen einer Sättigung bemerkt, der Handel konnte bestimmen, was produziert wurde. In den siebziger und achtziger Jahren nun hat der Endverbraucher das Sagen. Der Markt ist dermaßen gesättigt, daß nur noch Erlebniskäufe reale Zuwachsraten ermöglichen. Wenn wir heute in der Bundesrepublik Deutschland alle Textilien verkaufenden Häuser schließen und diese auf den Tag genau erst in einem Jahr wieder öffnen würden, würde sich das Bild auf der Straße nicht wesentlich verändern. Die Bevölkerung hat soviel Kleidung in übervollen Schränken gestapelt, daß auch nach Ablauf eines Jahres niemand in Lumpen und Fetzen herumlaufen müßte. Dieses Beispiel verdeutlicht, wie anspruchsvoll die Werbestrategien heute ausgearbeitet werden müssen.

Die kontinuierliche Rotation um das einzige Thema Mode muß in der Werbung zu jeder Zeit in neuen Formen propagiert werden. Die begrenzten Möglichkeiten dafür werden häufig überschätzt. Werbung kann nur einen durchschlagenden Erfolg bringen, wenn Produkt und Vertrieb stimmen. So ist die Agentur gefordert, zunächst einmal alle innerbetrieblichen Mechanismen zu begreifen. Es genügt heute nicht mehr, einfach zu sagen: «Ich mache Blusen.» Das kann jeder Handwerksmeister. Das Produkt muß primär klar einzuordnen sein, die Position verdeutlicht werden. Ein Unternehmen ist aber nie statisch, ist immer in Bewegung. So wächst die Fragestellung aus dem Unternehmen heraus. Für den Werbefachmann ist es dabei wichtig, den richtigen Ton zur werblichen Begleitmusik herauszufinden, die Notwendigkeit zur Erreichung der Unternehmensziele zu begreifen. Wir halten es für besser, wenn ein außerhalb der Firma stehender Werbefachmann, der sich allerdings mit allen innerbetrieblichen Problemen vertraut machen muß, die Werbung betreibt. Ist die Werbung zu sehr in interne Prozesse involviert, verliert sie leicht Eigenständigkeit und Überblick. Ob sich eine Agentur für Image- oder Produktwerbung oder für eine Kombination aus beiden entscheidet, wichtig ist und bleibt die Identifikation mit dem Produkt. Darüber hinaus ist die Vorstellung über Form und Verlauf von Response-Funktionen bei der Belegung von zielgruppenorientierten Medien ausschlaggebend.

Egal ob in Tageszeitungen, Publikumszeitschriften, Fachzeitschriften, Fernsehen oder Hörfunk, der Werbepfennig sollte dreimal umgedreht sein, bevor er ausgegeben wird.

Wird er ausgegeben, so gerät er schnell in große Dimensionen. So kostet in den Print-Medien eine 1/1 Seite schwarzweiß zum Beispiel im ‹Stern›, bei einer vorausgesetzten Auflage von 1,3 Millionen Exemplaren, 48640,- DM; in der ‹Vogue› bei einer Auflage von ca. 120000 Exemplaren vergleichsweise in Schwarzweiß 16300,- DM, vierfarbig 22900,- DM (lt. Anzeigenpreisliste 1988). Bei den immer beliebter werdenden Tageszeitungen sieht es nicht viel anders aus. Eine 1/1 Seite s/w in der ‹Süddeutschen Zeitung› während der Woche beschert eine Rechnung von 43608,- DM, am Samstag sogar 51192,- DM. Das ‹Hamburger Abendblatt› nimmt mit 93506,14 DM am Wochenende die absolute Spitzen(rechnungs)stellung ein. Soviel zum finanziellen Überblick.

Mode und Werbung sind unzertrennlich verquickt, stellen eine notwendige Symbiose dar. Neben Autos und Essen gibt es nichts, was schöner zu be- und umwerben wäre, als die Mode. Diese Werbung funktioniert immer, wenn... ja wenn alle Faktoren zusammenstimmen – so einfach ist das. Und genau darin liegt das Problem, daß nämlich alles, aber auch alles stimmen muß, sonst funktioniert nichts. Das Produkt, die Firmenphilosophie, die Corporate Identity, die Zielgruppe, die Distribution, die Fotografie, das Layout, die Medien, alles greift wie Zahnräder ineinander, wenn eines davon ausfällt, steht das ganze Werk, will sagen die Effizienz der Werbung, still. So ist es also nicht von ungefähr, daß auf die Dauer nur die Besten der Besten überleben. Der Anspruch in der Mode wird ständig höher geschraubt, der Verdrängungswettbewerb findet zu jeder Zeit statt. Mit den Kreativen im Modedesign müssen die Kreativen der Werbung stets Schritt halten, ihnen, wenn irgend möglich, einen Schritt voraus sein.

Es gibt wunderbare Werbung und wunderbare Werber, diesen stehen aber mehrheitlich durch- und unterdurchschnittliche Agenturen gegenüber. Auf einen Nenner gebracht wird nirgendwo so viel Geld zweitklassig angelegt, wie in der Werbung für Mode. Wie es in der Textilbranche gang und gäbe ist, zu plagiieren, den Gebrauchsmusterschutz mit Füßen zu treten, Modelle zu kopieren, so bedient sich oftmals die Werbung des simpelsten Vergreifens am geistigen Eigentum der anderen, macht sich meist nicht einmal die Mühe des Vertuschens. Warum passiert das gerade hier so oft? Weil es ungemein schwer ist, den/die Täter zu überführen und geistiger Diebstahl leider eher als Kavaliersdelikt, denn als Straftat angesehen wird. Der vorgelebte Erfolg einiger weniger wird von vielen ganz einfach in den eigenen Rahmen eingebaut, muß deshalb noch lange nicht die gleiche Wirkung erzielen, weil es dabei leicht passieren kann, daß, wie oben bereits angesprochen, ein einziges Zahnrad nicht greift. Neben diesen Kopisten sind die durchschnittlichen Werber das größte Übel im Markt. Sie plazieren ihre Arbeit ohne Konzept und täuschen dabei häufig mit einer ausgefeilten Rhetorik Ideen vor. Werbung ohne Strategie verpufft, zerplatzt wie eine Seifenblase, schade um jede Mark, die dafür ausgegeben wird. Damit wird klar, daß Marketing und Werbung nur weiterführen, wenn sie in der Kontinuität fein aufeinander abgestimmt sind. Das Marketing bedient sich zwar der Werbung als wirkungsvolles Instrumentarium, ist aber in seinem Wesen übergeordnet, da es nicht nur die Ermittlung verborgener Verbraucherwünsche, sondern auch deren Befriedigung beinhaltet. Wogegen die Werbung, auch die heimliche Verführung genannt, sich auf Untersuchungen der empirischen Sozialforschung und der Werbepsychologie stützt. Voraussetzung einer planmäßig gelenkten Werbung ist die Werbetechnik und nicht zu vergessen, die Werbeerfolgskontrolle.

Die oben angeführte Werbepsychologie wurde in den vergangenen zwanzig Jahren von Marc O'Polo vorbildlich ausgenützt. Mit dem Slogan: «Only nature's materials» hat es dieses ursprünglich schwedische Unternehmen verstanden, Werbung zu produzieren, die stets dem Zeitgeist entsprach. Darüber hinaus ist es gelungen, mit der Zielgruppe jung zu bleiben, besser noch, mit ein- und derselben werblichen «Ansprache» die Jungen selbst und zugleich ihre Eltern zu erreichen. Oft genug wurde und wird heute noch die Zielgruppe der Jugendlichen zwischen 13 und 16 Jahren nicht ernst genug genommen, wobei gerade in diesem Alter Grunderfahrungen gemacht werden, die fast alle späteren Verhaltensweisen beeinflussen. Noch nie war in dieser Altersgruppe das Markenbewußtsein so ausgeprägt wie heute. Ein Beweis: Marc O'Polo.

Es gäbe an dieser Stelle genug Beispiele für schlechte Werbekampagnen, doch über die will ich den Mantel der Nächstenliebe breiten.

Mit C. & A. hat die Textilbranche den größten Werbetreibenden der Republik. Nicht weniger als 225 (in Worten zweihundertfünfundzwanzig) Millionen DM stellt der Filialist den Werbeagenturen Jahr für Jahr zur Verfügung, um Mode zu bewerben. Werbung in Mode? Vielleicht. Sicher aber ist: Für den, der es geschafft hat, Mode in Werbung umzusetzen, steht ein breitangelegtes Betätigungsfeld zur Verfügung.

Lothar Cromm

Mit Textil die Welt erleben

Ein Wirtschaftszweig mit ungeahnten Möglichkeiten

In ein modern gestyltes Bekleidungsgeschäft kommt der Kunde, sieht sich bei den wenigen Musterteilen an Anzügen um, kombiniert aus dem Angebot und wählt aus der breiten Stoffauswahl das ihm passende Design, aus den Vorlagen die Modellform aus, um dann vor eine Spezialkamera zu treten. Diese nimmt Maß, und der Einzelhändler übermittelt anhand Datenfernleitung Bild, Daten und Modellangaben an die ca. hundert Kilometer entfernte Konfektionsfabrik. Computer, von EDV-erfahrenen Technikern bedient, übernehmen die weitere Bearbeitung des Auftrages und der Produktionssteuerung. Wenige Tage später liefert ein «Home-Servicedienst» das fertige Modell bei dem Kunden zu Hause oder – wenn gewünscht – in dem Geschäft ab. Das so zu industriellen Fertigungspreisen hergestellte Bekleidungsstück ist Ausdruck individueller Mode.

Eine Zukunftsvision? Keineswegs, denn Vergleichbares ist, allerdings noch nicht in der beschriebenen Perfektion – bereits heute bei einem französischen Herrenbekleidungskonfektionär möglich. Und Forschungsvorhaben der EG-Kommission sowie in Japan weisen bereits Ansätze für die total computergesteuerte Textil- und Bekleidungsproduktion im nächsten Jahrhundert aus. High-Tech hat schon lange Einzug in die Textilbranche gefunden. Erinnert sei hier an die vollautomatisierten Spinnprozesse oder an den computergesteuerten Zuschnitt in der Konfektionsindustrie.

Jährlich verlassen insgesamt etwa einhundertfünfzig Textildesign-Absolventen die bundesdeutschen Fachhochschulen. Darunter sind fast 90 % junge Frauen. Doch nur rund ein Drittel dieser «Jungdesigner» findet heute Aufnahme in der Textilbranche. Dagegen fehlten der bundesdeutschen Textilindustrie 1988 rund eintausend Bewerber für freie Ausbildungsplätze. Und im Bereich der mittleren Führungskräfte blieben an Positionen offen: einhundertzwanzig Techniker, dreihundert Textil- und Bekleidungsingenieure sowie zweihundert Meister – die Fachhochschulen konnten nicht genügend Abgänger bieten.

Hier, bei den kreativen Design-Ausbildungen, ein deutliches Überangebot, ein Suchen nach Arbeitsplätzen, und dort, im technischen Bereich, ein ebenso deutlicher Mangel an Fachkräften. Nichts verdeutlicht mehr als diese beiden Schlaglichter die Situation der Berufsausbildung und Berufschancen in der bundesdeutschen Textil- und Bekleidungsindustrie. Was ist der Grund für diese Diskrepanz? Warum drängen so viele in den Designbereich und so wenige in die technisch-kaufmännische Ausbildung? Sicherlich spielt hierbei eine Rolle, daß die Funktion und wirtschaftliche Bedeutung, aber auch die beruflichen Entwicklungsmöglichkeiten der Textil- und Bekleidungsindustrie bei den jungen Leuten zumindest unzureichend bekannt sind. Dabei ist diese Industrie von ihrem volkswirtschaftlichen Potential her nicht nur die bedeutendste innerhalb der Konsumgüterindustrie insgesamt. Sie ist auch eine moderne, High-Tech-orientierte und zukunftsträchtige, international tätige Industrie, die den aus eigener Kraft vollbrachten Strukturwandel mit großem Erfolg vollzogen hat. Die Zeiten der kleinen Nähereien oder Webereien mit vielen von Menschenhand betriebenen Maschinen sind längst passé. Wenn sich in den letzten Jahrzehnten die Zahl der Beschäftigten in der deutschen Textil- und Bekleidungsindustrie auf heute insgesamt etwa 380000 halbierte – bei etwa zusammen 3850 Betrieben –, dann ist dies auf keinen Fall als ein Zeichen von Schwäche zu werten. Vielmehr ist es ein Beweis für den Wandel von der einst arbeitsintensiven zur heute hochtechnisierten und somit auch kapitalintensiven Industrie.

Ein Arbeitsplatz in der Bekleidungsindustrie erfordert heute Investitionen von 50000 bis 60000 DM und in der Textilindustrie sogar bis zu 1 Million DM. Die Textil- und Bekleidungsindustrie investiert jährlich für rund 2 Mrd. DM in neue Technologien. Ein Umsatzvolumen von zusammen rund 60 Mrd. DM (davon 23 Mrd. DM Bekleidung) der deutschen Textil- und Bekleidungsindustrie, von dem über 60 % in den Export gehen, ist Beweis für die internationale Leistungs- und Wettbewerbsfähigkeit unserer Textilbranche. Dies unterstreicht aber auch den hohen Mitarbeiterbedarf und die guten Berufsaussichten in der Textil- und Bekleidungsindustrie, und zwar nicht nur im Bereich der Dessinatur.

Die Umsetzung der Mode in industrielle Produkte setzt heute – angesichts der Kostenentwicklung bei Bruttolöhnen von beispielsweise 12 bis 16 DM / Stunde (ohne Lohnnebenkosten) in der Bundesrepublik – und vergleichsweise 10 bis 15 % dessen in Fernost – verstärkt modernste Technik voraus. Dabei steht in der Textil- und Bekleidungsindustrie immer noch, auchim produktionstechnischen Bereich, neben High-Tech und modernster Technologie, Automatisierung die eigenverantwortliche «Handarbeit». Auch der Techniker ist in diesem Beruf kreativ gefordert. Denn die Vielfältigkeit der Mode setzt Tradition neben Innovation, fordert für Kniffliges den Individualisten neben den voll programmierten Produktionsabläufen. Bei allem technologischen Fortschritt wird es auch im Jahre 2000 nicht den menschenleeren Nähsaal geben.

Zweifellos wird sich der Einzug neuer Technologien, weiterer Automatisierung fortsetzen. Allein schon, um die Wirtschaftlichkeit und Leistungsfähigkeit der deutschen sowie europäischen Textil- und Bekleidungsindustrie im internationalen Wettbewerb zu sichern. Denn die Textilbranche spielt eine nicht unbeträchtliche Rolle in der Volkswirtschaft. Immerhin stellt die Textilbranche innerhalb der EG rund 10 % aller in der Industrie Beschäftigten, und in der Bundesrepublik bestreiten die privaten Verbrauchsausgaben für Textil / Bekleidung etwa 4 % des Bruttosozialproduktes.

Die berufliche Bildung und auch Weiterbildung ist für die Textilbranche eine der größten Herausforderungen. Sie ist aber auch für Berufsanfänger eine große Chance beruflicher Zukunftssicherung, und zwar insbesondere im technisch-kaufmännischen Bereich unter den besonderen Aspekten des mittleren Führungsmanagements. Da dies nicht nur eine nationale Frage ist, hat beispielsweise Comitextil – der Spitzenverband der europäischen Textilindustrie in Brüssel – eine «Beobachtungsstelle für die Berufsausbildung» in der Textilindustrie eingerichtet. Sie arbeitet eng mit den Fachhochschulen, Universitäten und Forschungszentren zusammen. Ihr Ziel ist, auch im Hinblick auf den künftigen EG-Binnenmarkt 1992, den Studieninteressenten bei der vorgegebenen Ausbildung die Wahl und den Unternehmen Personaloptimierung zu ermöglichen.

Im Vordergrund steht hierbei, angesichts eines weiter steigenden

Qualifikationsgrades der Arbeitskräfte in der Textil- und Bekleidungsindustrie, das technische Fach- und Führungspersonal. Dabei ist zu berücksichtigen, daß mit der Verwirklichung des europäischen Binnenmarktes Anfang 1993 und mit der in diesem Zusammenhang kürzlich von der EG-Kommission beschlossenen innergemeinschaftlichen Anerkennung der Hochschulausbildung sowie deren Abschlüsse sich die Möglichkeiten für Berufsanfänger erhöhen, innerhalb der EG interessante berufliche Positionen zu besetzen, ohne an die nationalen Marktgegebenheiten oder Arbeitsgenehmigungen anderer EG-Länder gebunden zu sein.

Daß so viele junge Menschen noch immer in den Beruf der Designer(innen) drängen – seit 1984 waren es im Durchschnitt jährlich bei den fünfzehn staatlich anerkannten Mode- und Fachhochschulen fast tausend –, ist angesichts des effektiven Bedarfs schwer zu erklären. Entsprechend den allgemeinen Lebensarbeitszeiten besteht beispielsweise in der deutschen Textilindustrie nur ein jährlicher «Ersatzbedarf» von rund fünfzig Textildesignern(innen), also von dieser Seite her Berufschancen nur für gut 5 % der Studienabgänger. Andererseits stehen heute, statistisch gesehen, jedem Absolventen der Textiltechnik-/Textilingenieur-Ausbildung fünf offene Stellen gegenüber. Ähnlich ist die Situation in der Bekleidungsindustrie. Auch hier setzt sich der Trend zur Höherqualifizierung in der Ausbildung fort. Diese Entwicklung bezieht sich gleichermaßen auf männliche wie weibliche Auszubildende oder Studierende (auch in der beruflichen Weiterbildung) im gesamten Tätigkeitsbereich der Bekleidungsfertigung.

Mehr denn je bietet sich – gerade für junge Frauen – die Möglichkeit, technische Begabung ohne körperliche Schwerarbeit an einem entsprechenden Arbeitsplatz zu verwirklichen. Unbestritten ist, daß die Textil- und Bekleidungsindustrie in den nächsten Jahren noch erheblich mehr mittlere Führungskräfte mit technisch-kaufmännischem Wissen und unternehmerischem Denken braucht. Die technologische Weiterentwicklung von CAD (computer-aided design) bis hin zum CIM (computer-integrated manufacturing) erfordert bei den Mitarbeitern eine gute Fachkompetenz. Der marktwirtschaftliche Stellenwert der Textil- und Bekleidungsindustrie, damit verbunden auch ihr internationales Image, hängt in der Zukunft im wesentlichen von den dort tätigen Fach- und Führungskräften ab.

Unbestritten ist, daß gerade hier im technisch-kreativen Bereich erheblicher Nachwuchsmangel herrscht. Dieser führt soweit, daß beispielsweise während der Studienzeit erkennbar gute Absolventen an der Aschaffenburger Fachschule für Bekleidungstechniker bereits zu Beginn des letzten Semesters feste Arbeitsverträge in der Tasche haben. Auf der anderen Seite suchen lange nach Studienabschluß Designer Arbeitsplätze. Und welche(r) Jungdesigner(in) will, mit Diplom und kreativem Ideenreichtum ausgestattet, etwa wie Emanuel Ungaro zu Beginn seiner Designerkarriere, «sechs Jahre lang neben dem Meister (Balenciaga) stehen und ihm die Nadeln reichen».

Während in der Textilindustrie die Computerisierung und Automation schon länger ihren Einzug hielten und heute dort den Produktionsablauf bestimmen, steht die Bekleidungsindustrie hier am Anfang ihrer Entwicklung. Immerhin wird heute in der Bundesrepublik bereits in jedem zehnten Bekleidungsunternehmen Design, Modellentwurf, das Lagenbild für den Zuschnitt der einzelnen Bekleidungsteile sowie die Schnittvergrößerung durchgehend über Computeranlagen erstellt. Selbst beim eigentlichen Nähvorgang setzen sich in zunehmendem Maße elektronisch gesteuerte Programmierungen durch. Mit ihrer Hilfe wird nicht nur die Gleichmäßigkeit und das hohe Qualitätsniveau des Bekleidungsstückes sichergestellt, sondern auch die Tätigkeit der Näherin anspruchsvoller. EDV-Steuerung der Transport- und Versandanlagen sind ein weiteres Indiz für den Einzug von High-Tech in die textile Produktion.

All dies zeigt, daß die Textil- und noch mehr die Bekleidungsindustrie mehr als Designer technisch interessierte und gut ausgebildete Kräfte mit hohem technischem Wissen, Einfühlungsvermögen, aber auch kreativem Denken als Produktions- oder Betriebsleiter in mittleren Führungspositionen benötigt. Hier tun sich, im Gegensatz zu vielen anderen Berufen, auch hervorragende Chancen für Frauen auf. Eine Untersuchung der Fachhochschule Niederrhein und des Bundesverbandes der Bekleidungsindustrie (BBI) zur Alters- und Aufgabenstruktur der Führungskräfte in der Konfektion ergab:

- Im Alter bis 29 Jahre entfallen rund 8 % der mittleren Führungskräfte auf männliche und 28 % auf weibliche Personen.
- In der Altersgruppe 30 bis 39 Jahre sind 20 % männliche und 38 % weibliche Führungskräfte.

Erst mit vierzig Jahren wendet sich das Bild zugunsten der Männer, wobei in der Altersgruppe fünfzig bis knapp sechzig Jahren immer noch rund 10 % der Führungspositionen von Frauen besetzt sind. Insgesamt haben im Fertigungsbereich die Frauen bereits einen Anteil von 43,8 % aller mittleren Führungskräfte der Bekleidungsindustrie. Diese dürfte damit, was die Aufstiegschancen der weiblichen Beschäftigten anbelangt, an der Spitze aller Industriezweige in der Bundesrepublik stehen, so die BBI-Studie. Bemerkenswert ist, daß der Gesamtanteil der Führungskräfte an den Beschäftigten 7,6 % beträgt, bei den technischen Leitungsfunktionen in der Produktion selbst auf 32,4 % steigt und Bekleidungsingenieure auf einen Anteil von 8,3 % kommen. Demgegenüber entfallen auf grad. Designer bzw. Directricen im technischen Führungsbereich nur gut 1 %.

Gerade bei den technischen Führungspositionen in der Bekleidungs-, Maschen- und begrenzt auch Textilindustrie bieten sich zudem interessante berufliche Perspektiven im Auslandseinsatz. Nicht umsonst sprechen viele Beschäftigte davon, daß sie «mit Textil die Welt kennenlernen und erleben». Denn – heute stammt – als Konsequenz des schärferen internationalen Wettbewerbs der Niedrigpreisländer und der internationalen Arbeitsteilung – gut ein Drittel der deutschen Bekleidungsproduktion aus der Auslandsfertigung. Von Portugal über Nordafrika und den Ostblock bis nach Fernost reicht die Palette der Länder, in denen die bundesdeutsche und westeuropäische Bekleidungs- und Maschen-Industrie selbst produziert oder in Auftrag produzieren läßt bzw. Fertigware einkauft und importiert.

Hier werden nur in den seltensten Fällen Designer(innen) gebraucht. Wohl aber Techniker und technisch-kaufmännische Führungskräfte, die entweder «vor Ort» für einige Jahre die Produktion (Betriebe) verantwortlich leiten oder in regelmäßigen Abständen zur Produktionsüberwachung oder dorthin zum Einkauf reisen. Hier bieten sich insbesondere für junge, gut ausgebildete Menschen beste Chancen internationaler Berufstätigkeit. Natürlich wächst hier mit den gestellten höheren Anforderungen auch die Verantwortung. Der junge Mensch muß – insbesondere im technischen Bereich – für ständige Weiterbildung offen sein, er muß zur Mobilität und Anpassung bereit, vor allem aber auch sprachbegabt (zum Fremdsprachen lernen) sein.

Die wirtschaftliche Bedeutung der Textil- und Bekleidungsindustrie in ihrer stetigen Aufwärtsentwicklung wird daran deutlich, daß der private Verbrauch an Bekleidung und Textilien aller Art 1970 ein Umsatzvolumen von knapp 40 Mrd. DM ausmachte. 1988 waren es bereits rund 98 Mrd. DM. Aber es gibt noch ein anderes Beispiel, ebenso für die textilindustrielle Kreativität, wie auch für die Berufsmöglichkeiten junger, technisch interessierter Menschen. Das ist der Sektor der technischen Textilien, die heute etwa 15 % der gesamten Textilproduktion bestreiten und deren Absatzanteil man bis zur Jahrhundertwende auf ein Viertel prognostiziert. Innovation und Ideenreichtum bei hohem technischen Wissen sind hier die Pfeiler einer Produktentwicklung, durch die in zunehmendem Maße feste Werkstoffe (vom Asbest bis zum Metall) durch Textilien ersetzt werden. Hier wurde High-Tech zu «High-Tex» und auch, wie das Beispiel Geotextilien zeigt, zur umweltschützenden Aufgabe.

Neben den zahlreichen «Alltagsprodukten» – so sind heute bereits etwa 30 % aller im Automobil eingesetzten Materialien, vom Keilriemen über die Sitzpolster bis zum Reifen, textilen Ursprungs – technischer Textilien sind typische Beispiele dieser textilen Innovation:

- das Dach der Weltausstellung in Melbourne und ebenso das Dach des Olympiastadions in München,
- die Aufstellung der größten textilen Messehalle in Düsseldorf in diesem Jahr,
- die Weltraumanzüge der Astronauten beider Großmächte,
- im Medizinbereich Teile für die Nieren-Dialyse oder für künstliche Arterien,
- Membranen als Grundmaterial für wetterschützende Sportbekleidung, wie die Produkte aus Gore-Tex oder Sympatex zeigen.

Hier vereinigt sich textile Mode und Technik beispielhaft zum Nutzen und Fortschritt aller Konsumenten. Hier und nicht zuletzt in der Berufsausbildung bedarf es für die Zukunft einer noch engeren Kommunikation zwischen Textil- und Bekleidungsindustrie, der Berufsberatung und der Fachhochschulen. Zum einen, um das Image und die Modernität dieser Branche und ihrer beruflichen Möglichkeiten deutlich zu machen und zum anderen auch, um dem Run auf den Designerberuf einen gleichgewichtigen Part im Bereich Textil- und Bekleidungstechniker gegenüberzustellen. Denn hier liegen die Nachwuchsprobleme und die Herausforderungen der nächsten Jahre für die Branche. Hier liegen aber auch die beruflichen Chancen der Berufsanfänger in diesem Industriezweig.

Eleonore Müller-Stindl

Den Stil von morgen heute kennen

Gespräch mit Albert Eickhoff über Kreativität im Einzelhandel

Kurze Röcke, lange Röcke, enge Hosen, weite Hosen, kleine Kragen, große Kragen, schmale Linie, Superweite – in der Mode gibt es kein Diktat mehr, aber viele Optionen.

Was akzeptiert wird, entscheidet Ihre Majestät, die Kundin. Die Wünsche der Frauen vorauszuahnen, das ist die schwierige Aufgabe des Einzelhandels, der aus Hunderten von Kollektionen das herausfiltern muß, was dem Lebensgefühl seiner Kundin übermorgen entsprechen soll.

Albert Eickhoff, Deutschlands bekanntester modischer Fachhändler mit Geschäften in Düsseldorf, Lippstadt und Bielefeld, sagt dazu: «Moderne Frauen lassen sich nicht mehr in eine Schablone pressen. Ob mit vierzig oder sechzig Jahren: alle möchten jünger wirken, attraktiv aussehen und die Mode nutzen, um ihr Lebensgefühl zu steigern und im Alltag erfolgreich zu sein. Das alles muß ich, wenn ich Mode disponiere, vor Augen haben.»

Eine faszinierende Aufgabe, deren Bewältigung sehr viel Sensibilität, aber auch Kenntnis des Weltmarktes und aller Firmen, vom Designer bis zum Massenproduzenten, voraussetzt. Denn Mode hin, Mode her, wenn die richtige Ware nicht zur rechten Zeit und zu einem vernünftigen Preis im Laden ist, wandert die Kundin ins nächste Geschäft. Und selbst wenn das Angebot stimmt, kann eine arrogante, desinteressierte Verkäuferin eine konsumwillige Frau schnell in die Flucht schlagen. Frauen sind zwar selbstsicher geworden, können mit Schecks und Plastikkarten umgehen, aber nur sehr wenige sind in der Lage, mit einem Griff das für sie optimale Modell aus einer Angebotsfülle auf den Kleiderständern herauszupicken. Die Mehrzahl braucht Hilfe oder möchte sich aus Zeitgründen die Vorwahl erleichtern. Viele Frauen sind unsicher, welche Kombination, welche Farbe für sie am kleidsamsten ist. Gehetzte Karriere-Frauen möchten am liebsten in Null Komma nichts mit dem richtigen Outfit ausstaffiert nach Hause fahren. Verkaufen allein genügt also nicht – Service ist in der Mode angesagt. Gibt es ihn, und wenn nicht, wie könnte er aussehen? Welche Chancen hätten Absolventen von Modeschulen, hier einzusteigen?

In gut geführten Boutiquen und Fachgeschäften wird dieser Service großgeschrieben. Die Kundin meldet sich an und findet eine Auswahl von Modellen vor, in ihrer Größe, in ihrem Stil. All das ist in der Kartei vermerkt, die klug organisierte Läden über die Garderobe ihrer Stammkundinnen führen. Ist Ihre Majestät eingetroffen, wird sie nach allen Regeln der Kunst hofiert, beraten, auf Wunsch auch mit Kleinigkeiten bewirtet. Um wichtige Kundinnen kümmert sich die Chefin persönlich, andere kommen in die Obhut gut informierter und motivierter Verkäuferinnen. Der Chef des Hauses ist meistens der kaufmännische Kopf, der das ganze Drum und Dran der Wareneingänge und Verkaufskontrollen, der Buchhaltung, der Werbung und Fensterdekorationen im Griff haben muß.

Albert Eickhoff meint: «Chancen hat heute jeder, der wirklich nach vorn kommen will. Wenn man merkt, daß sich ein junger Mensch engagiert, dann wird er auch gefördert.»

Das war früher nicht anders. Wenn man heute die strahlenden Designer-Imperien sieht, über die Abermillionen Umsätze liest und Abbildungen ihrer Villen sieht, vergißt man schnell, wie klein viele angefangen haben. Giorgio Armani zum Beispiel, Italiens großer Modestar, begann seine Karriere in der Dekorationsabteilung des Warenhauses Rinasciente in Mailand. Oder Ralph Lauren, heute Exponent und Produzent von Mode und Ambiente des Lifestyles der amerikanischen Upperclass, hat seinerzeit als Krawattenverkäufer begonnen. Beide wurden als Designer weltberühmt, beide starteten im Einzelhandel.

Einen eigenen Laden aufzumachen, wenn man nicht über das nötige praktische und theoretische Wissen im Kaufmännischen verfügt, davor warnen alle Experten. Mit dem richtigen Partner kann es allerdings klappen, auch ohne großes Anfangskapital. Vor allem im schnellen jungen Markt gibt es Leute, die in ihren kleinen Geschäften Ware führen, die sie nicht langfristig vorordern, sondern laufend, oft am Anfang einer Woche bei Sofortlieferanten in Modezentren «absortieren» und bar bezahlen. Mit Mode im Sinne von Design hat dies allerdings herzlich wenig zu tun.

Und Großbetriebe? Brauchen sie nicht kreative Kräfte im Einkauf, im Verkauf? Theoretisch ja, denn die immer uniformeren Angebote machen diese Läden zum Verwechseln ähnlich, in ihren Verkaufsetagen bleibt die Kundin sich selbst überlassen. Nötig wär's zwar, aber es klappt nur in Ausnahmefällen. Das zeigen Erfahrungen in Amerika, teils auch bei uns. Ein wichtiger Grund: die Zentraleinkäufer der großen Handelsketten verfügen über enorm viel Einkaufsmacht. Kraft ihrer Position akzeptieren sie Tips eher von außen als von einem Consultant oder internen Fashion Coordinator. Externe Berater tun sich leichter, vorausgesetzt, sie haben Zugang zu Informationen, die den Einkäufern verschlossen sind. Dazu gehören vor allem die internationalen Designerschauen.

Modeberater für das Publikum könnte ein Beruf der Zukunft werden. Albert Eickhoff: «Noch ist es nicht soweit, aber vorstellbar. Von außen hat es aber keinen Zweck. Ein Consultant muß das Sortiment genau kennen.» Beispiele dafür bieten bereits amerikanische Department Stores. In den USA, wo über die Hälfte aller Frauen arbeitet und fürs Shopping keine Zeit hat, bietet z. B. Sak's Fifth Avenue, New York, einen tollen Service. Man ruft an und sagt: «Ich brauche morgen ein – sagen wir – kleines Gesellschaftskleid, Farbe X, Größe Y, Preis etwa Z.» Die Service-Dame forstet das Sortiment durch und ruft zurück, ob und was vorhanden ist.

Als Modedesigner für den Einzelhandel zu arbeiten, ist nicht unmöglich, aber sehr eingegrenzt. Ein Weg sieht so aus: Als freier Designer entwickelt man Modelle für eine Handelskette, die sie in Hongkong oder Korea produzieren läßt. Der zweite Weg ist sehr mühsam, für manche aber befriedigender: Miniproduktion für das eigene Lädchen oder die Boutique von Bekannten, wo junge Frauen Mode suchen, die es nicht überall gibt.

Sonst existieren in der Hierarchie des Einzelhandels für Modedesigner in der Regel keine interessanten Positionen. Albert Eickhoffs Rat: Wer schnell hochkommen will, sollte in die Industrie gehen. «Dort haben junge, engagierte Menschen viele Möglichkeiten und große Chancen, denn es gibt dort sehr gute Köpfe.» Als Grundstein für seine Karriere nennt er die Lehrzeit bei J. Bisegger, Gründer von Jobis. «Da wurden mir die Tore zu Erkenntnissen geöffnet, ohne die ich nicht das geworden wäre, was ich heute bin. Das Schlüsselerlebnis für meine Einzelhandels-Karriere war: ‹Madeleine› aus Hannover pickte aus einer Vielzahl von Mänteln fünf Mäntel heraus und orderte sie in Stückzahlen. So verfahre ich auch heute. Wir suchen so lange, bis wir das Richtige gefunden haben. Im In- und Ausland, auf allen Messen. Wer tut das schon? So sind wir halt besser als andere.»

VIII Phänomen Mode

«Die unscheinbarste Frau präsentiert sich,
wenn sie ‹angezogen› ist, nicht **selbst** der Betrachtung.
Sie ist wie das Bild oder die Statue
oder der Schauspieler auf der Bühne
nur die vermittelnde Kraft,
durch die eine nicht anwesende Person angedeutet wird –
das heißt, der Typ, den sie zwar repräsentiert,
der sie aber nicht wirklich ist.
Es ist die Identifizierung mit etwas Unrealem, Festem,
Vollkommenem ... die sie erfreut;
sie strebt danach, sich mit dieser Figur zu identifizieren
und sich so selbst den Anschein einer stabilen,
in ihrem Glanz gerechtfertigten Existenz zu geben.»

Simone de Beauvoir

Gottfried Keller

Kleider machen Leute

An einem unfreundlichen Novembertage wanderte ein armes Schneiderlein auf der Landstraße nach Goldach, einer kleinen reichen Stadt, die nur wenige Stunden von Seldwyla entfernt ist. Der Schneider trug in seiner Tasche nichts als einen Fingerhut, welchen er, in Ermangelung irgendeiner Münze, unablässig zwischen den Fingern drehte, wenn er der Kälte wegen die Hände in die Hosen steckte, und die Finger schmerzten ihm ordentlich von diesem Drehen und Reiben, denn er hatte wegen des Fallimentes irgendeines Seldwyler Schneidermeisters seinen Arbeitslohn mit der Arbeit zugleich verlieren und auswandern müssen. Er hatte noch nichts gefrühstückt als einige Schneeflocken, die ihm in den Mund geflogen, und er sah noch weniger ab, wo das geringste Mittagsbrot herwachsen sollte. Das Fechten fiel ihm äußerst schwer, ja schien ihm gänzlich unmöglich, weil er über seinem schwarzen Sonntagskleide, welches sein einziges war, einen weiten dunkelgrauen Radmantel trug, mit schwarzem Samt ausgeschlagen, der seinem Träger ein edles und romantisches Aussehen verlieh, zumal dessen lange schwarze Haare und Schnurrbärtchen sorgfältig gepflegt waren und er sich blasser, aber regelmäßiger Gesichtszüge erfreute.

Solcher Habitus war ihm zum Bedürfnis geworden, ohne daß er etwas Schlimmes oder Betrügerisches dabei im Schilde führte; vielmehr war er zufrieden, wenn man ihn nur gewähren und im stillen seine Arbeit verrichten ließ; aber lieber wäre er verhungert, als daß er sich von seinem Radmantel und von seiner polnischen Pelzmütze getrennt hätte, die er ebenfalls mit großem Anstand zu tragen wußte.

Er konnte deshalb nur in größeren Städten arbeiten, wo solches nicht zu sehr auffiel; wenn er wanderte und keine Ersparnisse mitführte, geriet er in die größte Not. Näherte er sich einem Hause, so betrachteten ihn die Leute mit Verwunderung und Neugier und erwarteten eher alles andere, als daß er betteln würde; so erstarben ihm, da er überdies nicht beredt war, die Worte im Munde, also daß er der Märtyrer seines Mantels war und Hunger litt, so schwarz wie des letzteren Samtfutter.

Als er bekümmert und geschwächt eine Anhöhe hinaufging, stieß er auf einen neuen und bequemen Reisewagen, welchen ein herrschaftlicher Kutscher in Basel abgeholt hatte und seinem Herrn überbrachte, einem fremden Grafen, der irgendwo in der Ostschweiz auf einem gemieteten oder angekauften alten Schlosse saß. Der Wagen war mit allerlei Vorrichtungen zur Aufnahme des Gepäckes versehen und schien deswegen schwer bepackt zu sein, obgleich alles leer war. Der Kutscher ging wegen des steilen Weges neben den Pferden, und als er oben angekommen den Bock wieder bestieg, fragte er den Schneider, ob er sich nicht in den leeren Wagen setzen wolle. Denn es fing eben an zu regnen, und er hatte mit einem Blicke gesehen, daß der Fußgänger sich matt und kümmerlich durch die Welt schlug.

Derselbe nahm das Anerbieten dankbar und bescheiden an, worauf der Wagen rasch mit ihm von dannen rollte und in einer kleinen Stunde stattlich und donnernd durch den Torbogen von Goldach fuhr. Vor dem ersten Gasthofe, zur Waage genannt, hielt das vornehme Fuhrwerk plötzlich, und alsogleich zog der Hausknecht so heftig an der Glocke, daß der Draht beinahe entzwei ging. Da stürzten Wirt und Leute herunter und rissen den Schlag auf; Kinder und Nachbarn umringten schon den prächtigen Wagen, neugierig, welch ein Kern sich aus so unerhörter Schale enthülsen werde, und als der verdutzte Schneider endlich hervorsprang in seinem Mantel, blaß und schön und schwermütig zur Erde blickend, schien er ihnen wenigstens ein geheimnisvoller Prinz oder Grafensohn zu sein.

Friedmar Apel

Leute machen Kleider

Der Titel von Gottfried Kellers Novelle ist sprichwörtlich geworden für den – möglicherweise auch falschen – sozialen Status, den Kleidung ausdrückt, dafür, daß zuletzt die Identität einer Person selbst von der Kleidung bestimmt wird. Eine Illustrierte hat kürzlich geprüft, ob die Lehre, daß Kleider Leute machen, immer noch gilt, indem sie einige Stadtstreicher in seriöse Kleidung steckte. Der Effekt war frappierend, obwohl er nur eine Binsenweisheit belegte.

Kellers Novelle geht über diese Binsenweisheit sehr weit hinaus; eigentlich ist sie sogar keineswegs das Wichtigste in der Geschichte. Viel spannender ist, wie in der Novelle gezeigt wird, auf welche Art und Weise Kleidung Sprache ist, und zwar mitsamt den Schwierigkeiten der Kommunikation. Denn man erinnert sich: Die Erhebung des armen Schneiders Wenzel Strapinski zum polnischen Grafen war ja ein vollkommenes Mißverständnis. Er hatte es keineswegs darauf angelegt, für einen solchen gehalten zu werden und fühlte sich zwar in seiner Kleidung, nicht aber in seiner Rolle besonders wohl. Für ihn ist sein schwarzer Anzug, der weite dunkelgraue Radmantel, der mit schwarzem Samt ausgeschlagen ist, ganz unbedacht der Ausdruck eines besonderen Wesens: einer stillen, feinen, romantisch-melancholischen Art, die – wie uns Keller andeutungsweise wissen läßt – von einem seltsamen Kindheitsschicksal herrührt. «Solcher Habitus war ihm zum Bedürfnis geworden, ohne daß er etwas Schlimmes oder Betrügerisches dabei im Schilde führte, vielmehr war er zufrieden, wenn man ihn nur gewähren und im stillen seine Arbeit verrichten ließ; aber lieber wäre er verhungert, als daß er sich von seinem Radmantel und seiner polnischen Pelzmütze getrennt hätte, die er ebenfalls mit großem Anstand zu tragen wußte.»

Die Inszenierung als Graf kommt in einem bestimmten Kontext zustande und wird ihm aufgedrängt. Ist sie aber einmal zustande gekommen, so wird all sein Verhalten innerhalb ihrer interpretiert. Schüchternheit wird dabei zur Vornehmheit, Ungeschicklichkeit zu guten Manieren. Gegen die Rolle, die Identität, die ihm aufgezwungen wird, versichert sich der Schneider bisweilen, indem er den Fingerhut in seiner Tasche drückt. Irgendwann aber begreift er den Inszenierungscharakter des Ganzen und fängt an, das Spiel mitzuspielen. «Er beachtete wohl die Sitten seiner Gastfreunde und bildete sie während des Beobachtens zu einem Neuen und Fremdartigen um; besonders suchte er abzulauschen, was sie sich eigentlich unter ihm dächten und was für ein Bild sie sich von ihm gemacht. Dies Bild arbeitete er weiter aus nach seinem eigenen Geschmacke, zur vergnüglichen Unterhaltung der einen, welche gern etwas Neues sehen wollten, und zur Bewunderung der anderen, besonders der Frauen, welche nach erbaulicher Anregung dürsteten. So ward er rasch zum Helden eines artigen Romanes, an welchem er gemeinsam mit der Stadt und liebevoll arbeitete, dessen Hauptbestandteil aber immer noch das Geheimnis war.» Man sieht, daß der Schneider freiwillig oder unfreiwillig das Wesen der Mode als Inszenierungsspiel begriffen hat. Nur zwei in der Geschichte schauen hinter die Kleidung, hinter die Kulissen. Der berechnende Rationalist Böhni, der weniger auf die Kleidung als auf das, was herausschaut, achtet, und daher gleich anfangs die zerstochenen Finger des Helden bemerkt. Und das liebe Nettchen, das feststellen darf, daß sie sich in den Menschen, nicht in den Grafen verliebt hatte und dann auch nicht ganz ohne bürgerliche Berechnung zu dem Schluß kommt, daß ein tüchtiger Schneider und braver Mann eigentlich viel besser ist als ein merkwürdiger polnischer Graf auf der Flucht.

Daß Wenzel Strapinski den Satz «Kleider machen Leute» begriffen hatte, nützte ihm zunächst noch wenig, erst als er «Leute machen Kleider» in der richtigen Weise ergänzte, hatte er den wirklichen Vorteil davon. Nur zu gut lernte er die Lektion: «Er machte ihnen ihre veilchenfarbigen oder weiß oder blau gewürfelten Sammetwesten, ihre Ballfräcke mit goldenen Knöpfen, ihre rot ausgeschlagenen Mäntel, und alles waren sie ihm schuldig, aber nie zu lange Zeit. Denn um neue, noch schönere Sachen zu erhalten, welche er kommen oder anfertigen ließ, mußten sie ihm das Frühere bezahlen, so daß sie untereinander klagten, er presse ihnen das Blut unter den Nägeln hervor.»

«Dabei wurde er rund und stattlich und sah beinah gar nicht mehr träumerisch aus...» Beinahe! Ganz ohne Sinn für Träume darf kein Modemacher sein.

Jedenfalls: Kleider machen Leute, Leute machen Kleider und Leute machen Leute. Möglicherweise sind Mißverständnisse in der Kommunikation durch Kleidung sozial ebenso wirksam wie Verständnis. Wir sind schnell dabei, jemanden nach seiner Kleidung zu beurteilen und zu behandeln, und wir nehmen dabei automatisch an, daß wir recht haben. Wir kommen selten auf die Idee, daß wir jemanden zu dem gemacht haben, der er ist. Nur wenige würden bezweifeln, daß Salvador Dalí ein Exzentriker und notorischer Provokateur war, der es sich zum Lebensinhalt gemacht hatte, uns durch seine Kunst und seine Person zu provozieren, uns aus unseren mehr oder minder bequemen Sehgewohnheiten aufzuschrecken. *Luis Buñuel* sieht das in seinen Erinnerungen (*Mein letzter Seufzer*) allerdings ganz anders: «Er war ein schüchterner junger Mann mit einer lauten, tiefen Stimme und langem, aber gepflegtem Haar, der im Alltag nur schwer zurechtkam und höchst merkwürdig gekleidet war: Er trug einen sehr breiten Hut, ein riesiges, zur Schleife gebundenes Halstuch, eine lange, bis zu den Knien herabhängende Jacke und dazu Wickelgamaschen. Man hätte meinen können, er wolle mit seiner Kleidung provozieren, aber dem war nicht so. Er kleidete sich so, weil es ihm gefiel – was die Leute aber manchmal nicht davon abhielt, ihn auf der Straße anzupöbeln.» Ob das so stimmt – wer will es beurteilen? Trotzdem ein Anlaß, darüber nachzudenken, wie weit unser Recht geht, den anderen auszuziehen und in welchem Verhältnis wir etwas über uns selbst sagen, wenn wir den anderen beurteilen. Denn wir sind, wie *Keller* sagt, zumindest zuweilen, alle nur Figuren in einem artigen Roman, den wir eben nicht allein schreiben.

Ingrid Loschek

Mode und Opposition

Wer bestimmt die Mode?

Eine Frage, die immer wieder zu heftigen Diskussionen führt, selten aber bis zum Kern, zum Menschen und seinem Verhalten, vordringt. Zu fragen gilt in erster Linie, warum wir uns bekleiden. Aus klimatischen Gründen, im Zeitalter von Klimaanlagen und Zentralheizungen? Aus Scham, wo Oben-ohne-Baden allseits toleriert wird? Oder gar der Industrie zuliebe, wo wir uns doch auf keinen Fall etwas diktieren lassen wollen?

Am Anfang unserer Kleidung standen Körperbemalung und Tätowierung. Damit konnte bereits der erste Mensch imponieren und Blicke auf sich ziehen. Geltungstrieb einerseits und Nachahmungstrieb andererseits waren ausschlaggebend dafür. Das Schminken ist uns geblieben, der Ursprung sitzt tief in der menschlichen Psyche: So z. B. begannen die Menschen ihre Augen aus Angst vor dem «bösen Blick» schwarz zu umranden.

Dann kam das «berühmte» Fell; es wurde keineswegs als Kälteschutz umgelegt, sondern als Auszeichnung, als Jagdtrophäe des mutigsten oder schnellsten Jägers – ein Markenzeichen demnach.

Auch die klimatischen Schwankungen der Natur zwangen den Menschen nicht zum Bekleiden, da der menschliche Körper an seine Umgebung gewöhnt und angepaßt war. Als Charles Darwin 1833 die Feuerlandindianer erforschte, waren sie in eisiger Kälte nackt, aber geschmückt und bemalt. Sie zerrissen die von den Forschern angebotene Kleidung und benutzten die Teile als Schmuck.

Auch Scham war es nicht, die die Menschen zum Bekleiden trieb; Scham entwickelt sich Hand in Hand mit Sitten und Religionen. Diese sind in vielen Ländern unterschiedlich, so auch die Kleidung. Die Frauen mancher Naturvölker tragen lediglich eine Nabel- oder

Schamschnur um die Taille, während Frauen in islamischen Ländern ihrer Sitte folgend den ganzen Körper und das Gesicht verbergen. Die Inderin zeigt ihren Bauch, die Europäerin ihre Beine.

Bemalung, Schmuck und Bekleidung wären allein keine Themen für die Menschheit geworden, hätten sie nicht eine Reihe von Aussagewerte als Zusatznutzen.

Mode bietet Auffallen aus der Masse der Gleichartigen. Dies bezieht sich nicht nur auf eine Einzelperson, sondern auch auf eine Gruppe von Menschen, z. B. Jugendliche. Ihnen dient ein bestimmtes Äußeres als «Signal». Diese Identifikationsmerkmale sind entweder selbst zurechtgemacht, wie die Frisuren der Punks, oder aus dem Marktangebot ausgesucht, wie die Swatches der Yuppies (Young Urban Professionals).

In beiden Fällen geht es um Imponieren, das in bezug zur Umgebung zu einer dauernden Prestigeverpflichtung und damit zu einem Statussymbol werden kann. War im späten Mittelalter die Länge der Schuhspitze ein Statussymbol für den eitlen Höfling, so verraten heute gewisse Zeichen am Hemd den «Insider».

Wenn allgemein bekannt, genügt das Zeichen allein, das Lacoste-Krokodil, die Adidas-Streifen oder das Hermèstuch, die gewünschten Assoziationen hervorzurufen, ohne den Träger zu kennen. Mode ist Symbol geworden. Früher z. B. standen Reichsinsignien, Talar oder Uniform auch allein – ohne den Träger – für Macht und Achtung.

Der Symbolgehalt der Kleidung hilft uns, in ein bestimmtes Milieu einzusteigen: Mode als Einstiegsdroge. Sie ermöglicht die Kontaktaufnahme zu einer anderen Gruppe. Sie ermöglicht auch, unser Ich scheinbar zu verwandeln, «wie ein Punk auszusehen» oder «im grauen Nadelstreif Seriosität auszustrahlen».

Heute ist es für viele Jugendliche eine Befriedigung, wie Michael Jackson oder Boy George auszusehen oder eine von Hunderten von Madonnas zu sein. Verhaltensforscher sprechen vom Mutationswert der Mode, worin das alte Sprichwort «Kleider machen Leute» (wenn auch mit Vorbehalt) seine Rechtfertigung findet.

Der Mensch ist ein soziales Wesen – trotz aller Unkenrufe – und zeigt dank seines Nachahmungstriebes ein Verlangen nach Gruppenzugehörigkeit. Auch da hilft ihm die Kleidung. Genauso wie der Mensch nach Geltung strebt, sucht er als soziales Wesen den Schutz der Gruppe. Wie oft ist es bequem und entspannend, nicht aufzufallen, keine Repräsentationsverantwortung zu tragen. Der Nadelstreifenanzug, das elegante, zeitlose Kostüm bieten Sicherheit und Anonymität.

Der Aussagewert der Mode macht Kleidung zum Informationsträger und ermöglicht eine visuelle Kommunikation. Sie ist wichtig und ernst zu nehmen, da sie noch vor jeder verbalen Kommunikation stattfindet. Darauf beruht das oft gerügte «Augentaxieren», das Einschätzen des anderen nach dem Äußeren. Es findet sowohl von Einzelperson zu Einzelperson als auch von Gruppe zu Gruppe statt ebenso wie zu sich selbst als Rückversicherung des eigenen Ich nach dem Motto: Bestätigung schafft Wohlbefinden.

Ein anderer Zusatznutzen liegt in der Erotik von Kleidung. Mode steigert die erotische Anziehung durch Hervorheben ebenso wie durch Verbergen des Körpers. Mode verhüllt nicht nur, sondern präsentiert, sie reizt und hält im gleichen Augenblick hin.

Mode entsteht in einem Spannungsfeld zwischen Selbstdarstellung und Gruppenzugehörigkeit. Es gleicht einem Perpetuum mobile und war zu allen Epochen vorhanden. Es ist heute aber durch die gesteigerte Mobilität und Kommunikation sowie durch die hochtechnisierten Herstellungs- und Vertriebsmöglichkeiten beschleunigt und beansprucht daher verstärkte Aufmerksamkeit.

Als Info-Träger wird die Mode auch Medium der Anschauungen. Die soziale Stellung oder die politische Meinung läßt sich in der Art der Kleidung zeigen. Hier der mit Anzug und Krawatte bekleidete konservative Bürger, dort der Pullover und Turnschuhe tragende Grüne. Nicht anders in der Geschichte. Hier der Stürmer der Bastille mit Pantalons, dort der Anhänger des Absolutismus in Kniehosen. Gerade am Beispiel der Französischen Revolution (1789–1795) tritt die Funktion der Kleidung als politisches Gesinnungszeichen besonders deutlich zutage.

Die südfranzösischen Hafenarbeiter, von denen die Aufstände unmittelbar ausgegangen waren, fielen durch ihre weiten, langen Röhrenhosen auf, die in krassem Gegensatz zu den allgemein üblichen Kniehosen standen. Die langen Hosen, nach einer Commedia dell'arte-Figur, die ebensolche Hosen trug, Pantalons genannt, wurden von allen Revolutionären angenommen und nun auf Grund ihres Äußeren als «Sansculotten», deutsch «ohne Kniehosen», bezeichnet. Schließlich wurden die Pantalons zum Vorläufer der noch heute getragenen Herrenhosen, womit erwiesen wäre, daß sich die konservative Nadelstreifhose, die vielen ein kapitalistisches Erkennungszeichen ist, aus einem erzrevolutionären, proletarischen Kleidungsstück entwickelt hat.

Die Deputierten aus Marseille trugen weiter eine blaue Arbeiterjacke, die Carmagnole, und die Phrygische Mütze, die die Mitglieder des Jakobinerklubs als Zeichen der Freiheit annahmen. Der Adelige und der konservative Bürger hingegen fielen durch ihre weißgepuderten Perücken, den Dreispitz und die silbernen Schuhschnallen auf. All jene aber, die sich nicht eindeutig durch ihr Äußeres festlegen wollten, flüchteten sich in die Reitkleidung oder in eine der zahlreichen Ziviluniformen, wie die der Garde-Bourgeoisie. Jedes Kleidungsstück und jedes modische Beiwerk hatte eine politische Aussage. Es gab den «Frac à la Bastille», «Knöpfe à la Nation» oder à la «Tiers état» und für die Damen den «Freiheitsfächer».

Da die Frau aktiv an den politischen Geschehnissen der Französischen Revolution teilnahm, wurde auch ihre Kleidung zum Zeichen der Gesinnung. Zuvor hatte die Mode der Frau ihre soziale Stellung, jedoch nicht ihre eigenen politischen Ansichten sichtbar gemacht. Die revolutionäre Proletarierin trug wie der Mann die Phrygische Mütze und die Holzschuhe. Die politisch engagierte Bürgerin trug den Mantel des Mannes, die Redingote, den frackähnlich geschnittenen Caraco als Jacke, ein Gilet, einen einfachen knöchellangen Rock sowie den Zylinder mit Nationalkokarde. Ihr Äußeres wurde als durchaus «sachlich, männlich und emanzipiert» eingeschätzt. So berichtete der Korrespondent des «Journal des Luxus und der Moden» am 20. Oktober 1792 aus Paris: «Bey den Moden die uns die Revolution und der Krieg giebt, darf ich auch unsre neuen Amazonen nicht vergessen. [...] bekennen Sie, [...] daß [...] Mutter Natur unsere Französinnen zu wahren Androgynen geschaffen hat. Daß sie Courrier reiten, fechten, sich auf Pistolen schlagen, war, wie Sie wissen, längst Mode. [...] In der That [...] daß der Geschmack, den unsre Damen am Männlichen finden, so weit geht, daß viele von ihnen jetzt vollkommen Männer-Schuhe tragen [...].»

Offensichtlich sieht sich eine Frau, die durch ihre geistigen Fähigkeiten imponiert und ernst genommen wird, gezwungen, eine sachliche, männlich beeinflußte Mode ohne Aufputz anzunehmen und weitgehendst ungeschminkt zu bleiben. Vielsagend wurde deshalb 1880 in England eine Frauenvereinigung unter dem Titel «The Rational Dress Association» gegründet. Der Mann hatte den Schritt zu nüchterner, eintöniger Kleidung schon anfangs des 19. Jahrhunderts, zu Beginn der Industrialisierung gemacht. Haben der dunkle Sakkoanzug des Mannes und das graue Kostüm der Frau etwas mit Berufstätigkeit und mit wirtschaftlichem oder politischem Engagement zu tun?

Rosa Luxemburg fiel um 1900 durch ihr streng geschnittenes, dunkelfarbiges Wollkostüm auf, während die Großbürgerin im spitzen- und schleifenverzierten, schleppenden Kleid und engstens geschnürten Korsett steif einherspazierte. Schon von weitem erkannte man die Suffragette am derben Schritt und am einfachen Kostüm; auch «darunter» war sie anders angezogen. Sie verschmähte das Korsett, das den Körper vergewaltigte, und plädierte – wie mit ihr einige Ärzte, Künstler und Intellektuelle – für ein einfaches Brustleibchen und einen Hüftgürtel. Die Damen der Gesellschaft nannten diesen Aufzug schlichtweg «geschmacklos». Gerade heute aber lieben Damen der Upper class das zeitlose, klassische Kostüm. Die Aussage der Kleidung hat sich auch hier geändert.

Die Heterogenität der Moden zu einer Zeit ist stark von der bestimmenden politischen Verfassung abhängig. Umgekehrt, je einheitlicher die Gesellschaftsstruktur eines politischen Systems ist, desto geradliniger gestaltet sich die Mode. Dies kann in Diktaturen oder Einparteienstaaten, wie zum Beispiel in China zur Zeit des Maoismus, bis hin zu Ziviluniformen gehen, da der *Uniform* ein besonderer Aussagewert zukommt.

Durch die Gleichheit schaltet sie jenes eingangs erwähnte Spannungsfeld von Selbstdarstellung und Gruppenzugehörigkeit zugunsten der alleinigen Betonung der Gruppenidentität aus. Die Uniform erhöht oder erniedrigt (auch solche Beispiele gibt es) den einzelnen Träger mit dem Grad des Ansehens der Uniform ungeachtet der Person des Trägers. Das heißt, das Individuum Mensch steht hinter der gleichbekleideten Masse Mensch zurück.

Ein Exempel für die Macht der Uniform gibt uns der Nationalsozialismus. Keiner hatte besser die enorme Wirkung und Bedeutung der Uniform erkannt als Adolf Hitler, der gerade der «formbaren»

Jugend eine Uniform gab. Sie spiegelte die Zugehörigkeit zur privilegierten Staatsjugend, der Hitlerjugend und des Bundes Deutscher Mädel, wider und erzeugte Abstand. Der jugendliche Uniformträger konnte von seinem Publikum ehrfürchtiges Zuhören bis unterwürfige Bewunderung erwarten. Die Uniform wurde auch in der Schule als Zeichen der Macht gegenüber anderen Schülern, manchmal auch gegen Lehrer eingesetzt. Außerdem machten es die an der Uniform sichtbaren höheren Auszeichnungen einem Arbeiterkind möglich, ein in der HJ geringer ausgezeichnetes großbürgerliches Kind zu befehligen. Das Ansehen der Uniform war so groß, daß ihr Entzug als Strafe eingesetzt wurde.

Auch die oppositionellen Jugendbünde des Dritten Reiches wußten um den Wert gleicher Kleidung als Zugehörigkeitssymbol. Zum Beispiel trugen die Edelweißpiraten ein schwarzes Hemd und eine Krawatte mit Edelweißabzeichen. Die Zornisten, benannt nach Reinhard Zorn, Führer des Christlichen Jugendvolks Düsseldorfs, gaben sich «durch einen auffällig verformten Hut» zu erkennen. Ihre einheitliche äußerliche Kennzeichnung hatte eine dermaßen bestärkende Wirkung, daß die Jugendbündler eher Strafen seitens der Hitlerjugend hinnahmen, als ihre Zeichen abzulegen.

Zum weittragenden Anschauungsmedium wurde die Kleidung der außerparlamentarischen Opposition um 1968 und der darauffolgenden Jahre. Uniformhemd, Parka, Fallschirmspringerstiefel, Che-Guevara-Mütze und Arafat-Kopftuch waren Synonym für den Versuch einer gewaltsamen Veränderung der Republik. Diese Kleidung wurde von beiden Geschlechtern gleichermaßen getragen, denn die Ziele der Veränderung waren geschlechtsunabhängig: Stop des militärischen Engagements der USA in Vietnam, Abschaffung politischer Folter, Gleichheit aller Völker, Abbau der Bürokratie, Hochschulreform und Beseitigung von Vorurteilen gegen Äußerlichkeiten. Aber die politischen, sozialen und aufklärerischen Forderungen der Studenten der endsechziger Jahre wurden nicht nur in paramilitärischer Kleidung, sondern auch durch Folklore-Look, verspielte Hippiemode und individuelle Flohmarkt-Klamotten ausgedrückt. Diese Moden beeinflußten nicht nur die Kleidung *aller* Schichten, sondern die Ideologien auch ihrer inneren Einstellung. Zumindest für kurze Zeit meinte man, Standesvorurteile nach der Philosophie «Alle Menschen sind gleich» abzubauen. Das war in der Tat die magische Zeit der Mode «von der Straße», die der High-Society ein «Understatement» abzwang. Selbst die wohlhabendsten Damen verzichteten auf Schmuck, Abendkleider, kostbare Stoffe und erlesene Pelze und trugen Baumwolle statt Seide, Plüsch statt Pelz und unechten Modeschmuck statt Gold und Diamanten. Erstrebt aber wurde nicht gleichmacherische Uniformierung, sondern – im Gegenteil – Aktivierung der eigenen Phantasie und der individuellen Kunstfertigkeit. Nicht der *Konsum*, der Saga-Nerzmantel, auf den – freiwillig oder unfreiwillig – viele Filmstars verzichteten, sondern die *Idee*, das bunt bedruckte Kaninchenfell, zählte. Langes Männerhaar und Bart sollten nicht mit «faul» oder «ungepflegt» gleichgesetzt werden; Nacktheit, Erotik und Sexualität sollten enttabuisiert werden. – Schon einmal, doch unter den Vorzeichen des «gesunden Körpers» und von Idealisierung der «deutschen Herrenrasse» in den Skulpturen eines Arno Breker, war Nacktheit während des Dritten Reichs ein besonderes Anschauungsmedium. Nur die Anschauung wechselte, während das Medium, der nackte Körper, gleich blieb.

Die gesamte 68er Ideologie aber war nicht nur ein Traum von Gleichheit und Freiheit, sondern ein schmerzhafter Prozeß, der freiheitliches Denken und politisches Unterscheidungsvermögen vertiefte. Bis heute tragen beide Seiten ihre Ideologien in mehr oder weniger unveränderter Kleidung auf den Markt. Hier der allgemein als korrekt anerkannte dunkelblaue oder graue Sakkoanzug, die Krawatte und das weiße Hemd mit steifem Kragen; dort der verkrumpelte Pullover, das karierte Hemd mit offenem Kragen, die zerbeulte Jeans und die bequemen Turnschuhe. Die Fronten blieben verhärtet, ob «Position» der Mehrheit oder «Opposition» der Minderheit.

Gegenwärtig umstritten – oder hat man sich in der Zwischenzeit daran gewöhnt? – ist die Kleidung mancher Grünen als Parlamentsmitglieder. Sie signalisiert ihre Einstellung zu Politik, Militär und Umwelt. So ist es nur legitim, wenn Joschka Fischer bei seiner Vereidigung zum ersten hessischen Umweltminister der Grünen Jeans, Hemd ohne Krawatte und Turnschuhe trägt. Hätte er sich nicht sich selbst und seinen Anhängern gegenüber unglaubwürdig gemacht, wäre er in der konservativen Mode seiner Gegner erschienen? Das Argument von adäquater und unadäquater Kleidung trifft daher nicht zu. Welcher europäische Politiker, ich denke an Helmut Kohl oder François Mitterand, nimmt in adäquater Kleidung – das wären Jeans und T-Shirt – an einer Jugendveranstaltung teil? Sie gehen im korrekten Anzug, ihrer Stellung, Anschauung und der allgemeinen Erwartungshaltung entsprechend; das gleiche gilt umgekehrt für manche Grünen. Außerdem könnte es eine Frage der Zeit (und hier kann durchaus mit einem größeren Abstand von etwa siebzig Jahren gerechnet werden), bis sich Turnschuhe oder Jeans als konservative Herrenkleidung etablieren. Viele der heute noch so konventionellen Kleidungsstücke sind aus revolutionärer Protestkleidung hervorgegangen. Aber wer fragt noch danach? Es genügt, daß es der «andere», Gleichgesinnte, trägt und daß es «so Sitte ist».

Normgerechte Kleidung – das sind in der etablierten Gesellschaft Sakkoanzug, Hemd und Krawatte für die Herren oder das Kostüm für die Damen – garantieren dem Träger, Ernsthaftigkeit auszustrahlen und Vertrauen zu erwecken, egal, wie bestechlich oder menschenverachtend der Träger auch sein mag. Die konventionelle Kleidung ist zur Gesellschaftsmaske geworden, aber keinesfalls eine Gleichgültigkeit.

Carlo Michael Sommer / Thomas Wind

Die Macht der Mode

Seltsame Metamorphosen

> «Die Tatsache, daß die Halbwelt so häufig als Vorreiter in Sachen Mode auftritt, liegt an der ihr eigenen entwurzelten Lebensform. Die Paria-Existenz, zu der die Gesellschaft die Halbwelt verurteilt, erzeugt einen offenen oder latenten Haß auf alles gesetzlich Sanktionierte, auf jede ständige Einrichtung, einen Haß, der in einem relativ harmlosen und ästhetischen Streben nach neuen Formen des Aussehens seinen Ausdruck findet. In diesem ständigen Streben... lauert ein ästhetischer Ausdruck des Wunsches nach Zerstörung.»
>
> Georg Simmel, 1908

«Die Mode ist ein periodischer Stilwechsel von mehr oder weniger zwingendem Charakter», sagt das Lexikon. Wie aber läßt sich erklären, warum gerade die Mode einen solchen Zwang ausübt? Warum werfen wir uns in eine neue Hülle, obwohl die alte längst nicht durchgesessen ist? Warum schnüren wir einmal den Körper in Korsetts, um ihn dann wenig später unter weiten Gewändern frei atmen zu lassen? Warum halten wir kurze Röcke einmal für ordinär, ein paar Jahre später aber für jugendlich und frisch?

Die Grundmotive modischen Verhaltens sind Sättigung, Neugier und wohl auch ein gewisser Spieltrieb. Aber das allein macht noch keine Mode. Mensch und Mode entwickeln sich im Kontext gesellschaftlicher Veränderungen. In traditionellen Kulturen, die sich nur langsam wandeln, spielt die Mode keine große Rolle. Dagegen erfährt sie überall da besondere Bedeutung, wo gesellschaftliche Veränderungen besonders rasch und undurchschaubar vor sich gehen, also gerade auch in den westlichen Industriegesellschaften. Unüberschaubar viele, schwer einzuschätzende Neuerungen – Objekte, Auffassungen, gesellschaftliche Strukturen – stürzen seit dem 19. Jahrhundert immer schneller quasi aus der Zukunft in eine Gegenwart, deren vielfältige Anforderungen dem einzelnen kaum Gelegenheit lassen, die Vergangenheit zu verarbeiten. Dieses Entwicklungstempo erfordert vom einzelnen ständig neue Anpassungsleistungen bei immer weniger Orientierungsmöglichkeiten.

Die Mode gibt dem Menschen dabei eine Hilfestellung, indem sie Ordnung in diese undurchschaubare Entwicklung bringt. Sie reduziert die unzähligen Möglichkeiten der Veränderung auf einige wenige, die man anschaulich demonstriert bekommt und am eigenen Leib ausprobieren kann.

Wer seine alte Kleidung in den Schrank hängt und in eine neue modische Hülle schlüpft, der sieht im Spiegel, daß er auf der Höhe der Zeit ist, den Ansprüchen der Gegenwart genügt und auf dem Weg in die Zukunft ist. Die Tatsache, daß andere das gleiche tun, gibt dem einzelnen die Gewißheit, auf dem richtigen Weg zu sein. Um nicht ganz in seinem Gegenüber aufzugehen und seine Individualität zu wahren, trägt er die Mode auf seine persönliche Weise. So macht uns die Mode zu Selbstdarstellern, die sich und anderen permanent bezeugen, daß sie auf eine einzigartige Weise dazugehören und sich auf dem richtigen Weg in die Zukunft fühlen. Für den modischen Wandel scheinen wir somit ausreichend motiviert. Was aber bestimmt den Inhalt einer einzelnen Mode? Weshalb trägt man zu einer bestimmten Zeit die Haare lang, zu einer anderen kurz? Wer sind die «Erfinder», wer die «Verbreiter», wer die «Nachahmer» solcher Moden?

Die heimlichen Modeschöpfer

Da Kleidung stets Ausdruck unserer Identität ist und die Mode uns hilft, diese Identität auf die Erfordernisse neuer Entwicklungen einzustellen, können neue Modetrends nicht einfach beliebige Veränderungen gestriger Mode sein, sondern müssen die jeweils neuen Orientierungen, das zeittypische Lebensgefühl zum Ausdruck bringen.

So ist es nicht verwunderlich, daß neue Moden in der Regel von Gruppen initiiert werden, die die aktuellen Orientierungsprobleme der Gesellschaft besonders intensiv erleben und dies in ihrem Kleidungsstil zum Ausdruck bringen.

Im letzten Jahrhundert spielten diese Rolle etwa die Kokotten oder die Dandies, heute sind es vor allem jugendliche Subkulturen, die der Mode die neuen Ideen liefern.

Jugendliche erleben aktuelle Orientierungsprobleme ihrer Gesellschaft unmittelbarer und bewußter als andere Gruppen, weil sie im Spannungsfeld zwischen den traditionellen Wertorientierungen der Elterngeneration und den aktuellen Anforderungen der Gesellschaft ihre eigene Identität finden müssen. Die alten Lösungsmuster der Eltern funktionieren nicht mehr und neue sind noch nicht in Sicht. So bleibt den Jugendlichen nichts anderes übrig, als neue Wege auszuprobieren und gegen den Widerstand der Eltern, Lehrer und Arbeitgeber durchzusetzen. Diese Suche äußert sich in einem starken Drang nach immer neuer Gestaltung der eigenen Persönlichkeit, also vor allem auch in einem expressiven, experimentierfreudigen Kleidungsstil. Die Bedeutung dieser Selbstdarstellung für Jugendliche ist um so größer, als ihnen insgesamt nur sehr wenig gesellschaftlicher Einfluß zugestanden wird. Unterstützung finden sie im Grunde nur bei den Gleichaltrigen, die sich in derselben Situation befinden. So entwikkeln sich Subkulturen wie Punks, Alternative oder New Waver mit ihren eigenen Normen und Kleidungsstilen.

So oppositionell diese Subkulturen auch sein mögen, im Nachhinein zeigt sich meist, daß ihre subversiven Einstellungen letztlich die bald darauf für alle erforderlichen Wertorientierungen vorwegnehmen. Diese Funktion hatte in den Sechzigern etwa die Hippie-Kultur. Der fortgeschrittene Kapitalismus verlangte damals von den Bürgern nicht mehr die gewohnte Sparsamkeit, sondern Konsum, das heißt spontane und ungehemmte Bedürfnisbefriedigung. Und das war genau das, was die Hippies ihrer entsetzten Elterngeneration vorlebten. Der individualistische Hedonismus, den die Gegenkultur in Form von freier Sexualität und Rauschmittelkonsum propagierte, war auch die Vorhut für eine liberalere und genußfreudigere Grundhaltung der Mehrheit. Zwar wurden die Durchschnittsbürger nun nicht gerade zu Anhängern der freien Liebe oder zu LSD-Konsumenten, doch lokkerten sich die Moralvorstellungen, und statt zu sparen, gab man sich dem «Konsumrausch» hin.

Kurz, aus der spezifischen Orientierungsproblematik jugendlicher Subkulturen entstehen heute neue Grundhaltungen, die später – in gemäßigter Form – von anderen Gruppen übernommen werden. Diese Grundhaltungen bringen die Subkulturen auch in ihren Kleidungsstilen zum Ausdruck. Da sie damit auch das Lebensgefühl anderer Gruppen vorwegnehmend symbolisieren, können Merkmale dieser Stile in die Massenmode eingehen.

Von der Anti-Mode zur Massenmode

Dem steht entgegen, daß die Stile der Subkulturen in aller Regel subversiv, das heißt auf provozierende Weise gegen die Spießer, die «Normalos», «die Gesellschaft» gerichtet sind. Ein Punk mit von Schneisen durchfurchtem, grell gefärbtem Haar, Sicherheitsnadel in der Backe und obszönen Sprüchen auf der zerfetzten Lederjacke, will keine Mode machen, sondern provozieren. Und das gelingt ihm in der Regel. Herr und Frau «Normalverbraucher» reagieren irritiert bis entsetzt. So herumlaufen würden sie jedenfalls nicht.

Der Weg von der Anti-Mode zur Massenmode kann also kaum der Luftlinie folgen. Erste Zwischenstation sind Avantgarde-Designer und Stylisten aus dem Dunstkreis subkultureller Kreativpools. Sie sind als Vermittler besonders geeignet, weil sie einerseits einen direkten Draht zu den Subkulturen haben, andererseits als ‹Modemacher› auch gesellschaftliche Anerkennung genießen und in den Wirtschaftsprozeß integriert sind. Einflußreiche Mode-Avantgardisten, die «von der Straße» kamen, sind etwa Jean-Paul Gaultier in Paris oder Vivienne Westwood in London.

Sie lassen sich durch subkulturelle Stilschöpfungen inspirieren, «säubern» diese von ihrem subversiven Gehalt und transferieren sie dabei aus der Gegenkultur in den legitimen Kontext der Kunst, der «Avantgarde». Aus den abgelaufenen Hafenarbeiterstiefeln der Punks etwa werden so teure Gaultier-Schuhe. Was zunächst nur schlechter Geschmack oder Bedrohung der öffentlichen Ordnung war, wird nun für aufregend neu und originell erklärt. Und damit für bestimmte Abteilungen des Modemarktes interessant.

Im Gespräch mit uns schildert ein international renommierter Hairstylist – Engländer mit Wohnsitz in Mailand –, wie er auf neue Ideen stößt: «Sooft es meine Zeit erlaubt, fliege ich an einem Montag oder Dienstag nach London. London ist für mich immer noch, was den Erfindungsreichtum und die Experimentierfreudigkeit der jungen Leute angeht, die wichtigste Stadt, zumindest in Europa. Und

Montag und Dienstag sind die besten Tage der Woche, wenn man in den Discos und Bars die wirklich interessante Street Fashion sehen will. Ich besuche dann pro Abend drei bis vier der gerade angesagten In-Plätze und beobachte, was es Neues an Outfits und so weiter gibt. Manchmal mache ich auch einige Skizzen. Wieder zu Hause in Mailand gehe ich daran, die Anregungen zu verarbeiten, sie tragbar, weniger extrem zu machen.» Eine solche Übernahme subkultureller Anregungen geht keineswegs nur auf das persönliche Interesse einzelner Modeschöpfer zurück, sondern ist regelrecht institutionalisiert. So schickt etwa das «Deutsche Mode-Institut», das für Modeindustrie und Modehandel Trends aufspürt und in Produktempfehlungen umsetzt, seine «Trend-Scouts» schon seit Jahren «in die Subkultur». Jugendliche Stilschöpfungen werden auf der Straße oder in Diskotheken aufmerksam registriert und als Anregung für die Modemacher aufgearbeitet. Solcherart vorbereitet, kann die Umsetzung für die spezifischen Märkte beginnen, die von der Haute Couture über die «gehobene» und die preiswertere Konfektion, den Versandhandel und die Billigmärkte auf die verschiedenen Zielgruppen abgestimmt sind.

Man kann Mode nicht einfach «diktieren», wie das oft angenommen wird. Zwei berühmte Beispiele für gescheiterte Modediktate bieten die aufwendige, mit vielen prestigebeladenen Vorbildern geführten Kampagnen aus den zwanziger Jahren, den anhaltenden Trend zum kurzen Rock umzukehren, und ein ähnlicher Versuch, Ende der Sechziger, den Mini-Rock durch den Maxi-Rock abzulösen. Beide Projekte sind fehlgeschlagen.

Auch die Massenmedien spielen eine wichtige Mittlerfunktion für die Verbreitung neuer Moden. Immer auf der Suche nach Neuem, Aufsehenerregendem, räumen sie neuen Stilen gerne redaktionellen Raum ein («Hip, Hipper, Hippies: Der neue Flower Power-Look»). Gerade die in den Metropolen erscheinenden Life-Style-Magazine jagen unermüdlich den Trendsignalen hinterher. Sie sind Mitteilungsorgane der jeweils ultimativen In- und Out-Barometer. Es ist kein Zufall, daß die Kundschaft der Avantgarde-Designer und -Friseure fast identisch ist mit den Lesern der Zeitgeist-Magazine – einer zahlenmäßig nicht eben großen gesellschaftlichen Gruppe, die ästhetischen Neuerungen gegenüber sehr aufgeschlossen ist, alles, was nach Massengeschmack riecht, dagegen ablehnt. Dieser Gruppe gehören viele jüngere «urban professionals» an, die es «geschafft» haben und anerkannte, gut dotierte Positionen – etwa als selbständiger Architekt oder Art-Directorin – einnehmen. Sie müssen sich als erfolgreiche Individualisten verkaufen und pflegen dementsprechend einen kennerhaft ausgefallenen Konsum-Stil.

Sie kaufen teure Einzelstücke in den Boutiquen der Avantgarde-Designer, lassen sich die Haare von experimentierfreudigen Friseuren stylen, erstehen extravaganten Schmuck und andere Accessoires. Die Lust am Neuen und das ausgeprägte Bedürfnis nach Selbstdarstellung lassen sich so gut kombinieren.

Ihre Funktion im Modeprozeß besteht darin, neue Stilelemente aus der Sphäre der avantgardistischen Kunst in den Alltag zurückzuholen und dabei mit Prestige zu verbinden. So steht einer weiteren Verbreitung des neuen Stils auch in anderen Sozialmilieus nichts mehr im Wege.

Für die «nach oben» orientierten gesellschaftlichen «Aufsteiger» spielen Statussymbole eine zentrale Rolle. Mit ihnen läßt sich der erreichte oder erhoffte soziale und berufliche Erfolg augenfällig demonstrieren. «Mit eigener Kraft den Aufstieg aus kleinen Verhältnissen schaffen», lautet das Credo dieses Milieus. Die Ziele sind hochgesteckt, aber es winken die Erfolgsinsignien unserer Konsumgesellschaft.

Weil Erfolg nicht immer machbar ist, reicht oft schon das So-tun-als-ob. Und gerade Kleider machen ja bekanntlich Leute. Der «Aufsteiger» will in jedem Fall über der Masse stehen, ist aber auch sehr darauf bedacht, nichts falsch zu machen. So übernimmt er neue Merkmale, wenn sie von der Gruppe der Trendsetter «abgesegnet» sind und nicht mehr unbedingt als gewagter «letzter Schrei» gehandelt werden. Die gewünschte Verbindung von Prestige und Sicherheit bieten Markenhersteller wie «BOSS», die Exklusivität, Korrektheit und Aktualität zugleich versprechen.

Nachdem die neuen Stilmerkmale auf diese Weise weiter entschärft und sogar mit Seriosität assoziiert werden, können sie auch von konservativen Milieus der Gesellschaft aufgegriffen werden. Die Mode wirkt sich auf die konformistischen, die zweckorientierten bzw. klassisch-distinguierten Kleidungsstile dieser Gruppen eher unauffällig aus: in leichten Modifizierungen etwa des Hosenschnitts, der Rocklänge oder des Farbspektrums.

Beispiel Punk

Die Punks sind die stilistisch wohl revolutionärste und letztlich einflußreichste Subkultur der letzten beiden Jahrzehnte.

Ende der Siebziger befanden sich alle westlichen Industriegesellschaften in einer weltweiten Sinnkrise: Die globale Wirtschaftskrise mit extrem hohen Arbeitslosenquoten, die weltweite Aufrüstung mit der Drohung einer nuklearen Apokalypse, die immer offensichtlichere Umweltzerstörung – all dies ohne Hoffnung auf Umkehr oder Besserung – hatte das Vertrauen in die Grundwerte der Industriegesellschaft zutiefst erschüttert. Aber auch die großen Gegenutopien der sechziger Jahre waren zusammengebrochen, die nicht minder fortschrittsgläubige Ideologie des Marxismus durch die Wirklichkeit des «realen Sozialismus» und die verzweifelten Gewalttaten isolierter «revolutionärer Gruppen» entzaubert. Die Orientierungslosigkeit war allgemein, wobei es die Unterschichtjugendlichen in den «Problemvierteln» der britischen Großstädte am härtesten traf. Sie konnten weder individuell noch kollektiv auf irgendeine «Zukunft» hoffen.

Die Punks haben diese Sinnkrise mit am intensivsten erlebt und sie quasi ungebrochen in ihrem Gruppenstil zum Ausdruck gebracht. Dieser Stil symbolisierte ihre Lage und ihre Reaktion darauf: keine Zukunft, keine Ideale, keine Tradition, statt dessen demonstrative, exzessive Selbstentstellung und Selbstverstümmelung. Sie wurden als «Nullen der Gesellschaft bewertet» (Punk-Musiker Richard Hell) und behandelt, und sie bestätigten und übersteigerten dies in einer nihilistischen, apokalyptischen Ästhetik. Hohlwangig, verletzt, geschunden, zerrissen, schmutzig, stammelnd, krank, in Fesseln und in Ketten, so präsentierten sich die Punks. Neben den Metaphern des Mülls, der geschundenen Kreatur, kommt der Metapher des Risses in diesem Stil eine zentrale Bedeutung zu: Die Kleidung ist zerfetzt, die Nähte nach außen gekehrt, selbst die Haut ist durchbohrt von Sicherheitsnadeln, zerschnitten mit Rasierklingen.

Die Punks hatten die Sinnkrise zwar am intensivsten erlebt und darum auch in ihrem Stil zum Ausdruck gebracht. Aber im Grunde war die Orientierungslosigkeit allgemein. So mußte die Hauptaussage der Punks «No Future» viele zumindest unbewußt ansprechen. Zeugten die schönen Reden von Politikern, Gewerkschaftlern, Unternehmern und anderen Offiziellen angesichts der gesellschaftlichen

Probleme etwa nicht alle von Hilflosigkeit und Verlogenheit? Hatte das eigene Leben einen Sinn? War man nicht selbst entwurzelt, orientierungslos und ohne Zukunft? Diese und ähnliche Fragen konnten sich damals im Grunde viele stellen.

Die Punks haben die Mode in vielerlei Hinsicht revolutioniert. Ohne sie hätten weder die smarten Polizisten aus «Miami Vice» noch deren Fans ein «Muscle-Shirt» unter dem Anzug getragen. Die Haute Couture hätte nie den «Löcher-Look» propagiert, Madonna hätte kaum öffentlich ihre schwarzen Dessous nach außen gekehrt. Die Anwältin ginge nicht in der (früher obszönen) schwarzen Lederhose zur Party, der biedere Familienvater würde nicht im spruchbedruckten T-Shirt die BamS kaufen.

Am anschaulichsten läßt sich der Punk-Einfluß wohl am Beispiel der Haarmode verfolgen. Die Punks hatten Ende der Siebziger einen Frisurenstil kreiert, der der seit dem Einfluß der Hippie-Kultur in der Haarmode dominierenden «Natürlichkeit» ein Ende bereitete. An die Stelle mehr oder minder natürlich fallender, mit der Kopfform korrespondierender Schnitte traten bei den Punks explosionsartig in alle Richtungen strebende Stachelgebilde mit recht willkürlich durchrasierten Schneisen oder Stoppelfeldern. War das Haarfärben zuvor immer recht dezent erfolgt und innerhalb des Spektrums real existierender Haarfarben geblieben, so leuchteten die Häupter nun in giftig grellem Pink, Blau oder Orange.

Diese exzentrischen Haartrachten erregten neben der Abscheu des «Normalbürgers» auch die Aufmerksamkeit einiger Avantgardisten, die in ihrem Streben nach einem ausgefallenen Individualstil für die Punk-Ästhetik der Übertreibung und Künstlichkeit empfänglich waren. In seiner harten Straßenversion konnten sie diesen Stil allerdings nicht übernehmen. Er mußte erst geglättet und mit Avantgarde-Anspruch versehen werden.

So kam es zu einer regelrechten Renaissance des Friseur-Handwerks: Experimentierfreudige junge Szene-Stylisten eigneten sich die komplizierten und unorthodoxen Schneide- und Färbetechniken an und entwickelten «punkige» Schnitte, die von ihrer trendbewußten Kundschaft in den Alltag hinaus getragen wurden.

Auch die Medien taten das ihre zur Verbreitung des Punk-Stils. Vorneweg die Szene-Postillen. Sie sorgten für eine frühzeitige Bekanntmachung und ließen den Funken von London auf andere Metropolen überspringen. Bald schon präsentierten selbst die traditionellen Frauenzeitschriften «mutige Stachelschnitte mit frechen Strähnchen». Die Kosmetik-Industrie lieferte dazu die Farben, die neuen «New Wave-Wet Gels» und «extra-starken» Form-Sprays.

So konnten sich auch konservativere Damen den frischen Wind um den hochrasierten Nacken wehen lassen. Selbst der distinguierte Stil der traditionellen gehobenen Schichten blieb davon nicht unberührt. Vielzitiertes Beispiel hierfür: Gloria von Thurn und Taxis ließ sich von ihrem Hof-Coiffeur das fürstliche Haar zur «Punk-Mähne» hochtürmen – und trug sie zur festlichen Abendrobe.

Und die Herren der Schöpfung? Hier läßt sich der Weg vom grellen Irokesenbesen des Punk über die wasserstoffblonde Bürste eines Jean-Paul Gaultier bis hin zum Gel-gestärkten Schopf mit ausrasiertem Nacken eines Bankkaufmanns nachzeichnen.

So wird aus dem Allerletzten der letzte Schrei und schließlich Durchschnittsware. Stilisierungen, die zunächst eng mit einem oppositionellen Gruppenstil verbunden waren, werden zur Massenmode. Und können damit als neue Symbole des Etablierten wiederum die kreative Opposition der jugendlichen Subkulturen provozieren.

IX Exkurs Vergangenheit

«Die meisten schönen Gemälde,
die wir aus früheren Zeiten besitzen,
sind mit Kostümen ihrer Epoche bekleidet.
Sie sind vollkommen harmonisch,
weil der Anzug, die Kopfbedeckung
und selbst die Geste, der Blick und das Lächeln
(jede Epoche hat ihre Haltung, ihren Blick und ihr Lächeln)
ein lebendiges und vollkommenes Ganzes bilden.
Verachtet dieses vergängliche, flüchtige Element,
dessen Verwandlungen so häuftig sind, nicht.
Überseht Ihr es, so verfallt Ihr zwangsläufig
dem Vakuum einer abstrakten und undefinierbaren Schönheit,
wie der ersten Frau vor dem Sündenfall.
Wenn Ihr für das notwendige Zeitkostüm ein anderes einsetzt,
so begeht Ihr dem Sinn nach einen Fehler,
der auch nicht durch eine modisch gewollte
Maskerade zu ersetzen ist.»

Charles Baudelaire

Gretel Wagner

Magazine, Archive, Journale...

Modezeitschriften des 18. und 19. Jahrhunderts

> «Selbst in Berlin, wo das gesellschaftliche Leben wegen des noch abwesenden Hofes noch nicht auf alter Höhe stand, zeigten sich schon wieder normale Verhältnisse. Die Mode, die einstweilen eingestellt zu seyn schien, fängt nach und nach an, ihren alten Platz einzunehmen. Unsere jungen Damen tragen grüne, rothe, veilchenblaue und orange Pelze.»
>
> Zeitung für die elegante Welt, Jhrg. 1807

Mode ist ohne Publikum nicht denkbar.

Mode kann nicht warten.

Ein Medium, das die neuesten Trends vermittelt, sind Modezeitschriften. Heute gibt es für jeden Geschmack, für jedes Alter und für jeden Geldbeutel das passende Blatt. Wie aber sah es früher aus?

In den letzten Jahrzehnten des 18. Jahrhunderts erschienen regelmäßig publizierte Periodika mit Abbildungen und Text, die zu abonnieren waren. Ein zusehends rascher werdender Modewechsel mag der Anlaß dafür gewesen sein, daß immer weitere Kreise, nun auch des Bürgertums, informiert sein wollten, was man in Paris trug. Im Jahre 1758 wurde ein erster Versuch unternommen, ein Modemagazin zu veröffentlichen. Nicht in Frankreichs Metropole Paris, wie man denken könnte, sondern in einer kleinen deutschen Provinzstadt, in Erfurt. *«Der neuen Mode- und Galanterie-Zeitung»* war der Titel. Doch mehr als ein Jahrgang konnte nicht erscheinen. In den unruhigen Zeiten des Siebenjährigen Krieges hatte man andere Sorgen.

Es war das Verdienst des Pariser Verlegers François Buisson, die erste wirkliche Modezeitschrift publiziert und ihr eine für kommende Jahre vorbildliche Form gegeben zu haben. *«Cabinet des Modes»* erschien von 1785 bis 1793, seit 1786 mit der Titeländerung *«Magazin des Modes nouvelles Françaises et Anglaises»*, ab 1790 als *«Journal de la Mode et du Goût»*. In diesem Blatt wurden alle Bereiche der Mode erfaßt. Neben eleganter Damen- und Herrengarderobe lieferte das Journal Vorschläge für moderne Möbel, Schmuck und Goldschmiedearbeiten, für Wagen und Karossen. Gedichte, sachbezogene Aufsätze, wie zum Beispiel pädagogische Abhandlungen, sowie Theater- und Buchkritiken, bildeten den literarischen Teil, das sogenannte Feuilleton. Die beigefügten handkolorierten Modekupfer zeichneten sich durch hohe Qualität und ein leuchtendes Kolorit aus.

Für ein Jahresabonnement mußte man das Vierfache einer entsprechenden Zeitung von heute zahlen, versucht man, den Preis von einundzwanzig Livres in unsere Währung umzusetzen. Dem französischen Vorbild folgend, veröffentliche Friedrich Justin Bertuch in Weimar 1786 das *«Das Journal der Moden»*, ab 1787 *«Journal des Luxus und der Moden»*, ein Unternehmen, das sich als äußerst erfolgreich erwies. Rund vierzig Jahre, bis 1826, konnte dieses Blatt erscheinen. Goethes Mutter erwartete das Erscheinen der kleinen roten Hefte stets mit Ungeduld. Literarische Kreise hingegen standen dem Journal kritisch gegenüber. Herder nannte es verderblich und fürchtete, der stets veränderte Aufwand könne den häuslichen Wohlstand untergraben, das Gemüt eitel machen, der Gesundheit und der Moral schaden. Goethe schrieb sogar in einem Brief an Schiller, es sei, als wenn alles Geistreiche aus dem feuerfarbenen Einband fliehe.

Im November 1794 konnte sich die modebewußte und interessierte Berlinerin erstmalig von einer in ihrer Stadt erschienenen Zeitschrift zu modischen Einfällen inspirieren lassen. Leider nicht lange, denn schon nach drei Monaten wurde die mit hübschen Kupfern geschmückte *«Berlinische Damen-Zeitung»* wieder eingestellt. Doch schien die Nachfrage nach Information groß gewesen zu sein, denn noch im selben Jahr publizierte Friedrich Maurer ein *«Berlinisches Archiv der Zeit und ihres Geschmacks»*. Jeweils am Ersten eines Monats gab es ein Heft mit sechs Bogen und einer Kupfertafel, «welche auf Erfindungen der Mode Bezug hat». Der Subskriptionspreis für den ganzen Jahrgang betrug vier Reichstaler und zwölf Groschen, einzelne Hefte wurden nicht verkauft. Die Zeitschrift behandelte Politik, Literatur, Bildende Kunst und Musik. «Der letzte bestimmte Artikel ist der Mode gewidmet. Ihr, der alles huldigt, nahen auch wir uns mit monathlicher Ehrbezeigung, und mögten(!) gern ihre wandelbaren Gestalten, in den schnellvorübergehenden Augenblicken ihrer Ruhe, haschen und niederzeichnen.» Das erste Heft lobte die damals aktuelle Mode. Sie habe sich der Natur genähert, liest man, habe nichts Entstellendes oder Beleidigendes mehr. Schönheit, Zweckmäßigkeit und Anpaßlichkeit scheinen als Gesetz anerkannt zu sein. «Man ahmt nicht ohne Wahl nach, man nimmt Rücksicht auf Jahre, Wuchs und Colorit; und was eine Kokette erfand, um ihre alternden Reize zu verjüngen oder anzupreisen, wird gewiß nur unter ihres Gleichen Nachahmerinnen finden.» Die modischen Erklärungen zu den Kupfern erzählten kleine Geschichten: «Die Dame hat ihrer Köchin die Erlaubniß gegeben, an einem Sonntag Nachmittag spazieren zu gehen. Diese überreicht ihr den Küchenschlüssel, wobei die freundliche Ermahnung erfolgt, nicht zu spät auszubleiben.» So erfuhr man auch, daß die Hausfrau einen Strohhut einer Berliner Fabrik trägt und daß diese Hüte zwar viel Beifall fänden, sich aber wohl nicht halten werden, weil es keine ausländischen Kopien seien. Das Caraco der Dame sei aus gelbem Mousselin, der Schal aus lila Tarlatan, hieß es dann weiter. Bis zum Jahre 1800 wurde dieses Journal veröffentlicht.

Fast gleichzeitig, 1799 bis 1800, erschien in Kommission bei Heinrich Fröhlich ein anderes Blatt, *«Berlin. Eine Zeitschrift für Freunde der schönen Künste, des Geschmacks und der Moden»*. Die umfangreichen, mehr als einhundert Seiten umfassenden Hefte, sechs im Jahr, brachten neben Beschreibungen der Stadt und ihrer Bewohner zahlreiche Beiträge zum Thema Kunst und Theater und natürlich – wie es der Titel anzeigt – zur Mode. Vorgestellt wurden die neuesten Kreationen, die man jedoch auch schon kritisch unter die Lupe nahm. Positiv vermerkte der Herausgeber seinerzeit, das griechische Kleid habe noch immer die Oberhand, und der gute Genius des Geschmacks gäbe es, daß er es nie verdrängen möge. Die langen Kleider seien nun von ihren langen Schleppen befreit, was für die Damen sehr vorteilhaft sei. Sähe man doch, sie seien mit Füßen «begabt». «Perrücken aller Art machen nur langsam Fortschritte, und die Damen goutieren die Mode selten früher, als bis die Noth sie dazu zwingt», so konnte man es lesen. Im vierten Heft wurde ein neuer Kopfputz beschrieben, eine Art Mütze, die das Haar so dicht an den Kopf drükken, als sei es gar nicht da. Andere wären mit einer Feder besetzt, die über Schläfe und Stirne hingen. Dies gäbe einen doppelten, aber geschmacklosen Anblick; indem die eine Hälfte des Gesichts oft mit schwarzen oder braunen Löckchen, die rechte aber mit einer weißen Feder eingefaßt sei. Zum Glück sähe man diese Karikaturen selten, meinte der aufmerksame Chronist. In Heft 1 charakterisierte er die Berliner Damen «hinsichtlich ihres Putzes» und teilte sie in drei Klassen ein. «Ein Theil entzückt durch feinen ausgesuchten Geschmack, welcher alles auszeichnet, was ihn umgiebt, ein andrer fällt durch die geschmackloseste Karrikatur auf, und ein dritter füllt den Raum zwischen diesen beiden Extremen. Will man sagen, daß dies an allen Orten der Fall ist, so hab ich nichts dagegen.»

Auf diesen verheißungsvollen Beginn folgten in Berlin Jahrzehnte ohne nennenswerte Modezeitschriften. Die Berlinerin mußte, wenn sie modisch en vogue bleiben wollte, das in Frankfurt edierte *«Journal des Dames»*, die *«Allgemeine Modenzeitung»* aus Leipzig oder das in Weimar herausgegebene *«Journal des Luxus und der Moden»* lesen.

Erst 1832 erschien dann wieder ein lokales Modemagazin: *«Berliner Modenspiegel in- und ausländischer Originale, eine Zeitschrift für die elegante Welt»*. Der Herausgeber rühmte sich in der «Eröffnung», schneller als alle Konkurrenzunternehmen das Neueste aus Paris, aus London, aus Wien und anderen bedeutenden Orten der Erde, die für sein Vorhaben tonangebend schienen, seinen Lesern weitergeben zu wollen. Der *«Modespiegel»* wurde bis 1849 publiziert und berichtete, von der Mode abgesehen, über Theater, Konzerte und Kunstausstellungen. Neuigkeiten aus der Stadt, Reklame und vermischte Anzeigen kamen ergänzend hinzu. Besonders reizvoll waren einige Modekupfer des ersten Jahrganges, die als Hintergrund architektonische Ansichten hatten. Man sieht zum Beispiel das Kreuzbergdenkmal, das Königliche Schauspielhaus sowie das Alte Museum. Im vierten Heft mußte der Korrespondent der Zeitung harte Kritik üben. In einem Beitrag, geschrieben am 25. Januar 1832, mokierte er sich über die non-chalante Kleidung des Adels, deren Angehörige sich nicht scheuten, den ersten Rang des Theaters in befleckten Kleidern und Negligéhauben zu besuchen. Am 14. März hingegen gab es etwas zu loben, nämlich die kleinen Füße der Berlinerinnen. Es hieß dort damals, man habe in London schöne Blondinen gefunden, aber mit breiten Füßen; in Paris galante Brünette, jedoch mit langen Füßen. Es ginge nichts über das zarte Fußwerk der Berliner Damen, wozu denn die Schuhmacher, besonders Herr Schmidt in der Breiten Straße, beigetragen hätten. «Man könnte seine Werkstatt ein Attelier(!) nennen.»

Der gute Genius des Geschmacks hatte es doch nicht verhindern können, daß das griechische Kleid unmodern wurde. Im Biedermeier bevorzugte man andere Linien und Formen. Hatte die Mode bislang den weiblichen Körper zu strecken versucht, so machte sich jetzt eine Tendenz zum Breiten und Gedrungenen hin bemerkbar. Der Rock hatte sich verkürzt und war weiter geworden, die Ärmel größer und bauschten sich in solchen Ausmaßen, daß in den dreißiger Jahren die Schulterbreite einer modisch angezogenen Frau etwa ihrer halben Größe entsprach. Die Taille, die ein Vierteljahrhundert hoch angesetzt war, rückte wieder an ihre natürliche Stelle. Der zunächst noch recht schmale Rock verbreiterte sich und wurde schließlich trichterförmig. Man liebte Schuten oder reichverzierte breitkrempige Hüte. Mitte der dreißiger Jahre vollzog sich erneut ein Wandel, die Ärmel wurden kleiner und lagen glatt an. Der Taillenabschluß war spitz, und man trug den Rock wieder länger.

In der zweiten Hälfte des 19. Jahrhunderts kamen in Berlin mehrere Modejournale von kürzerer oder längerer Dauer auf den Markt: *«Der Telegraph von Berlin»* (1839/46), die *«Berliner Muster- und Modenzeitung»* (1851–1860), *«Victoria»* (1851–1879), *«Pariser Moden-Salon. Technische Zeitschrift für Damengarderobe, Moden und weibliche Handarbeiten»* (1853–1858), *«Der Bazar»* (1855–1936), *«Herrmann Gerson's Mode-Zeitung»* (1856–1858), *«Die Damentoilette»* (1865–1886) und *«Die Modenwelt»* (1865–1906).

Die Fülle der Publikationen war einerseits durch den zunehmenden Wohlstand des Bürgertums bedingt, andererseits durch eine fortschrittliche Drucktechnik, die es ermöglichte, schneller und billiger zu produzieren, dies allerdings bisweilen auf Kosten der Qualität. Die Wiedergabe in Stahl- und Holzstichen ersparte Arbeitszeit sowie Druckkosten und erlaubte höhere Auflagen, was sich zwangsläufig auch auf den Preis auswirkte. Die neuen Zeitschriften richteten sich nicht mehr an eine gehobene und gebildete Schicht, sondern an breitere Kreise. Die literarischen und kulturkritischen Beiträge wurden durch seichte Fortsetzungsromane ersetzt, Anleitungen für Schneiderei und Handarbeiten begannen einen größeren Raum einzunehmen. Bezeichnend für diese neue Richtung war das Vorwort der Redakteurin Antonie Klein in der ersten Nummer des *«Bazar»* vom 10. Dezember 1854, damals eine der beliebtesten und meistgelesenen Zeitungen: «Ich habe seit einer Reihe von Jahren nicht des eigenen

Amusements wegen mich mit der weiblichen Handarbeit vertraut gemacht, ich habe nicht darum die Frauen-Toiletten wie ein Studium betrachtet, um die Fertigkeit zu erlangen, ein Kleid, eine Coiffure selbst anzufertigen, ich wollte lernen, um später lehren zu können, lehren durch das gedruckte Buch.» Die einzelnen Hefte enthielten ein handkoloriertes Modenbild, zuerst noch in Stahlstich, später dann in Holz gestochen. Schnittmuster, Stickerei und Häkelvorlagen, sowie ein belletristischer Teil, der keinen literarischen Anspruch erhob, sondern nur unterhalten wollte. Der große Erfolg lag – abgesehen von der reichen Illustration – in der merkwürdigen Mischung von Mode und biederer Handarbeit.

Schöner und qualitätvoller waren die Modebilder in der *«Gerson'schen Modenzeitung»*, die von dem seit einigen Jahren in Berlin gut eingeführten und berühmt gewordenen Modehaus Herrmann Gerson am Werder'schen Markt Nr. 5 herausgegeben wurde. Leider erschien dieses Modemagazin nur zwei Jahre lang, von 1856–58. Alle Vierteljahre, so kündigte der tüchtige Firmeninhaber an, liege eine Probekarte mit neuen Stoffen bei, die der Saison entsprächen. Für die Weihnachtszeit wurde eine Prämienziehung in Aussicht gestellt, die Gewinne bestünden aus seidenen Roben, Teppichen, Mantillen, Spitzen, Taschentüchern. Die Redaktion rühmte sich, nicht wie andere deutsche Modejournale von Pariser Vorbildern abhängig zu sein, sondern eigene Moden zu schaffen. So glaubte man, den Wünschen der Abonnenten entgegenzukommen und wies werbewirksam darauf hin, daß bei Gerson fast alles zu kaufen sei. Im Mai 1857 zum Beispiel diktiert die Mode eine neue Form des Sonnenschirms. Von den vorjährigen Modellen könne man höchstens noch das Gestell benutzen, las man in einen Modebericht. Es war selbstverständlich, daß sich das Gerson'sche Haus bei dieser «Moderevolution» nicht passiv verhielt. Am Lager seien sechzig Schirmvarianten, und die Zahl werde im Laufe des Sommers noch weiter anwachsen, versprach man den Lesern.

Den größten Erfolg in jenen Jahren hatte die *«Modenwelt»*, die in Aufmachung und Ausstattung dem *«Bazar»* ähnlich war. Im Herbst 1865 zeigte der junge, erst siebenundzwanzigjährige Verleger Franz Lipperheide zusammen mit seiner Frau Frieda, geborene Gerstefeld, sein neues Produkt an. Im Gegensatz zu allen anderen gut eingeführten Journalen verzichtete dieses Blatt zunächst auf einen belletristischen Beitrag sowie auf kolorierte Modebeilagen und war deshalb billiger als alle anderen Konkurrenzunternehmen. Die erste Nummer sollte am 1. Oktober vorliegen, doch die Anzahl der vorbestellten Exemplare war so hoch, daß der Verlag wegen der Auslieferung um Aufschub bitten mußte. Bald erschien die Zeitschrift unter verschiedenen Titeln in fast allen europäischen Ländern sowie in Nord- und Südamerika. 1874 kam als Ausgabe der *«Modenwelt»* mit Unterhaltungsteil die *«Illustrierte Frauenzeitung»* hinzu, die ebenfalls schnell florierte. 1890 zählte man 439 000 Leser in aller Welt. In der Festschrift, die zum fünfundzwanzigjährigen Bestehen der *«Modenwelt»* herausgegeben wurde, heißt es stolz, dies sei eine Zeitschrift, die vom Kap Finistère bis zum Ural, von Malta bis Hammerfest, auf Cuba und Puerto Rico wie am Kap der Guten Hoffnung, auf einsamen Farmen Nord-Amerikas und in den Harems zu Konstantinopel gelesen werde. Der verlegerische Erfolg ist ohnegleichen, aber wie sah die Berlinerin aus, die sich nach den Vorschlägen der Modenwelt richtete?

Alfred Lichtwark, seit 1886 Direktor der Hamburger Kunsthalle, berichtet in seinen Erinnerungen von einer Gesellschaft im Hause Lipperheide im Juli 1882. Eine ebenfalls eingeladene Dame aus Frankfurt kritisiert die Berlinerinnen, die sich – so meint sie – schlecht und überladen anzögen. Als der Gastgeber auf die vielen geschmackvollen Modeblätter hinwies, die doch vorbildliche Anregungen vermitteln könnten, gab die Frankfurterin ein vernichtendes Urteil über die *«Modenwelt»* ab. Wer danach gekleidet sei, sähe aus, als gehörte er zum Zirkus, und sie lobte die kleinen französischen Journale, die elegante und gediegene Modelle zeigten.

Die *«Illustrierte Frauenzeitung»* wurde nach dem Tode von Franz Lipperheide 1906 zunächst vom Bruckmann-Verlag, 1911 dann von Ullstein übernommen. Am 1. Januar 1912 mit Heft 7 ändert sich nicht nur der Titel, der von nun an *«Die Dame»* lautete, sondern auch Inhalt und Aussehen des Blattes. Die sehr biedere, bürgerliche Zeitschrift verwandelte sich in ein Journal für die elegante Gesellschaft. Die langweiligen Titelblätter wurden durch reizvolle Darstellungen ersetzt, entworfen von bekannten Künstlern wie Paul Scheurich und Ludwig Kainer. Die literarischen Beiträge stammten aus der Feder angesehener Autoren wie Bert Brecht, Carl Zuckmayer, Kurt Tucholsky, um nur einige zu nennen. Die aktuelle Mode führte man nicht mehr ausschließlich in Zeichnungen und Modellen vor, sondern Schauspieler und andere Persönlichkeiten des öffentlichen Lebens wurden in eleganter und extravaganter Kleidung gezeigt. Diese indirekte modische Berichterstattung sollte ebenfalls zur Nachahmung anregen. Das hier jetzt eingesetzte Medium der Fotografie war der beste Übermittler, und schließlich wurden Fotos bzw. zunächst Fototypien, die seit den neunziger Jahren nur vereinzelt in deutschen Zeitschriften benutzt wurden, nun gleichberechtigt neben der Zeichnung gedruckt.

Mit der *«Dame»* und der ebenfalls seit 1912 erscheinenden *«Eleganten Welt»*, der schon 1895 begründeten Zeitschrift *«Sport im Bild»*, der *«Deutschen Elite»* und der *«neuen linie»* besaß Berlin in den zwanziger Jahren fünf Gesellschaftszeitungen von internationalem Format. Speziell auf Berlin bezogen hingegen war der «Styl», mit dem Untertitel *«Blätter für Mode und die angenehmen Dinge des Lebens»*. Dieses geschmackvolle, extravagante Modejournal gehörte zu den letzten bibliophilen Schriften dieses Genres, herausgegeben vom Verband der Deutschen Modeindustrie, einer Vereinigung, die sich bereits während des Krieges gebildet hatte, um deutsche Modeartikel als wichtigen wirtschaftlichen Faktor in das neutrale Ausland zu exportieren. Ein Heft bestand aus drei Teilen, die sich aus illustrierten Beiträgen, aus losen Tafeln und aus unregelmäßig publizierten Beilagen zusammensetzte. Die belletristischen Beiträge stammten von namhaften Literaten oder von bekannten Kulturhistorikern. Die handkolorierten Tafeln lieferten anerkannte Künstler. Die Beilagen, bestimmt für die Mitglieder des Verbandes, informierten über aktuelle Themen der jeweiligen Saison. Leider wurde diese wichtige Publikation, in der viele bekannte Berliner Firmen wie Herrmann Gerson, Regina Friedlaender, Manheimer, Friedmann und Weber ihre reizvollen Kleider, Mäntel und Hüte zeigten, nur zwei Jahre lang, nämlich von 1922–1924, veröffentlicht.

Das künstlerische Modenbild erlebte in Berlin in der Zeit des Ersten Weltkriegs und in den darauffolgenden Jahren einen ausgesprochenen Höhepunkt. Die kolorierten Kupfer in den Berliner Journalen der ersten Hälfte des 19. Jahrhunderts waren nicht besser und nicht schlechter als in anderen deutschen Zeitschriften. In den vierziger und fünfziger Jahren sieht man neben langweiligen Darstellungen recht reizvolle Szenen, doch ganz allgemein sinken die Modebilder, die nun nicht mehr in Kupfer, sondern in Stahl- und Holzstich, sogar als mechanische Klischees, wiedergegeben werden, auf ein recht tiefes Niveau. Zur Zeit des Ersten Weltkriegs und in den zwanziger Jahren nahmen sich Künstler wie Ludwig Kainer, Paul Scheurich, Emil Orlik, Jeanne Mammen, Kenan, Rolf Niczky, Künstler, die auch als Illustratoren, als Bühnenbildner und als Gebrauchsgrafiker einen Namen hatten, des Modebildes an. Man fand ihre Zeichnungen in den eben genannten Blättern.

Rückblickend auf mehr als einhundertfünfundzwanzig Jahre Damenmode anhand von in Berlin edierten Fachzeitschriften kann man festhalten, daß es keine Berliner Mode gab. Der beherrschende Einfluß der Weltstädte, wie London, Wien und insbesondere Paris, spiegelt sich hier wider. Alles Neue wird mit Interesse registriert und aufgenommen. Hier und da werden modische Details kritisch betrachtet, verändert oder auch abgelehnt. Die modische Entwicklung verlief in anderen deutschen Städten vergleichbar, nur gab es nirgendwo eine solche Fülle von einschlägigen Zeitschriften wie in Berlin. Ein derartiges Angebot von jahrzehntelang bestehenden oder immer wieder neugegründeten Modezeitschriften konnte natürlich nur in einer Stadt möglich sein, die auf dem Modesektor eine ohnehin führende Rolle spielte. In einer Stadt, von der Impulse ausgingen und die Anregungen aufnahm. Berlin, als Metropole mit zahllosen gesellschaftlichen und kulturellen Aktivitäten und als Zentrum der Konfektion, bot hierfür damals die besten Voraussetzungen.

Marietta Riederer

Glanz und Elend der Modezeichnung

Die Mode des 19. Jahrhunderts wurde durch das Modekupfer populär. Zahllose Abzüge erfreuen uns heute noch. Sie vermitteln uns mit minutiöser Genauigkeit die Toiletten der eleganten Damen mit ihren putzig gekleideten Kindern, und jede Veränderung der Herrenmode vom Kavalier bis zum Dandy.

Obwohl die Modezeichnung heute nur mehr im Schatten der Modefotografie ein sehr bescheidenes Dasein führt, kann die Mode ohne Zeichnung nicht zur Mode werden.

Die Skizze ist der Beginn des Modells, die erste Notiz, das Deutlichmachen der neuen Linie.

Modezeichner mit Ideen verkaufen der Haute-Couture und der Konfektion Stöße von «Croquis»-Entwürfen, die als Anregung dienen oder auch getreulich übernommen werden. In Schnittmusterheften und auf Schnittmustertüten ist die Modezeichnung mit allen Details des Modells unumgänglich notwendig. Die Modezeichnung als Werkzeichnung, als Tendenzskizze gehört zur Mode wie die Schere ins Schneideratelier. Aber für Modezeichner aus Passion, die künstlerisch und schöpferisch ein Zeitbild der Mode geben könnten, ist das Modefoto zu einer gefährlichen Konkurrenz geworden.

In den zwanziger Jahren galt es als großes Kompliment, wenn man von einer Dame oder einem Herrn sagte, sie sähen aus wie eine Zeichnung von Dryden. Der Zeichner Dryden, ein ständiger Mitarbeiter der «Dame», hat es verstanden, den Stil seiner Zeit zu treffen und ihm seine eigene, persönliche Note mitzugeben. Die Damen und Herren auf Dryden-Zeichnungen tummelten sich beim Golfspielen, an der Riviera oder zeigten sich spazierengehenderweise mit ihren Foxterriern im Straßenbild der Großstadt. Die Stärke Drydens war der sportliche Chic. Seine Zeichnungen überzeugen heute noch, sie wirken weniger altmodisch als die Modefotos jener Periode. In den zehner und zwanziger Jahren zeichnete man, ganz besonders auch in Frankreich, graphisch und stilisiert. Die Linie, mit der Farbe als füllende Fläche, wie die übertriebene Länge der Figurinen sind am deutlichsten in der Zeitschrift «La Gazette de Bon Ton» zu verfolgen. Sie zeigte die Mode immer im Zusammenhang mit einer Situation aus dem mondänen Leben. Und dazu gehörte die modische Vignette wie ein Aperçu. Skurril und frech, war sie dazu da, den Text aufzulokkern. Damals war man noch bereit, die Stilisierung einer Zeichnung zu verstehen, während man heute nur mehr dem wahrheitsgetreuen Foto Glauben schenkt, die Zeichnung mehr oder weniger übersieht oder als Füllsel betrachtet. In den dreißiger Jahren räumte man der Modezeichnung noch mehr oder doch wenigstens gleich viel Platz ein wie dem Foto. Zu jener Zeit begründete Gerd Hartung den Berliner Stil der Modezeichnung. Sein lockerer Strich mit der flüchtig aufgesetzten Farbe schuf die neue flotte Zeichnung, die ungemein gefiel und noch jahrzehntelang emsig kopiert werden sollte. Hartung war als erfahrener Kenner aller Drucktechniken Top-Zeichner der «Dame». Neben ihm waren Alice Bronsch und Gretel Schäfer bis zur Erscheinung des letzten Modeheftes während des Zweiten Weltkriegs typische Interpretinnen des «Berliner Chic».

Seinen eigenen Stil entwickelte Walter Voigt. Mit leichtem und witzigem Strich zeichnet er die Mode auf. Er übertreibt und betont somit ihre neue Linie überzeugend. Unter seiner Hand bekommt sie eine angenehm mondäne Note. Sicher und elegant setzt er seine Farbe und ist nicht nur ein Zeichner, sondern auch ein sensibler Illustrator der Mode.

Rico Puhlmann gehört schon zur Nachkriegsgeneration und ist einer unter dem jungen Nachwuchs, der mit Zeichnungen für Damen- und Herrenmoden bekannt geworden ist. Ein Zeichner mit angeborenem Verständnis für die Mode, versuchte er, dem Trend der Zeit entsprechend, auch zu fotografieren. Das Zeichnen liebend und vom Fotografieren fasziniert, betreibt er nun beide Künste, und schon hat er als Modefotograf mehr Aufträge als als Modezeichner.

Gleich mit dem Wiedererscheinen der Modezeitschriften nach dem Krieg stieß man in Pariser Journalen auf Zeichnungen von René Gruau, die ganz anders waren als jene, die man früher von ihm gesehen hatte. Aus den langgestreckten, graphisch aufgefaßten Figuren – einem Stil, mit dem eigentlich der Zeichner Benigni Schule gemacht hatte – war eine neue Art von Modezeichnung entstanden, die Zeichnung nach der Natur, nach dem Modell.

Eine neue Ära der Modezeichnung nahm ihren Anfang. Gruaus Strich war jetzt zart und nervös, zugleich betonte er das Wichtige der Silhouette mit einer starken Kontur. Das Spiel des Stoffes mit dem Reiz seiner Falten über dem weiblichen Körper kam wieder zur Geltung. Eleganz und Chic einer gepflegten Frau, ja fast ihr Parfüm waren zu spüren. Die Brillanz der Modefarben, die Bewegung, die der Mode Rasse verleiht und die Sicherheit in der Darstellung des weiblichen Körpers verriet sofort das Skizzieren nach der Natur. Vorbilder von Gruau waren die mondänen Porträts Boldinis, die Grazie der modischen Radierungen von Helleu und nicht zuletzt Toulouse-Lautrec.

Mit Zeichnungen von Gruau wurden alle Modezeitschriften im ersten Jahrzehnt nach dem Krieg anregend und interessant. Von dem Moment an, als überall Gruau-Kopien auftauchten, zog sich Gruau zurück, widmete sich nur mehr dem Porträtieren und wechselte von der Modepresse zur Werbung über. Seine Anzeigenbilder für Kosmetika und elegante Herrenmoden strahlen eine unerhörte Zugkraft und Intensität aus.

Spezialisten auf dem Gebiet der Modezeichnung waren René Bouët-Willaumez und Ericson oder kurz Eric, die für «Vogue» arbeiteten. Beide verfügten über den sicheren Strich, der jedes Kleid, jeden Hut der Mode entsprechend vortrug und sofort alle Frauen überzeugte. Eric war der einzige Zeichner, dem die Haute Couture Modelle und Mannequins ins Haus schickte, damit er in Ruhe sorgfältig arbeiten konnte. Die Ähnlichkeit der Mannequins war von Kennern der Mode auf den ersten Blick ersichtlich.

Künstler, wie Vertès, und vor allem Bébé Berard, haben der Pariser Haute Couture immer neue Impulse gegeben. Entwürfe für Bühnenbilder und Theaterkostüme, flüchtige, verspielte Skizzen für oder über die Haute Couture wurden gravierend für die Weiterentwicklung der Mode und haben sie vor allem farblich beeinflußt.

Vertès konnte für seine Kostümentwürfe zu dem Film «Moulin Rouge» einen Oskar einheimsen. Seine hinreißend frechen Inserate für das «Shocking-Parfum» von Schiaparelli, und seine mit leichter Hand hingesetzten Illustrationen in Modezeitschriften wirkten abwechselnd wie Puder oder Pfeffer. Einige Zeit konnte man Modezeichnungen in einem sehr individuellen Stil mit dunklen, satten Farben in der «Vogue» finden. Sie stammten aus der Feder von Tom Keogh und verrieten mehr als die Beherrschung der momentanen Modelinie. Im Pariser Kaufhaus «Printemps» kann man von Keogh in der Kosmetikabteilung Schwarzweißzeichnungen als Vergrößerungen in Form eines illustrativen Frieses sehen, auf denen sich Frauen mit Schönheitspflege beschäftigen. Sie sind meisterhaft gezeichnet. Der Name Keogh tauchte dann wieder im Vorspann des Filmes «Can-Can» auf. Alle Mitwirkenden wurden durch Zeichnungen vorgestellt, die zugleich den ganzen Flair des Films ausstrahlten.

Der resoluten Moderedakteurin von «Vogue» hatte es der Zeichner René Boucher zu verdanken, daß er seinen neuen Stil fand. Sie sagte kurz und bündig: «Zeichne, aber finde eine neue Art der Zeichnung.» Nach drei Wochen kam Boucher mit Zeichnungen in die Redaktion, die er auf saugkräftigem Papier mit der Feder gemacht hatte. Eine neue Zeichentechnik war erfunden! Aus dem Modezeichner aber wurde alsbald ein brillanter Porträtzeichner.

Die Einflüsse aus Amerika, die nach dem Krieg in unserer Mode spürbar wurden und vor allem der Konfektion neue Aufgaben stellten, brachten den modernen sportlichen Chic für junge Leute. Zuerst war es Antonia Hilke, die mit Tusche, Feder und Pinsel reihenweise lustige Kinder, Teenager und junge Damen zeichnete und nach der neusten Mode einkleidete. Ihre sommersprossigen Kinder, die reizvollen jungen Mädchen mit ihren schlaksigen Boys zeigten den Lebensstil der modernen Jugend. In Tageszeitungen illustriert Antonia Hilke ihre eigenen Modeberichte mit linearen Modezeichnungen, die sehr genau orientieren. Und allen Fernsehern erklärt sie an Hand ihrer Tendenzskizzen zweimal im Jahr klipp und klar die Weiterentwicklung der Pariser Mode.

Die Darstellung von modischen Accessoires wird in Deutschland von niemandem besser dargestellt als von Regina May. Den Chic, der im Umriß eines neuen Schuhes, einer neuen Taschenform steckt, die genaue Darstellung des Materials, bis zur minutiösen Arbeit eines modischen Schmuckes, behandelt sie mit gleicher Liebe und Sorgfalt. Daneben unterrichtet sie die Leserinnen der «Frankfurter Allgemeinen Zeitung» mit ihren Tendenzskizzen klar und großzügig zum Beginn der Saison über die neue Modelinie.

Neben Gruau sind noch zwei Zeichner zu nennen, die über die seltene Begabung verfügen, Herren- wie Damenmoden gleich gut zeichnen zu können. Der in London lebende Österreicher Hoff versteht es ausgezeichnet, mit Mode zu werben. Seine farbigen Serien für

Astor-Zigaretten gehören zu den elegantesten und schmissigsten Inseraten in illustrierten Zeitschriften.

Bei dem Zeichner Gerd Grimm besticht die rassige Linie der Herrenfiguren und der herbe Chic seiner sportlichen Frauen. Er konnte sich auch einen guten Namen in der Werbung und für Buchumschläge machen.

Große Modekaufhäuser, die ihre Neuheiten in den Inseraten der Tageszeitungen vorstellen, haben erkannt, daß die Werbung mit Modefotos nicht immer überzeugt. Auf Zeitungspapier verliert auch das beste Foto an Brillanz. So kann man bei Saisonwechsel in Pariser und New Yorker Tageszeitungen oft vierseitige Inserate mit Modezeichnungen hochqualifizierter Modezeichner finden, die es verstehen, den modernen Typ junger Frauen wiederzugeben. Die Leserin erkennt sich oder ihr Ideal auf diesen Zeichnungen wieder, identifiziert sich mit dem neuen Kleid, und der Wunsch, es zu besitzen, wird geweckt und in die Tat umgesetzt.

Der Modezeichner mit Zukunft muß den menschlichen Körper wieder genau kennen, um ihn dann zu idealisieren. Der Fall des Stoffes, das Spiel seiner Falten wird daher von ihm bestimmt. Mit abstrakten Figurinen kann man zwar die Mode notieren, aber nicht mehr die Konkurrenz mit dem Modefoto aufnehmen.

(1962)

Uwe Westphal

Hausvogteiplatz Berlin

Aus den Anfängen der deutschen Konfektion

Es war schon außerordentlich, wie steil und sprunghaft sich die Karrieren der ersten Berliner Modemacher um 1840 – tatsächlich, das ist schon einhundertfünfzig Jahre her – vollzogen. Genauer gesagt, wie mutig sie nach ihren Weg suchten und gingen. Man stelle sich einmal vor, heute käme ein junger Mensch, vielleicht mit zwanzig oder zweiundzwanzig Jahren aus irgendeiner verträumten Provinzstadt nach Berlin oder München und begänne hier mit einer kleinen Boutique, in der von der Badehose bis zum Wintermantel alles verkauft würde. Es würde nicht lange dauern, und der Laden stünde dem nächsten Mieter zur Verfügung. So geht es heute eben nicht – aber so ging es einmal. Karriere zu machen im Modebereich, ist immer eine Frage des Zeitpunktes, der Wahl des Ortes und – natürlich – des Talentes, wann man womit auf den Markt kommt und versucht, seinen Platz dort zu behaupten.

Von diesen drei Dingen verstanden Deutschlands erste Modespezialisten eine ganze Menge. Da gab es den zweiundzwanzigjährigen Hirsch Gerson Lewin, der 1835 aus Königsberg nach Berlin kam. Hier eröffnete er, nachdem er seine Rechte mit dem für jüdische Kaufleute erforderlichen «Judenbürgerbrief» erworben hatte, ein Jahr später sein erstes Geschäft für den Handel mit Seiden, Stickereien, Spitzen und französischem Leinen. Offensichtlich erkannte Hermann Gerson, wie er sich jetzt nannte, den großen Bedarf an Kleidung, den die kleinen Schneidereien nicht mehr abdecken konnten. Fünf Jahre später begann er den Handel mit in Serie gefertigten Damenmänteln. 1848, also gerade zwölf Jahre nach Geschäftseröffnung, beschäftigte er schon fünf Schneidermeister, drei Direktricen, einhundertzwanzig Arbeiterinnen in der Werkstatt. Im Ladenlokal am Werder'schen

Markt bedienten einhundert Verkäufer und Verkäuferinnen. Doch damit nicht genug, außerhalb des Hauses waren noch ungefähr eintausendfünfhundert Schneider, darunter einhundertfünfzig Meister (welche Modefirma könnte sich heute einen solchen Personalstamm erlauben?), mit der Anfertigung der Luxusgarderoben nach standartisierten Maßen tätig. Der Name Gerson stand, nicht nur in Berlin, schon bald für ungewöhnliche Eleganz und Qualität.

Eine ähnliche Traumkarriere bauten sich die Brüder David, Moritz und Valentin Manheimer auf. Auch sie kamen aus der Provinz und gründeten 1837 in Berlin eine Firma für die «konfektionsmäßige Anfertigung von Mänteln». Auch bei ihnen ließ der Erfolg nicht lange auf sich warten. Drei Jahre später, Valentin trennte sich geschäftlich von den Brüdern, gehörte ihm die «Firma V. Manheimer» in der Oberwallstraße. Wie Hermann Gerson fertigte Manheimer hochwertige Damenkonfektion und erreichte, daß Berliner Mode erstmalig in größeren Mengen in alle Welt exportiert wurde. Als Ehrung bekam er dafür 1884 den seinerzeit äußerst angesehenen Titel ‹Geheimer Kommerzienrat› verliehen. Im Familienbesitz blieb dieses Unternehmen bis zum krisenbedingten Bankrott 1931.

Etwas völlig Neues brachte 1840 David Leib Levin, ebenfalls aus Königsberg nach Berlin gekommen und Gründer eines Unternehmens für Damenkleidung, in die Konfektion ein. Neben den serienfähigen Schnitten für seine Modelle arbeitete er mit festgelegten Preisen und Preislisten für seine Waren. Somit war es seinen Kunden jetzt möglich, eine größere Order mit klar kalkulierbaren Preisen zu geben und so nicht zuletzt auch Rabatte auszuhandeln.

Noch zwei weitere Pioniere der Konfektion im alten Berlin verdienen, erwähnt zu werden. Nathan Israel, Sproß einer alten Berliner Familie, entwickelte aus der Altkleiderhandlung seines Großvaters schon 1815 ein Stoffgeschäft, das sehr bald auch eine Bekleidungsproduktion aufnahm und in den darauffolgenden vierzig Jahren einen enormen Aufschwung erfuhr. 1913 war daraus ein ganzer Kauf- und Warenhauskomplex in der Spandauerstraße entstanden. Erst der Rassenwahn der Nazis bereitete dem Unternehmen 1938 ein Ende, weil der letzte Eigentümer, Wilfried Israel, Jude war.

Auch das Modenhaus Rudolph Hertzog, dessen Anfänge auf ein kleines Konfektionsgeschäft im Jahr 1839 zurückgehen, stand in der Tradition der im großen Stil aufgezogenen Bekleidungsherstellung und des Verkaufs.

Zwar gehörten Gerson, Hertzog, Israel, Levin und die Brüder Manheimer zu den ersten, die nach konfektionierten Maßen Bekleidung in großen Mengen anfertigten, doch wäre diese Tätigkeit nicht ohne die lange Zeit vorher arbeitenden Schneidereien möglich gewesen.

Die im Mittelalter in Zünften und Gilden organisierten Schneidermeister und Gesellen blickten auf eine lange Geschichte ihrer Handwerkskunst zurück. Immerhin bekamen sie schon 1288 eine Ehrung ihrer Arbeit durch den Markgrafen Otto V. in Berlin zugesprochen. Jedoch kamen sie dem raschen Wachstum der Stadt um 1800 und den damit gestiegenen Bedürfnissen nach Kleidung nicht hinterher. Daher hatte der Handel mit alten Kleidern, ähnlich den Secondhand-Läden von heute, einen enormen Aufschwung. Doch auch dieser durch die Ortschaften ziehende Trödelhandel wurde den Erfordernissen nicht gerecht. So war die Idee, ein standardisiertes Maßsystem zu erstellen, nach dem die Kleidung in Serie gefertigt werden konnte, der Beginn der Konfektion. Dazu kam, daß von den Modezeitschriften, die den Anregungen aus Paris und Wien folgten, ein verstärkter Wunsch nach modischer Kleidung geweckt wurde. Vorbehalten blieb dieser Luxus allerdings nur jenen, die sich die teuren Roben leisten konnten. Der Titel des zum «königlichen Hoflieferanten» avancierten Konfektionärs Hermann Gerson gab Auskunft über die Kundschaft seinerzeit.

Innerhalb von kaum zwanzig Jahren avancierte Berlin zur deutschen Modestadt. Immer mehr Firmen eröffneten am Hausvogteiplatz, heute in Berlin/DDR, ihre Häuser, und die Gegend war bald überall als das ‹Konfektionsviertel› bekannt. Der enorme Aufschwung dieser Branche lag zunächst daran, daß die Industrialisierung immer mehr Menschen in die Stadt zog und diese natürlich auch nach Kleidung verlangten. So war ein wesentlicher Vorteil der in Serie hergestellten Kleidung, daß sie weit billiger war als vom Schneider gefertigte Einzelstücke. Es bedurfte jedoch einer Revolutionierung der Mode, um tatsächlich die Massenfertigung von Bekleidung aufzunehmen, denn die aufwendigen Krinolinenkleider eigneten sich nicht zum rationalisierten Konfektionsschnitt. Um 1890, als die Frauen noch immer in enge Korsettagen eingeschnürt waren, arbeiteten in Berlin aber immerhin schon einhundertdreiunddreißig Damenkonfektionsgeschäfte allgemeiner Art und zweihundertachtunddreißig Damenmäntelgeschäfte, von denen sich siebenundsechzig allein auf den Export nach Frankreich, Holland, Schweiz und Amerika konzentrierten. In Frankfurt/M., Leipzig und im heutigen Ruhrgebiet entstanden große, auch auf Herrenbekleidung sortierte Konfektionshäuser. Um einen kleinen Einblick in die Verhältnisse zu bekommen, soll der Berliner Chronist Moritz Loeb zu Wort kommen, der 1906 das geschäftige Treiben am Hausvogteiplatz schilderte:

«Acht Uhr in der Frühe... Tausende von Angestellten, die im Konfektionsviertel beschäftigt sind, eilen ihrer Arbeitsstätte zu. Jedem Omnibus, jedem der zahlreichen, das Konfektionsviertel kreuzenden Straßenbahnwagen entsteigen in großer Zahl die jungen Leute und ihre weiblichen Kollegen, um in eiliger Hast die paar Schritte zum Geschäftslokal zurückzulegen...

Bald nach acht Uhr kommen auch die ersten Lieferdroschken. Diese bilden eine besondere Eigenart des Konfektionsgeschäftes. Der Zwischenmeister, der... die gesamte Fabrikation für seinen Auftraggeber übernimmt, hat die Pflicht, die fertige Ware franko Haus zu liefern, ebenso wie er in der Regel die ganzen Stoffballen auf eigene Kosten in seine Werkstätte transportieren muß... Nun rollen auch in den Taxametern nach und nach die Chefs heran, der eine oder andere Mantelkönig auch wohl in eleganter, zweispänniger Viktoria. Selbstverständlich kommen auch die Konfektionäre, die Herren mit den Ministergehältern, in Droschken vorgefahren, nicht minder die Reisenden der großen Häuser...»

Es war schon ein hektisches Treiben, das die Konfektion mit ihren Beschäftigten um 1900 entfaltete. Doch da gab es auch die Schattenseite des Erfolgs. Zumeist in Tausenden von häuslichen Kleinstwerkstätten, nicht selten in der Küche oder Wohnstube der düsteren Mietkasernen Berlins untergebracht, schufteten die Schneider- und Näherinnen für Pfennigbeträge an jener Kleidung, die sie sich selbst nicht leisten konnten. Eine gewerkschaftliche Organisierung wurde durch die der Konfektion eigenen Produktionsweise ausgeschlossen. Die Herstellung zergliederte sich in viele Einzelbetriebe; anders als z. B. die Metallindustrie, hatte die Konfektion keine Fabriken. Diese Eigentümlichkeit des Verlagssystems, die aus der Entstehung der Konfektion herrührt und noch bis 1960/65 praktiziert wurde, soll näher betrachtet werden.

Im Wesentlichen unterschied die Konfektion der zwanziger Jahre drei Genres.

- Im Modell- und Couturegenre wurden nur teuerste Stoffe und Materialien für elegante Kreationen, die sich am Pariser Chic orientierten, verarbeitet.
- Das Mittelgenre zeichnete sich durch qualitativ hochwertige Stoffe aus. Die Kleidung lag im modischen Trend, und durch hohe Stückzahlen lag ihr Preis erheblich unter dem Modellgenre.
- Die Stapelware, oder das Stapelgenre, war in großer Zahl preiswert produzierte und billige Kleidung.

Das charakteristische Merkmal eines Konfektionsbetriebes war die Trennung von Produktion und Absatzgeschäft. Das Konfektionshaus oder -geschäft übernahm die Verantwortung für die modische Richtung der herzustellenden Ware und setzte diese an Einzelhändler oder Grossisten ab. Die Gründung eines Konfektionsunternehmens bedurfte also nicht so sehr des Anfangskapitals, viel wichtiger waren gute Kontakte zu den Zwischenhändlern, die die Ware vertrieben, und zu den Schneidereien, die die Kleidung herstellten. Über allem stand – und entschied letztlich über Erfolg oder Bankrott – das Gefühl für die modischen Strömungen der Zeit und der Mut zur Spekulation. Hier war der Konfektionär gefordert. Er entschied über die zu verwendenden Stoffe bis hin zum Knopf, legte nach einem Modell den Schnitt und die Größen fest, mußte die Kalkulation und den Endpreis des Stückes berücksichtigen. So pendelte ein Konfektionär, vielleicht einigen Designern von heute vergleichbar, in steter Hast und Hektik zwischen Paris und Arbeitsplatz, um seine zwei oder drei Kollektionen zu organisieren. Ihm zur Hand die ebenfalls vielgeplagten Directricen, deren Arbeit die konkrete Umsetzung des Gesehenen auf den lokalen Publikumsgeschmack war. Die Zwischenmeister bekamen die Vorlagen und Materialien im Konfektionshaus mit genauer Order in Auftrag. Diese waren zumeist mit dem Zuschnitt beschäftigt und fertigten teilweise mit eigenen Gesellen und Näherinnen einige Arbeitsgänge aus. Unter den Zwischenmeistern fanden sich große Könner ihres Fachs, die dann aber selbst oft die Arbeit an häusliche Werkstätten weitergaben. Daher gab es Näherinnen, die z. B. über Jahre hin als Heimarbeiterinnen immer nur Knopflöcher oder auch Ärmel nähten. Zwar hatte die Nähmaschine, von Isaac Merit Singer 1851 entwickelt, eine große Erleichterung gebracht, doch viele

Arbeiten wurden weiterhin mit der Hand ausgeführt. (Der Verdienst einer solchen Näherin lag noch 1929 bei ungefähr fünfundfünfzig Pfennig in der Stunde! Allein in der Berliner Bekleidungsherstellung waren um 1925 fünfundvierzigtausend Frauen tätig.) Hatte die Näherin ihre Arbeit beendet, mußte sie wieder zum Zwischenmeister und bekam, wenn der gut bei Kasse war, den Stückpreis für die gebrachte Ware bezahlt. Der Zwischenmeister hingegen war für die gebügelte und dem Auftrag gemäß entsprechende Ware bis zur Ablieferung im Konfektionshaus verantwortlich. Man kann sich wohl vorstellen, wie oft um die Arbeit gezittert und gebangt wurde, wenn der Konfektionär bei der Abnahme selbst die dem Genre entsprechende Qualität prüfte. Nur wenige, ganz exklusive Konfektionshäuser verfügten über eigene Werkstätten zur Modellherstellung oder zur Fertigung spezieller Kundenaufträge. Für den geschäftlichen Teil, z. B. für die Abwicklung der Modenschauen, des Exportes oder der Abrechnung mit den Vertretern, hatte der Konfektionär zumeist einen Partner. Dieser kümmerte sich dann auch herzlich wenig um die Mode, sondern war für die Ein- und Ausgaben zuständig.

Dieses Verlagssystem der Produktion, nach dem schon die ersten Konfektionsunternehmen Gerson, Levin oder V. Manheimer arbeiteten, ist auch auf die spezifischen Bedingungen der Modebranche zurückzuführen. Es liegt in der Natur der Mode, schnellen Wechseln und Veränderungen unterworfen zu sein. Zudem legte man in den zwanziger Jahren großen Wert auf individuelle und elegante Kleidung, die sich einer massenhaften seriellen Fertigung entgegenstellte. Saisonale kleine Trendwenden an den entworfenen Modellen konnten ohne großen Aufwand an die Zwischenmeister weitergegeben werden. Unter modernen, fabrikspezifischen Gesichtspunkten war das Verlagssystem mit seiner Trennung von Handel und Produktion ein Relikt vergangener Zeiten. Doch muß die Mode dieser Zeit, zumindest, was ihren qualitativ gehobenen Bereich angeht, als nicht industrialisierbar bezeichnet werden. Nicht die ökonomisch effektivste Art und Weise der Bekleidungsherstellung stand im Vordergrund, sondern das Geschick des jeweiligen Konfektionshauses, mit seinen Modellen Aufsehen zu erregen und den individuellen Geschmack der umworbenen Kundschaft zu treffen. Und dennoch, die Konfektion war ein äußerst rentabler Wirtschaftszweig, mit dem sich viel Geld verdienen ließ. Der «Verband der Deutschen Modeindustrie» gehörte 1925 mit einem Exportvolumen von fünfundneunzig Millionen

Reichsmark, der größte Teil davon ging nach Berlin, zu den Umsatzgiganten der deutschen Industrie. Eine Zeit, die sich heute mancher Konfektionär zurückwünscht oder ersehnt.

Doch die Konfektion war weit mehr als nur Kleiderlieferant und Arbeitgeber. Sie sorgte – manche empfanden es als Last – für den immer rascher werdenden Wechsel der Moden. Daß sich die Reformkleidung, die endlich nach der letzten Jahrhundertwende die ungesunden und martialischen Korsetts abschaffte, so schnell verbreitete, ist unter anderem der Konfektion zu verdanken. Sehr bald reagierten die Stylisten auf die ersten modischen Signale in dieser Richtung und erstellten zu erschwinglichen Preisen Reformkostüme mit einfachen Schnitten. Einen letzten Durchbruch dieser Kleidung brachten die zwanziger Jahre. Nun ging es allerdings schon bald mehr um die internationalen Trends, denen die Konfektion folgte oder die sie, wie in Berlin, selbst produzierte. Nach der Inflation 1923 erlebte die Konfektion einen weiteren Aufschwung durch Impulse aus dem künstlerischen Leben der Stadt Berlin. Die Konfektionsindustriellen pflegten regen Kontakt zu Künstlern aller Art, und die kleineren Konfektionäre ließen sich davon inspirieren. Kaum war eine vielbesuchte Revue aufgeführt, zeigte V. Manheimer die abgewandelten Kostüme – nun tragbar und erschwinglich – im Schaufenster. Die geometrischen und kühlen Konstruktionen des Bauhauses beeinflußten das Stoffdesign und verabschiedeten Schnörkel und Rüschen. Hermann Gerson's Modenhaus, jetzt von Phillip Freudenberg geführt, veranstaltete Modenschauen auf der Pferderennbahn und im Theater. Junge begabte Künstler der Malerei wurden mit Wettbewerben in der Akademie der Künste dazu ermuntert, neue Stoffdesigns zu entwickeln. Überhaupt lag den Großverdienern der Konfektion am Herzen, man wünschte sich, es wäre heute noch so, den Nachwuchs zu fördern. In den eigenen Häusern bekamen junge Modetalente die Chance, ihre Ideen zu verwirklichen. Wenn es je eine Zeit gab, die in Deutschland einen wirklichen Sinn für Mode entwickelte, so waren es die zwanziger Jahre in Berlin. Nicht zuletzt für eine Auflockerung zuständig waren die auf dem Jackett festgenähten Heringe, mit denen die Dadaisten 1918 rezitierend auf den Laternen der Schloßstraße in Steglitz hockten. Das war zwar keine Mode und erst recht keine Avantgarde, sorgte aber, gegen den moralinsauren preußischen Geist, für die Ablösung von Konventionen. Ebenso für Aufregung gut war das «Kokain–Komplet» in den Auslagen der Firma Manheimer Ende der zwanziger Jahre.

Es gab aber auch genügend Kräfte, denen solche Entwicklungen ein Dorn im Auge waren. Agitierten die Nationalsozialisten doch in den zwanziger Jahren schon gegen die Einflüsse der Pariser Mode und bezichtigten die Konfektionshäuser jüdischer Eigentümer, mit ihren Kleiderschöpfungen deutsche Moral und Sitte zu gefährden. 1933 an die Macht gekommen, bedrängten sie diese Bekleidungsfirmen bald mit Kreditsperren, Stofflimitierungen und Verboten für Modenschauen. Schrittweise wurden so die bekannten und renommierten Konfektionsfirmen, wie z. B. Norbert Jutschenka, Block und Simon, Hansen Bang oder das Haus Israel, wirtschaftlich und psychisch in die Enge getrieben. Zahlreiche Konfektionäre verließen Berlin und emigrierten. Vielfach sahen die sog. arischen Berufskollegen nun eine Chance, für wenig Geld die jetzt unter Druck zu Spottpreisen verkauften Firmen zu erstehen. Einen traurigen Gipfelpunkt setzte 1938 das Novemberpogrom. Plündernd zogen NS-Horden auch in die Konfektionshäuser, zogen die Kleiderständer auf den Hausvogteiplatz und verbrannten die ihnen so verhaßte Mode.

Bis 1939 verließen etwa einhundertachtzig der besten Modemacher und Konfektionäre die Stadt, eine 100jährige Tradition des Modeschaffens fand so ihr vorläufiges Ende.

Malwi Schmitt

Die strahlenden Jahre

Berliner Modegeschichte 1945–1961

«Inzwischen ist es so weit gekommen, daß die Menschen dem Begriff der Mode ablehnend gegenüberstehen und daß auch die Frauen sich nur noch unter ironischen Vorbehalten zu ihr bekennen wagen.»

Friedrich Sieburg in: ‹Die Gegenwart›, 1949

Berlin 1989: wie alljährlich findet zweimal im Jahr, jeweils zu Beginn der modischen Saison, das «Mode-Festival» statt. Geladene Moderedakteurinnen und Fotografen werden über das breite Spektrum der Möglichkeiten der Mode- und Bekleidungsindustrie in Berlin informiert. Programmpunkte wie ‹Berliner Konfektion›, ‹Neue Modemacher Berlin› oder auch ‹Mutiges Design Berlin› deuten den Spielraum, den Mode heute haben darf, an. Der letzte der Programmpunkte weist darauf hin, daß Mode auch zur «Szene» werden darf, sich als Affront gegen sich selbst verstehen und dennoch nicht von der Bühne verwiesen werden kann.

Von Zeit zu Zeit kann auch Antimode zur Mode werden.

Doch wer heute zum ‹Mutigen Design Berlin› gehört, zu den Avantgardisten, den ‹Neuen Kleidermachern›, weiß wenig von der Vergangenheit der Mode in dieser Stadt und von jenen, die Berlins Ruf nach 1945 als bedeutendste deutsche Modestadt begründeten. Ja, es gab Epochen, in denen hier Mode wirklich groß geschrieben wurde, nicht nur in den Maß- und Modeateliers und den Auslagen der eleganten Geschäfte, sondern auch im Straßenbild, vor allem rechts und links vom Kurfürstendamm, früher auch in der Leipziger Straße und im quirligen Großstadtleben rund um den Potsdamer Platz. In den zwanziger Jahren galt die Berlinerin international als ‹ausgesprochen schicke Person›, und Ende der Vierziger, nach Krieg und

Blockade, konnte man schon bald im Bild der zerstörten Stadt auf dem Kurfürstendamm wieder die ersten eleganten Frauen flanieren sehen.

1945

Die Zeit der fast noch ungläubigen Hoffnung, der zaghaften Wünsche, der vagen Vorstellungen von einer Zukunft mit neuen Erwartungen an das Leben. Der Teil der Stadt, Hausvogteiplatz, Spittelmarkt, dort, wo die Bekleidungsindustrie zu Hause gewesen war, war in Schutt und Asche versunken, von den ehemaligen Produktionsstätten waren nur noch kümmerliche Reste vorhanden. Aber alle, die überlebt hatten, wollten ja auch weiterleben. Also machten sich diejenigen, die bis zum bitteren Ende vom Kleidermachen existiert hatten, auf den Weg. Zu Fuß oder mit einem Bollerwagen pilgerten sie zum Hausvogteiplatz und buddelten in den Ruinen. Sie stöberten in den Kellern, fanden noch ein paar brauchbare Nähmaschinen, vor allem aber das eine und andere Stofflager und fanden so die Basis für den Neubeginn.

Der Bedarf war groß. Nach und nach wurde die ehemalige Hierarchie der DOB, der Damenoberbekleidungsindustrie, wieder errichtet, das Gebäude aus Heimarbeiterinnen, Zwischenmeisterbetrieben, Musterateliers der verschiedenen Preisklassen – genannt «Genre» (auf gut berlinisch «Janger» ausgesprochen) bis zu den Modellhäusern. «Modeschöpfer» nannte man die Köpfe dieser Häuser damals; in Berlin gab es ein gutes Dutzend davon, deren Namen weit über Berlin hinaus Klang hatten. Doch als sich gerade die ersten Erfolge einstellten, schloß 1948 die Blockade für Berlin das Tor zum Westen. Die Berliner DOB richtete sich eine neue Institution ein, durch die sie ihren Kleiderhandel abwickeln konnte und zwar die IGEDO in Düsseldorf, heute die größte Fachmesse der DOB der Bundesrepublik.

Nach dem Ende der Blockade jedoch, mit all ihren Beschwernissen für die Berliner Bevölkerung, begann eine Phase enthusiastischen Wiederaufbaus. Über vierhundert Konfektionsfirmen arbeiteten in diesen Jahren in der noch ungeteilten Stadt, Tausende von Näherinnen aus westlichen wie östlichen Bezirken fanden Lohn und Brot in der Bekleidungsindustrie.

Das typische Berliner DOB-System, seit vielen Jahrzehnten bewährt, beruhte auf der Teilung des gesamten Produktionsablaufs. Die

Kollektionen wurden in den Modellhäusern von den sogenannten ‹Modeschöpfern› entworfen; in den Firmen des Mittel- und Stapelgenres entwarfen, zwar anonym, doch nicht weniger verantwortungsvoll, die Direktricen. Die Entwürfe wurden entweder im Musteratelier im eigenen Haus oder von den Zwischenmeistern in deren Ateliers realisiert. Letztere – es gab damals in Berlin mehr als 3000 Zwischenmeister-Ateliers – fertigten auch die in kleinen Stückzahlen georderten Modelle der Modellhäuser. Die Firmen mit größeren Serien stellten sich schnell auf eigene Werkstätten oder auf potente Lohnwerkstätten um. In späteren Jahren verlagerten viele von ihnen die Fertigung ins lohnniedrigere Ausland.

Anfang der fünfziger Jahre entwickelte sich Berlin auf Grund seines schöpferischen und handwerklichen Potentials und seiner über hundert Jahre gewachsenen Erfahrung mit der Produktion von Bekleidung zu einer Art ‹Mekka der Mode› im deutschsprachigen Europa. Sogar Christian Dior kam nach Berlin; umgeben vom Maiglöckchenduft seines ‹Hausparfums› nahm er die Cour der Prominenz à la mode in Berlin ab.

Man kam nach Berlin, um sich zu orientieren und um zu ordern, zwei- bis viermal im Jahr, zur Haupt- und zur Nachmusterung. Entsprechend einer alten Tradition hießen diese Einkaufs- und Informationstage «Durchreise», weil früher die Einzelhandelskaufleute auf ihren Reisen von Breslau nach Hamburg oder nach Köln ‹auf der Durchreise› in Berlin Station machten, um hier ihre Ware für die nächste Saison zu ordern.

Das alles ist längst Geschichte. Stadtgeschichte, Modegeschichte. Zwar hat Berlin heute auch noch eine bedeutende Textil- und Bekleidungsindustrie mit einem Jahresumsatz von mehr als einer Milliarde DM, zwar kommen auch heute noch zweimal jährlich die Fachleute, um zu ordern und sich zu informieren, aber mit dem Glanz jener Jahre ist das nicht mehr vergleichbar. Die großen Orders werden heute auf anderen Messen gemacht. Aber damals …

Damals war der Kurfürstendamm Schauplatz reizvoller Darbietungen von Berliner Chic und internationaler Eleganz. In den Hausnummern 213, 217, 36, 37, 55 und in den nahen Seitenstraßen hatten die Modellhäuser ihren Sitz, die mit ihren Kollektionen Berlins Ruf als ‹Modestadt› für gut anderthalb Jahrzehnte begründeten. Modeleute geraten ins Schwärmen, wenn sie an diese Jahre zurückdenken.

Der strahlende Glanz des Aufbaus, einer Zukunft, die wieder helle Perspektiven zu haben schien, lag über dieser Zeit, und mit Enthusiasmus, Fleiß und Geschäftssinn richtete sich der seinerzeit zweitgrößte Industriezweig der Stadt wieder seinen Laufsteg her. Vom teuersten Modell für schon damals mehrere tausend Mark bis zum kleinen Fummel für dreizehn Mark fünfzig wurde hier alles geboten.

Angezogen von der Fülle dieses Angebots, aber auch von der persönlichen und herzlichen Atmosphäre in den Firmen jeden Genres, kamen Einkäufer und Journalisten aus dem In- und Ausland nach Berlin. Höhepunkt waren jeweils die Pressepremieren in den Modellhäusern, die mit großem gesellschaftlichen Ehrgeiz inszeniert wurden. Wie heute noch in Paris und Mailand, war es damals auch in Berlin ein Privileg, dort eingeladen oder zugelassen zu werden. Neben den bevorzugten Kundinnen und Kunden und den Modejournalistinnen, den Starfotografen und ihrem Gefolge sah man die Créme der neuen Gesellschaft, von der in den exquisiten Salons dann jeweils die exquisitesten Plätze eingenommen wurden. Diese Modepremieren waren in allen ihren Facetten Ausdruck unseres aufblühenden Wirtschaftswunders. Die Kollektionen wurden mit großem Aufwand oder auch in zurückhaltender Noblesse gezeigt. Alle aber legten Wert auf erstklassige Vorführdamen: schöne Berlinerinnen wie z. B. die damals zur ‹Miss Germany› gekürte Susanne Erichsen und viele Mannequins mit kultivierter Ausstrahlung aus dem westlichen In- und Ausland. Während der Durchreisetage konnte man die auffallend gepflegten jungen Frauen mit ihrem ‹Handwerkszeug›, dem Make-up-Koffer, über den Kurfürstendamm hasten sehen, von einem Vorführtermin zum nächsten. Oder man sah sie in ihren Verschnaufpausen bei einem Joghurt oder schnellen schwarzen Kaffee in einem der renommierten Cafés. Berlin freute sich an ihrem Anblick und wußte: Aha, es ist wieder Durchreise... Aber auch das Heer der Einkäuferinnen, fast uniformiert in ihren teuren Breitschwanzmänteln und mit der unvermeidlichen Krokotasche, garnierte das Bild der Durchreisetage mit seiner professionellen Geschäftigkeit. Und nicht zu vergessen: die Presse. Einzeln oder auch in redaktionellen Kohorten kamen sie, um die neuesten Modelle, das neueste Make-up für Zeitschriften wie ‹Constanze›, ‹Film und Frau›, ‹Madame›, ‹Brigitte› oder ‹Burda› aufzunehmen. Diese Magazine waren für die Mode-Firmen von großer Wichtigkeit, attraktive Veröffentlichungen dort bedeuteten Ruhm, Werbung, Geld. Entsprechend wurden die «Bienenköniginnen» mit ihrem Stab schreibender und fotografierender Arbeitsbienen empfangen und verwöhnt. Es waren große Auftritte, die alle genossen – bis 1961 in Berlin die Mauer gebaut wurde und das Ende einer kurzen, strahlenden Ära sich anbahnte.

München nutzte die Chance, gründete eine eigene Modemesse, und, voilà, nun war München plötzlich «in», zumindest, was die großen Premieren und Presseschauen betraf. Das Corps der Modejournaille trat von da an geschlossen in München auf.

Doch in den Jahren bis 1961, zur Zeit des euphorischen Wachstums der wiedererstandenen DOB, dachte in Berlin keiner an die Möglichkeit eines so «schnöden Verrats».

Die Berliner Modellhäuser

Nach Pariser Vorbild nannten auch sie sich ‹Couture›, aber das waren sie nicht.

In Paris wurde das neue Bild der Frau entworfen. Die Berliner Modellhäuser projizierten dieses neue Bild – wie damals alle anderen in der Welt auch – auf die heimatliche Leinwand. Sie übersetzten die oft überspitzten Pariser Entwürfe ins «Tragbare». Diese Übersetzungsarbeit kann so hervorragend wie mittelmäßig geleistet werden, das beweist die Geschichte der Mode, der Bekleidungsindustrie und das Erscheinungsbild der Frau zu allen Zeiten.

Die Berliner Modellhäuser nahmen das vorgegebene Thema und ließen daraus, jeweils in der Handschrift ihres Hauses, teure Eleganz entstehen.

Das Charakteristische der einzelnen Modellhäuser läßt sich leicht an der Innenausstattung ihrer Vorführsalons und auch an ihrer Bestuhlung beschreiben. Jedes Haus hatte nämlich seine besondere Art und Auswahl der Stühle, Sessel und Sofas, auf denen die Gäste plaziert wurden. Die immer spannend schöne Vorführung der Kollektion von Gehringer & Glupp, die ihre Räume im schönsten Berliner Altbau Kurfürstendamm / Ecke Uhlandstraße hatten, mußte mit einem Martyrium auf goldenen Stühlchen bezahlt werden. Diese Stühle waren romantisch vergoldet, aber so schmal, als habe ein preußischer König sie zur Disziplinierung seiner Untertanen erfunden.

Die exquisite Eleganz des Hauses Staebe-Seger durfte man eine

Spur bequemer auf silbergrauen, später ceriseroten Seidenstühlen bestaunen.

Horn, heute nur noch ein Modegeschäft, das den Namen gekauft hat, damals aber ein Modellhaus von lässigem und sicherem savoir vivre, hatte seine Gästestühle mit honigfarbenem Samt bezogen, den Vorhängen des Salons entsprechend. Man saß leidlich bequem und hatte Ellenbogenfreiheit, um sich Notizen zu machen. Sachlich, und ohne großen Wert auf das Ambiente zu legen, setzte Schwichtenberg seine Gäste auf einfache Stapelstühle, in der Überzeugung, daß es auf die Kollektion und nicht auf das Drumherum ankomme. Und er bestach seine Kunden und Gäste immer – mit der sicheren Kontur seiner Kollektion.

Ganz in Weiß und fern jeder Realität jenseits seines Salons, daß man sich am liebsten die Schuhe vor der Tür ausgezogen hätte und nur geschwebt wäre, empfing Günter Brosda seine Schaugäste. Weiß die Wände, weiß der Teppichboden, die Sesselchen und Sofas, weiß die Rahmen der hohen Spiegel, die Vorhänge – eine Sinfonie in Weiß. Dies war nun das Nonplusultra jener Tage im Berlin der Mode.

Edel im absoluten Sinn des Wortes waren auch die Kreationen der Elise Topell, die in der feinsten Gegend Berlins, Am Hirschsprung in Dahlem, ihren Salon eröffnet hatte und die Damen der «Oberen Zehn» anzog: Mrs. Lucius D. Clay z. B., und Frau und Töchter von Robert D. Murphy, der die Luftbrücke organisiert und dadurch Berlin während der Blockade geholfen hatte zu überleben. Auch Erna Berger, die große Sängerin, wurde von Elise Topell angezogen, die ihre Modelle in kühnem Schnitt mit der Schere unmittelbar «entwarf» und ein Faible für wunderschöne Seidenstoffe hatte.

Brosda, die Topell, wie auch die anderen, die sich neben einer privaten Klientel vor allem an exklusive Wiederverkäufer wandten, steckten der Stadt funkelnde Lichter auf. Der Terminkalender der Durchreisen enthielt alle Namen, die damals den modischen Ton angaben: Gehringer & Glupp, Staebe-Seger, Horn, Schwichtenberg, Oestergaard, Schwabe, Claussen, Lindenstaedt und Brettschneider, Ernst Kuchling, und als «Nachwuchs» in den späteren fünfziger Jahren, Detlev Albers und Uli Richter.

Jede Kollektion war Charaktersache, unverkennbar. Hans Gehringer, der sich dem Volk der Schau-Lustigen selten zeigte, war Meister einer intelligenten Kultiviertheit, absolut sicher im Geschmack. Seine

Modelle waren ein ästhetischer Genuß, seine Handschrift war leicht und oft sogar anmutig. Er war sensibel, menschenscheu und lebte relativ zurückgezogen, ging auch, wie es hieß, niemals selbst nach Paris zu den Couture-Schauen. Ein Star, schon umschattet. Als er 1957 mit 51 Jahren starb, erlitt die anspruchsvolle Berliner Modeszene den ersten großen Verlust.

Gerd Staebe und Hans Seger liebten die luxuriöse perfekte Eleganz. Vom handgearbeiteten Schuh bis zum kapriziösen Hütchen auf den immer streng frisierten Köpfen der edel schreitenden Vorführdamen war jeder Auftritt vollkommen. Und an «Auftritten» hatten auch die beiden Herren selbst Freude. Hans Seger, der die Kostüme und Mäntel entwarf, hatte schon vor dem Krieg mit einem anderen Partner ein eigenes Haus besessen und viel Sinn für Repräsentation. Er erfreute sein Publikum zuweilen mit eigenen Darbietungen, sang Couplets aus den zwanziger Jahren. Mit Gerd Staebe, der ein kostbares, üppiges Kleiderprogramm entwarf, gab Seger Diners in der gemeinsamen Grunewaldvilla, einem der schönsten Häuser Berlins. Die Premieren in ihren Salons am Kurfürstendamm 36/37 waren eine pikant-elegante Selbstdarstellung des aufblühenden Wirtschaftswunders.

Die Kollektionen des Hauses Horn wurden von Gerda Elster entworfen; selbstbewußt und energisch zeichnete sie für Horn eine sportliche und doch sensible Linie. Sie war zum Beispiel eine der ersten, die grauen Flanell und Leder für Abendmodelle wählte, zwischen Turf, Tenniscourt und Cocktailbar war ihre selbstsichere und bewegliche Horn-Kollektion angesiedelt.

Und dann war da Hermann Schwichtenberg, genannt Schwichte. Er leitete einen Familienbetrieb ohne großen äußeren Aufwand, war von der Erscheinung her eher ein Schneidermeister als ein Modeschöpfer. Beliebt durch seinen Berliner Humor, unterstützt von seiner unendlich fleißigen Frau, der «Seele vom Geschäft». In den Schauen saß die kleine Tochter mit baumelnden Beinen in der ersten Reihe und «skizzierte». Schwichtenbergs Modelle aus kostbaren Stoffen trugen das Signum der gutklassigen Zurückhaltung und ließen der Frau, die sie trug, Spielraum für persönlichen Ausdruck.

Hans W. Claussen, großer Blumenfreund, freundlich, sympathisch-scheu in der Öffentlichkeit, zog die Damen für die Promenade und den Rennplatz in Baden-Baden und für das Kurkonzert in Westerland an; zu jener Zeit gehörte das Complet aus duftig geblümter

Seide mit einem Chiffonmantel im Composémuster zur Ausstattung für den eleganten Kurort. Seinen letzten Höhenflug erlebte in den fünfziger Jahren schließlich das Modellhaus Schwabe, renommiert im Vorkriegs-Berlin, mit Mänteln und Kostümen. Aribert Schwabe hüllte seine Klientel in kostbares Cashmere, handgesponnenen Harristweed und verbrämte sie mit Nerz und Astrachan. Seine letzte Direktrice übrigens, Marianne Lindemann, führt seit damals ein exklusives kleines Modegeschäft am Kurfürstendamm.

Ein paar Straßen weiter, im feinen Stadtteil Grunewald, zeigte im sonnenhellen Gartendomizil Ilse Brettschneider ihre unkonventionellen, oft raffinierten Einfälle, sie hatte in der 7. Avenue in New York viel gelernt und machte eine locker-anspruchsvolle Kollektion mit viel Charme. Detlev Albers hatte eine sichere Hand und Gespür für gute Stoffe und Dessins in sanften Composés, seine Modelle trugen das Etikett «Ladylike», seine Premieren wurden von den jeweiligen Regierenden der Stadt und ihren Damen besucht, die unaufdringliche und gutklassige Eleganz suchten.

Berliner Chic mit vielen farblich interessanten Pointen, dekorativem Linienspiel und charmanten Ideen im Detail kreierte der strahlende Heinz Oestergaard. Jung, blond, groß und von unversiegbarer Liebenswürdigkeit, war er der Sonnyboy der Berliner Modebühne, sein Name glänzte weit über die Stadtgrenzen hinaus bis in die entferntesten Winkel des Landes. «Berliner Mode? O ja, Oestergaard!» – so hieß es damals.

Uli Richter, gebürtiger Potsdamer, eröffnete nach Lehr- und Wanderjahren bei anderen Berliner Firmen, zum Beispiel bei Horn, gemeinsam mit Dorothea Köhlich ein eigenes Haus. Er war der Jüngste im eleganten Kreise, weltoffen, reiselustig, ehrgeizig. Er entwickelte eine besondere Vorliebe für mehrteilige Ensemble- und Setideen, für City- und Reisechic, der damals eben erst Mode wurde und es bis heute geblieben ist. Stilsichere Stoff- und Farbkompositionen waren seine Spezialität, er zog zum Beispiel – nach dem viel zu frühen Tod von Schwichtenberg – Rut Brandt an, die in all den Jahrzehnten bis heute die am besten angezogene Frau war, die sich je auf dem politischen Berliner und Bonner Parkett bewegt hat. Uli Richters Versuch der Zusammenarbeit mit einem Konfektionsriesen in Westdeutschland bewährte sich nicht. Er zog sich aus dem Konfektionsbereich zurück, macht zwar für eine private Klientel noch hin und wieder Modelle, weil es ihm als unverwüstlichem Modemann Spaß macht, ist aber vor allem dabei, seine Kenntnisse und Erfahrungen als Professor an der Hochschule der Künste in Berlin an den Nachwuchs weiterzugeben.

Das waren sie, die Namen, die eine relativ kurze, aber rundum lebendige und produktive Epoche in der Geschichte der «Modestadt Berlin» bestimmten. Doch darf nicht vergessen werden, daß es «nur» ein Dutzend Namen im Verbund der rund 400 Firmen war, die zur DOB gehörten und in ihrem jeweiligen Genre diesen Industriezweig der Stadt zum Blühen brachten. Und noch etwas darf nicht übersehen werden. Die Präsenz und das Können der Zwischenmeister, die den Ideen der Designer, wie man sie heute nennt, erst die richtige Façon geben. Ohne ihre Handwerkskunst wären die Entwürfe oft nur pure Theorie geblieben. Die bekannteste und in ihrer Art originellste Zwischenmeisterin mit großem Atelier ist Käthe Strebe, eine Berlinerin mit Herz, Humor und einer unfehlbaren Nähnadel. Fast schon ein Denkmal ihrer selbst.

Mode war und ist das Bild von Kopf bis Fuß. Kein Modell wurde seinerzeit ohne Hut vorgeführt, es waren Wunderwerke der Modistinnen, die in Zusammenarbeit mit den Modeschöpfern entstanden. Zwei Namen gehören ins Buch der «feinen» Geschichte Berlins nach 1945, zwei Modistinnen, auf deren Ideen und wahrhaft dekorative Schöpfungen man immer gespannt sein durfte. Es war zum einen Madame Berthe, eine gebürtige Belgierin, die seit den zwanziger Jahren in Berlin residierte und am Kurfürstendamm / Ecke Fasanenstraße ihren in zartes rosenfarbenes Licht getauchten Salon führte, angezeigt als «Hüte, Hats, Chapeaux» auf einer großen Messingtafel. Und zum anderen Hertha Mecklenburg, die eine Ecke weiter, im Hause von Gehringer & Glupp, arbeitete. So verspielt, französisch enchanté und geschäftstüchtig Madame sich zeigte – sie selbst war noch mit 80 Jahren eine luxuriöse Augenweide –, so modisch herb, sportlich im Stil und warmherzig als Mensch war die ‹Meck›, wie Hertha Mecklenburg liebevoll genannt wurde. Sie waren beide Repräsentantinnen des seinerzeit eleganten Berlins.

Tempi passati. Doch kein Grund, traurig zu sein. Heute sieht die Modeszene zwar anders aus, aber sie ist nicht weniger produktiv, phantasievoll, lebendig. Sie hat sogar noch viel mehr Facetten, da sie jenseits von kleidertechnischen Konventionen auch die witzigsten, die verrücktesten, die alternativen Kleidermacher auf der Bühne erscheinen läßt.

X Ausbildung im Überblick

Ausbildungskurse

Der Zeitpunkt der Durchführung eines Lehrganges hängt ab von der Anzahl der eingegangenen Anmeldungen. Deshalb können hier keine Termine genannt werden. Den Beginn des jeweils nächsten Lehrganges erfahren Sie bei dem Träger oder dem angegebenen Verband der Textilindustrie, der Bekleidungsindustrie oder des Bekleidungshandwerks.

Kurse zur Ausbildung zum geprüften Industriemeister – Fachrichtung Textil oder Industriemeister – Fachrichtung Bekleidung oder Meister im Damen- bzw. Herrenschneiderhandwerk bieten an:

Textil

Träger	Prüfende Industrie- und Handelskammer	Auskunft erteilt außer den Trägern:
Industrie- und Handelskammer Osnabrück – Emsland Neuer Graben 38 4500 Osnabrück Tel. (0541) 27811	(siehe Träger)	
Industrie- und Handelskammer zu Münster Sentmaringer Weg 61 4400 Münster Tel. (0251) 707-1	(siehe Träger)	Verband der Nord-Westdeutschen Textilindustrie Moltkestraße 19 4400 Münster / Westfalen Tel. (0251) 523031-4
Vereinigung für Nachwuchsschulung der Textilindustrie e. V. Am Sparrenberg 8 4800 Bielefeld 1 Tel. (0521) 172044	Industrie- und Handelskammer Ostwestfalen zu Bielefeld Elsa-Brandström-Straße 1 bis 3 4800 Bielefeld Tel. (0521) 554-0	
Arbeitsgemeinschaft des Instituts für Textil- und Bekleidungswesen und des Verbandes der niederrh. Textilindustrie e. V., Webschulstr. 31 und Adenauerplatz 5 4050 Mönchengladbach 1 Tel. (02161) 186293	Industrie- und Handelskammer Mittlerer Niederrhein Krefeld – Mönchengladbach – Neuß Nordwall 39 4150 Krefeld Tel. (02151) 1961	Verband der Niederrheinischen Textilindustrie Adenauerplatz 5 4050 Mönchengladbach 1 Tel. (02161) 26072

Träger	Prüfende Industrie- und Handelskammer	Auskunft erteilt außer den Trägern:
Industrie- und Handelskammer Wuppertal – Solingen – Remscheid Islandufer 21 5600 Wuppertal 1 Tel. (0202) 44 40 81	(siehe Träger)	Arbeitgeberverband der rechtsrheinischen Textilindustrie Wettiner Straße 11 5600 Wuppertal 2 Tel. (0202) 59 30 05
Industrie- und Handelskammer Fulda Heinrichstraße 8 6400 Fulda Tel. (0661) 284-0	(siehe Träger)	Verband der Textilindustrie von Hessen und Rheinland-Pfalz, Geschäftsstelle Bad Hersfeld Lingplatz 18 6430 Bad Hersfeld Tel. (06621) 76001
Otto-Johannsen-Technikum Staatl. Textilfachschule und Berufskolleg Pestalozzistraße 73, 7410 Reutlingen Tel. (07121) 47771	Industrie- und Handelskammer Reutlingen Hindenburgstraße 54 7410 Reutlingen Tel. (7121) 22051	Verband der Baden-Württembergischen Textilindustrie Kernerstraße 59 7000 Stuttgart 1 Tel. (0711) 240858/59
Verband der Nordbayerischen Textilindustrie Blücherstraße 4 8670 Hof/Saale Tel. (09281) 9954/55	Industrie- und Handelskammer für Oberfranken – Bayreuth Bahnhofstraße 25–27 8580 Bayreuth Tel. (0921) 23091	Staatl. Textilfachschule Münchberg Kulmbacher Str. 76 8660 Münchberg Tel. (09251) 8101
Lehranstalt der Stadt Augsburg für Textilberufe Alter Postweg 51 8900 Augsburg Tel. (0821) 324293	Industrie- und Handelskammer für Augsburg und Schwaben Stettenstraße 1 und 3 8900 Augsburg 1 Tel. (0821) 3162–1	Verein der Südabayerischen Textilindustrie Gewürzmühlstraße 5 8000 München 22 Tel. (089) 292545
Industrie- und Handelskammer Hochrhein-Bodensee Postfach 1240 7860 Schopfheim Tel. (07622) 39070	(siehe Träger)	Verband der Baden-Württembergischen Textilindustrie Kernerstraße 59 7000 Stuttgart 1 Tel. (0711) 240858/59

Bekleidung

Träger	Prüfende Industrie- und Handelskammer	Auskunft erteilt außer den Trägern:
Institut für Textil- und Bekleidungswesen Webschulstraße 31 4050 Mönchengladbach 1 Tel. (02161) 186293	Industrie- und Handelskammer Mittlerer Niederrhein Krefeld-Mönchengladbach Nordwall 39 4150 Krefeld Tel. (02151) 1961	Bundesverband der Bekleidungsindustrtie Mevissenstraße 15 5000 Köln 1 Tel. (0221) 7744-0
Deutsche Meisterschule für Mode, Modellistische Abt. Roßmarkt 15 8000 München 2 Tel. (089) 2332423	Handwerkskammer für Oberbayern Max-Josef-Straße 4 8000 München 2	Bundesverband des Bekleidungshandwerks Bavariaring 32 8000 München 32 Tel. (089) 775048
Fachschule für Bekleidungstechnik, Meisterschule für Mode an der Berufsschule 5 Reutersbrunnenstraße 8500 Nürnberg Tel. (0911) 269739	Industrie- und Handelskammer Nürnberg Hauptmarkt 25 8500 Nürnberg 1	Bundesverband des Bekleidungshandwerks Bavariaring 32 8000 München 32 Tel. (089) 775048
Meisterschule für das Damenschneiderhandwerk Max-Eyth-Straße 1–5 7430 Metzingen Tel. (07123) 2035	Industrie- und Handelskammer Reutlingen Hindenburgstraße 54 7410 Reutlingen	Bundesverband des Bekleidungshandwerks Bavariaring 32 8000 München 32 Tel. (089) 775048
Kerschensteiner Schule Steiermärker Straße 72 7000 Stuttgart-Feuerbach Tel. (0711) 8566081	Industrie- und Handelskammer Stuttgart Heilbronner Straße 43 7000 Stuttgart 1	Bundesverband des Bekleidungshandwerks Bavariaring 32 8000 München 32 Tel. (089) 775048
Haus der Handwerksförderung Ardeystraße 95 4600 Dortmund 1 Tel. (0231) 123062	Industrie- und Handelskammer Dortmund Märkische Straße 4000 Dortmund	Bundesverband des Bekleidungshandwerks Bavariaring 32 8000 München 32 Tel. (089) 775048

Technikerfachschulen

Fachrichtung Textiltechnik

Bocholt	Städt. Fachschule für Textiltechnik, öffentl. Warenprüfungsamt für das Textilgewerbe – Fachrichtung Textiltechnik – Schwanenstraße 19, 4290 Bocholt, Tel. (02871) 953296	Weberei
Mönchengladbach	Fachschule für Technik Mönchengladbach – Fachrichtung Textil – Platz der Republik 1, 4050 Mönchengladbach 1, Tel. (02161) 4686	Textilerzeugung (Spinnerei, Weberei, Maschentechnik und Vliesstoffe) Textilveredlung
Münchberg	Staatl. Fachschule (Technikerschule) für Textil im BBZ Textil-Bekleidung Münchberg / Naila Kulmbacher Straße 76, 8660 Münchberg, Tel. (09251) 8101	Spinnerei, Weberei, Textilveredlung, Vliesstofferzeugung
Reutlingen	Otto-Johannsen-Technikum Staatl. Textilfachschule und Berufskolleg Pestalozzistraße 73, 7410 Reutlingen, Tel. (07121) 47771	Spinnerei, Weberei, Maschentechnik, Textilveredlung, Textildesign für Web- und Maschenwaren

Fachrichtung Bekleidungstechnik

Aschaffenburg	Fachschule für Bekleidungsindustrie Schneidmühlenweg 3, 8750 Aschaffenburg, Tel. (06021) 41066	Bekleidungstechnik
Berlin	Modeschule Berlin – Staatliche Fachschule für Bekleidungstechnik und Bekleidungsgestaltung Kochstraße 9–13 a, 1000 Berlin 61, Tel. (030) 2588-7835 oder 7818	Bekleidungstechnik mit Schwerpunkt Bekleidungsgestaltung

Bielefeld	Fachschule für die Bekleidungsindustrie Huberstraße 40, 4800 Bielefeld, Tel. (0521) 512418	Bekleidungstechnik mit den Schwerpunkten Gestaltung und Fertigung
Bruchsal	Gewerbliches Bildungszentrum Bruchsal – Balthasar-Neumann-Schule Franz-Sigel-Straße 59 a, 7520 Bruchsal, Tel. (07521) 18006	Bekleidungstechnik mit Schwerpunkt Fertigung
Frankfurt	Frankfurter Schule für Bekleidung und Mode Adlerflychtstraße 24, 6000 Frankfurt 1, Tel. (069) 2125268 oder 269	Bekleidungstechnik mit den Schwerpunkten Gestaltung und Fertigung
Hohenstein	Technische Akademie Hohenstein e. V. Schloß Hohenstein, 7124 Bönnigheim, Tel. (07143) 2710	Bekleidungstechnik mit den Schwerpunkten Gestaltung und Fertigung
Mönchengladbach	Fachschule für Technik Mönchengladbach – Fachrichtung Bekleidung – Platz der Republik 1, 4050 Mönchengladbach 1, Tel. (02161) 4686	Bekleidungstechnik mit den Schwerpunkten Gestaltung und Fertigung
	Maria-Lenßen-Schule – Fachschule für die Bekleidungsindustrie Werner-Gilles-Straße 20–32, 4050 Mönchengladbach 2, Tel. (02166) 49058	Bekleidungstechnik mit Schwerpunkt Produktion / Schnittgestaltung
Naila	Staatliche Fach- und Berufsfachschule für Bekleidung Stengelstraße 25, 8674 Naila, Tel. (09282) 465	Bekleidungstechnik
Nürnberg	Fachschule für Bekleidungstechnik an der Berufsfachschule 5 Reutersbrunner Straße 12, 8500 Nürnberg, Tel. (0911) 269739	Bekleidungstechnik
Reutlingen	Otto-Johannsen-Technikum, Staatl. Textilfachschule und Berufskolleg Pestalozzistraße 73, 7410 Reutlingen, Tel. (07121) 47771	Bekleidungstechnik mit Schwerpunkt Bekleidungsgestaltung

Düsseldorf	Fachschule M. Müller & Sohn Graf-Adolf-Str. 25 4000 Düsseldorf 1

Fachhochschulen und Gesamthochschulen

Land	Fachhochschule / Gesamthochschule	Anschrift	Ausbildungsbereiche / -schwerpunkte / Fachrichtungen / Abschluß
I. Textilindustrie			
Baden-Württemberg	FH Reutlingen für Technik und Wirtschaft	Pestalozzistraße 73, 7140 Reutlingen 1 Tel. (07121) 47771	Textiltechnik (Spinnereitechnik, Webereitechnik, Maschentechnik); Textilchemie, Textilveredlung; Maschinenbau; Betriebswirtschaft (Außen- u. Fertigungswirtschaft) Abschluß: Diplom-Ingenieur (FH)
Bayern	FH Coburg Abt. Münchberg	Kulmbacher Straße 76, 8660 Münchberg Tel. (09251) 8101	Textilerzeugung (Spinnerei, Weberei, Strickerei / Wirkerei); Textilveredlung / Textilchemie; Abschluß: Diplom-Ingenieur (FH) Textilgestaltung / Textildesign; Abschluß: Diplom-Designer (FH)
Nordrhein-Westfalen	FH Niederrhein Fachbereich 01	Adlerstraße 32, 4150 Krefeld 1 Tel (02151) 770011–13	Textilchemie / Textilveredlung (Bleicherei, Färberei, Druckerei, Appretur, Beschichtung) Abschluß: Diplom-Ingenieur (FH)

Land	Fachhochschule / Gesamthochschule	Anschrift	Ausbildungsbereiche / -schwerpunkte / Fachrichtungen / Abschluß
	FH Niederrhein Fachbereich 07	Webschulstr. 31, 4050 Mönchengladbach 1 Tel. (02161) 1861	Faden- und Flächenerzeugung (Spinnerei-, Weberei-, Maschen- und Tuftingtechnik; Dessinatur, Texturierung, Flechterei und Klöppelei, Vliesherstellung) Textilgestaltung (Produktionsgestaltung von Web-, Maschen- und Druckerzeugnissen) Veredlungstechnik (Vorbehandlung, Bleicherei, Färberei, Druckerei, Appretur, Beschichtung, Ausrüstung, Wäscherei, Chemisch-Reinigung) Textiltechnik ohne Schwerpunkt (alle Bereiche der Textiltechnik mit dem Schwerpunkt auf den wirtschaftlichen Gebieten) Abschluß: Diplom-Ingenieur (FH)
	Univ.-GH Wuppertal Fachbereich 9	Gaußstraße 20, 5600 Wuppertal 1 Tel. (0202) 4392512	Textilchemie im integrierten Studiengang Chemie (1.–4. Semester Vordiplom Chemie; 5.–7. Semester Textilchemie Abschluß: Diplom-Chemie-Ingenieur (FH)
Rheinland-Pfalz	FH Rheinland-Pfalz Fachbereich Textiltechnik	Morlauterer Straße 31, 6750 Kaiserslautern Tel. (0631) 72016–18	Textilerzeugung (Weberei, Strickerei, Wirkerei); Textilveredlung / Textilchemie Abschluß: Diplom-Ingenieur (FH)

Land	Fachhochschule / Gesamthochschule	Anschrift	Ausbildungsbereiche / -schwerpunkte / Fachrichtungen / Abschluß

II. Bekleidungsindustrie

Baden-Württemberg	FH Sigmaringen	Anton-Günther-Str. 51, 7480 Sigmaringen Tel. (07571) 4076–77	Bekleidungstechnik – Studienwahlrichtungen: Produktionstechnik, Produktmanagement, Arbeitswissenschaft Abschluß: Diplom-Ingenieur (FH)
Hamburg	FH Hamburg	Armgartstraße 24, 2000 Hamburg 76 Tel. (040) 29188 3824–26	Bekleidungstechnik Abschluß: Diplom-Ingenieur (FH)
Nordrhein-Westfalen	FH Niederrhein Fachbereich 07	Webschulstr. 31, 4050 Mönchengladbach 1 Tel. (02161) 1861	Bekleidungsfertigung (Bekleidungskonstruktion, Fertigungsverfahren, Fertigungstechniken, Bekleidungsmaschinen) Bekleidungsgestaltung (Modellentwurf, Kollektion, Schnittentwicklung, Gradieren) Bekleidungstechnik ohne Schwerpunkt (alle Bereiche der Bekleidungstechnik mit den Schwerpunkten der Schnittechnik und der wirtschaftlichen Gebiete) Abschluß: Diplom-Ingenieur (FH)

III. Textil- und Bekleidungsindustrie

Nordrhein-Westfalen	FH Niederrhein Fachbereich 07	Webschulstr. 31, 4050 Mönchengladbach Tel. (02161) 1861	Produktionstechnik (Betriebstechnik, Arbeitswissenschaft, Rechnungswesen EDV u. a.) Abschluß: Diplom-Ingenieur (FH)

Schule / Art / Ort (1) Rein textiler Fachbereich	Organisationseinheit	Abschluß	Dauer / Semester Regelstudienzeit (Höchststudiendauer)
Hochschule der Künste Berlin Straße des 17. Juni 118 1000 Berlin 12 Tel. (030) 3185–0	Fachbereich 3 Design Studienrichtung Bekleidungsgestaltung Textilgestaltung	Diplom-Designer	10
Fachhochschule Bielefeld Fachbereich 1 Design Lampingstraße 3 4800 Bielefeld 1 Tel. (0521) 1062486	Studiengang Produkt-Design Studienrichtung Textil-Design des Fachbereichs Design	Diplom-Designer (FH)	8
Hochschule für Bildende Künste Hamburg Lerchenfeld 2 2000 Hamburg 76 Tel. (040) 29188	Industrieller Textilentwurf innerhalb des Fachbereichs Industrial-Design	Diplom-Designer	8 (10)
Hochschule Hamburg Fachbereich Gestaltung Armgartstraße 24 2000 Hamburg 76 Tel. (040) 29188/3824–26	Studienrichtung Textil-Design im Studiengang Textil-, Mode- und Kostümdesign	Diplom-Designer	8
Fachhochschule Hannover Fachbereich Kunst und Design Herrenhauser Straße 8 3000 Hannover-Herrenhausen Tel. (0551) 794067/68	Studiengang Textildesign des Fachbereichs Produktgestaltung	Diplom-Designer (FH)	7 und Praktikum vor Studienbeginn oder Praxissemester im Grundstuium
Gesamthochschule Kassel Universität des Landes Hessen Menzelstraße 15 3500 Kassel Tel. (0561) 8045339	Fachbereich Produkt-Design Studiengang Industrial-Design Studienschwerpunkt Textil-Design	Diplom-Designer Kunsthochschulabschluß bis Beendigung der Übergangsregelung	8 Semester und 1 Prüfungssemester 9-monatiges Praktikum vor Studienbeginn

Schule / Art / Ort (1) Rein textiler Fachbereich	Organisationseinheit	Abschluß	Dauer / Semester Regelstudienzeit (Höchststudiendauer)
Fachhochschule Niederrhein 02 Fachbereich Design Petersstraße 123 4150 Krefeld Tel. (02151) 23756	Studienrichtung Textil-Design im Studienschwerpunkt Produkt-Design	Diplom-Designer (FH)	8 (10)
Fachhochschule (1) Niederrhein Fachbereich 07 Webschulstraße 31 4050 Mönchengladbach Tel. (02161) 186287	Studienschwerpunkt 3 Textilgestaltung Studienschwerpunkt 4 Bekleidungsgestaltung des Fachbereichs Textil- und Bekleidungstechnik	Diplom-Ingenieur (FH)	7 (10), davon fakultativ ein Praxissemester
Fachhochschule (1) Coburg Abteilung Münchberg Kulmbacher Straße 76 8660 Münchberg Tel. (09251) 8101	Studiengang Textildesign im Fachbereich Textiltechnik und Gestaltung	Diplom-Designer (FH) Textildesign	8 (12), davon ein praktisches Studiensemester
Akademie der Bildenden Künste Nürnberg Bingstraße 60 8500 Nürnberg Tel. (0911) 405061	Lehrstuhl für Textilkunst und Flächendesign	Kunsthochschulabschluß mit Zeugnis	6–12
Fachhochschule für Technik (1) und Wirtschaft Reutlingen Pestalozzistraße 73 7410 Reutlingen 1 Tel. (07121) 1271	Studiengang Textildesign im Fachbereich Textilwesen	Diplom-Ingenieur (FH) Fachrichtung Textildesign	8 Semester 1. und 6. Semester Praxissemester
Fachhochschule des Saarlandes Fachbereich Design Keplerstraße 3 6600 Saarbrücken 1 Tel. (0681) 5867–0	Fachrichtung Textildesign	Diplom-Designer (FH)	8

Schule / Art / Ort (1) Rein textiler Fachbereich	Organisationseinheit	Abschluß	Dauer / Semester Regelstudienzeit (Höchststudiendauer)
Staatliche Akademie der Bildenden Künste Am Weißenhof 7000 Stuttgart 1 Tel. (0711) 251061–64	Abteilung Textil	Diplom-Textilgestalter	9

Modedesign-Studium

Schule	Anschrift	Abschluß	Semester
Hochschule der Künste Berlin	Straße des 17. Juni 118 1000 Berlin 12 Tel. (030) 31850	Diplom-Designer	10
Fachhochschule Bielefeld	Lampingstraße 3 4800 Bielefeld 1 Tel.(0521) 1062485	Diplom-Designer (FH)	8
Hochschule für gestaltende Kunst Bremen	Am Wandrahm 23 2800 Bremen 1 Tel. (0421) 170051	Diplom-Designer	8
Fachhochschule Hamburg Fachbereich Gestaltung	Armgartstraße 24 2000 Hamburg 76 Tel. (040) 291883824	Diplom-Designer (FH)	8
Fachhochschule Hannover Fachbereich Kunst und Design	Herrenhäuser Straße 8 3000 Hannover Tel. (0551) 794067	Diplom-Designer (FH)	7
Fachhochschule Niederrhein, Abt. Mönchengladbach	Webschulstraße 31 4050 Mönchengladbach Tel. (02161) 1861	Diplom-Ingenieur (FH)	7

Schule	Anschrift	Abschluß	Semester
Fachhochschule für Gestaltung Pforzheim	Holzgartenstraße 36 7530 Pforzheim Tel. (07231) 61012	Diplom-Designer (FH)	8
Fachhochschule des Landes Rheinland-Pfalz Trier	Schneidershof 5500 Trier Tel. (0651) 42654	Diplom-Designer (FH)	8

Neben den zuvor dargestellten Ausbildungsstätten im Hochschulbereich (Hoch- und Fachhochschulen) mit Abschluß Diplom-Designer gibt es in West-Berlin und in der Bundesrepublik im Sekundarbereich des Bildungswesens eine Anzahl staatlicher oder staatlich anerkannter Fach- bzw. Berufsfachschulen.
Im Gegensatz zu den Ausbildungsstätten im Hochschulbereich setzen die meisten dieser Schulen eine abgeschlossene Berufsausbildung im Bekleidungsgewerbe oder der Bekleidungsindustrie voraus. Einzelne Schulen fordern darüber hinaus noch eine zusätzliche Berufstätigkeit von 1 bis 2 Jahren in Betrieben der Bekleidungsindustrie oder des Bekleidungsgewerbes.
Die Dauer der Ausbildung an Fach- oder Berufsfachschulen liegt zwischen 2 oder 3 Jahren. Als Bildungsvoraussetzungen werden entweder ein Mindestalter, Hauptschulabschluß oder Realschulabschluß (mittlere Reife) erwartet. Die meisten Schulen sehen außerdem eine Eignungsprüfung vor.
Mit ihren Ausbildungsgängen zielen diese Schulen auf gleiche oder spezialisiertere Tätigkeiten in Bekleidungsindustrie und -gewerbe. Alle Ausbildungen werden mit einer Abschlußprüfung beendet.

Schule	Anschrift	Abschluß	Dauer
Lette-Verein Staatl. anerkannte Berufsfachschule für Fotografie, Grafik, Mode Berlin	Viktoria-Luise-Platz 6 1000 Berlin 30 Tel. (030) 21994–131	Staatl. geprüfter Modedesigner	3 Jahre
Deutsche Meisterschule für Mode München	Roßmarkt 15 8000 München 2 Tel. (089) 2332433	Direktrice Gewandmeister Mit Abschluß des 4. Semesters kann Meisterprüfung im Damenschneiderhandwerk abgelegt werden.	2 Jahre

Schule	Anschrift	Abschluß	Dauer
Abt. Mode und Fachtechnik		Modellmacher Entwurfs- und Schnittdirektrice	1 Jahr
Modegrafische Abteilung		Modellentwerfer Modegrafiker	3 Jahre
Modeschule Düsseldorf Fachschule für Mode (staatl. genehmigte Ersatzschule)	Schloß Eller Heidelberger Straße 42 4000 Düsseldorf-Eller 1 Tel. (0211) 211813	Staatlich geprüfter Modedesigner	3 Jahre
Modeschule des Landesgewerbeamtes Baden-Württemberg	Kanzleistr. 19 7000 Stuttgart 1 Tel. (0711) 2730	Entwurfsdirektrice	2 Jahre
Modefachschule Sigmaringen	Landesbahnstr. 5 7480 Sigmaringen		
Berufscollege Modegestaltung	Rotebühlstr. 133 7000 Stuttgart 1 Tel. (0711) 612972	Modestylistin	2½ Jahre
Staatliche Frankfurter Schule für Bekleidung und Mode, Abt. Fachschule	Mörfelder Landstraße 277 6000 Frankfurt/M.	Entwurf-Gestaltung Fertigung Abschlußprüfung: Staatlich geprüfter Techniker Fachrichtung Bekleidung	2 Jahre
Modeschule der Stadt Wien Schloß Hetzendorf	Hetzendorfer Straße 79 A-1120 Wien	Modelldirektrice Modellmacher Entwurfsdirektrice Schnittdirektrice	5 Jahre

Textildesign-Studium

Schule / Art / Ort (1) Rein textiler Fachbereich	Organisations-einheit (OE)	Abschluß	Dauer / Semester Regelstudienzeit (Höchststudien-dauer)
Hochschule der Künste Berlin Straße des 17. Juni 118 1000 Berlin 12 Tel. (030) 3121091	Fachbereich 3 Design Studienrichtung Bekleidungsgestaltung Studienrichtung Textildesign in Vorbereitung	Diplom-Designer	10
Fachhochschule Bielefeld Fachbereich 1 Design Lampingstr. 3 4800 Bielefeld 1 Tel (0521) 1062486	Studiengang Produkt-Design Studienrichtung Textil-Design des Fachbereichs Design	Diplom-Designer	8
Hochschule für Bildende Künste Hamburg Lerchenfeld 2 2000 Hamburg 76 Tel (040) 29188	Industrieller Textilentwurf innerhalb des Fachbereichs Industrial-Design	Diplom-Designer	8 (10)
Hochschule Hamburg Fachbereich Gestaltung Armgartstraße 24 2000 Hamburg 76 Tel. (040) 2918838 24–26	Studienrichtung Textil-Design im Studiengang Textil-, Mode- und Kostümdesign	Diplom-Designer	8
Fachhochschule Hannover Fachbereich Produktgestaltung Herrenhäuser Straße 8 3000 Hannover-Herrenhausen Tel. (055) 794067/68	Studiengang Textildesign des Fachbereichs Produktgestaltung	Diplom-Designer	7 und Praktikum vor Studienbeginn
Gesamthochschule Kassel Universität des Landes Hessen Menzelstraße 15 3500 Kassel Tel. (0561) 8045339	Fachbereich Produkt-Design Studiengang Industrial-Design Studienschwerpunkt Textil-Design	Diplom-Designer Kunsthochschulabschluß bis Beendigung der Übergangsregelung	8 Semester und 1 Prüfungssemester 9-monatiges Praktikum vor Studienbeginn

Schule / Art / Ort (1) Rein textiler Fachbereich	Organisations-einheit (OE)	Abschluß	Dauer / Semester Regelstudienzeit (Höchststudien-dauer)
Fachhochschule Niederrhein 02 Fachbereich Design Petersstraße 123 4150 Krefeld Tel. (02151) 23756	Studienrichtung Textil-Design im Studien-schwerpunkt Produkt-Design	Diplom-esigner	8 (10)
Fachhochschule (1) Niederrhein Fachbereich 07 Webschulstraße 31 4050 Mönchengladbach Tel. (02161) 186287	Studienschwer-punkt 3 Textilgestaltung Studienschwer-punkt 4 Bekleidungs-gestaltung des Fachbereichs Textil- und Bekleidungs-technik	Diplom-Ingenieur	7 (10), davon fakultativ ein Praxis-semester
Fachhochschule (1) Coburg Abteilung Münchberg Kulmbacher Straße 76 8660 Münchberg Tell (09251) 8101	Studiengang Textildesign im Fachbereich Textiltechnik und Gestaltung	Diplom-[1] Designer (FH) Textildesign	8 (12) davon ein prak-tisches Studiensemester
Akademie der Bildenden Künste Nürnberg Ringstraße 60 8500 Nürnberg Tel. (0911) 405061	Lehrstuhl für Textilkunst und Flächen-design	Kunsthoch-schulabschluß mit Zeugnis	6–12
Fachhochschule für Technik und Wirtschaft Pestalozzistraße 73 7410 Reutlingen 1 Tel. (07121) 2711	Studiengang Textildesign im Fachbereich Textilwesen	Diplom-Ingenieur (FH) Fachrichtung Textildesign	8 Semester 1. und 6. Semester Praxissemester
Fachhochschule des Saarlandes Fachbereich Design Keplerstraße 3 6600 Saarbrücken 1 Tel. (0681) 54084 App. 79	Studienrichtung Textildesign im Fachbereich Design	Diplom-Designer	8

Schule / Art / Ort (1) Rein textiler Fachbereich	Organisations-einheit (OE)	Abschluß	Dauer / Semester Regelstudienzeit (Höchststudien-dauer)
Staatliche Akademie der Bildenden Künste Am Weißenhof 7000 Stuttgart 1 Tel. (0711) 251061–64	Abteilung Textil (Textilklasse)	Diplom-Textilgestalter	9

Verbände im Überblick in Deutschland

Fachverbände allgemein

Ass. soc.

Bundesvereinigung der Arbeitgeber im
Bundesverband Bekleidungsindustrie e. V.
Mevissenstraße 15, 5000 Köln 1
HGf: RA Rainer Mauer
Tel. (0221) 7744–0
Teletex: 22150803
Fax: 221/7744128

Ass. econ.

Bundesverband Bekleidungsindustrie e. V.
Mevissenstraße 15, 5000 Köln 1
Präsident: Gerd Somberg
HGf: Walter F. Herpell
HGf: RA Rainer Mauer

Retail Ass.

Bundesverband des Deutschen Textileinzelhandels e. V.
Sachsenring 89, 5000 Köln 1

Textile Fed.

Gesamtverband der Textilindustrie in der Bundesrepublik Deutschland
Gesamttextil e. V.
Schaumainkai 87
6000 Frankfurt am Main 70
Tel. (069) 63304–0, Telex: 411034
Fax: 69/6311641

Agents'O.

CDH Wirtschaftsverband der Handelsvertreter und Handelsmakler
Geleniusstraße 1, 5000 Köln 41
Tel. (0221) 514043

Fachverbände regional

Aachen

Arbeitgeberverband der Textilindustrie in Aachen und Umgebung
Theaterstraße 65
5100 Aachen
Tel. (0241) 20422

Berlin

Vereinigung der Textilindustrie von Berlin
Wichmannstraße 20
1000 Berlin 30
Tel. (030) 2621009

Bielefeld

Gesamtverband der Leinenindustrie
Detmolder Straße 30
4800 Bielefeld
Tel. (0521) 171330

Bremen

Agm. Lohn-Wäscherei und Kämmerei
Landrat-Christians-Straße 95
2820 Bremen 71
Tel. (0421) 6091271

Düren

Arbeitgeberverband der Textilindustrie von Düren, Jülich, Euskirchen und Umgebung
Tivolistraße 76
5160 Düren
Tel. (02421) 42066

Düsseldorf

Bundesverband Kunststoff- und Schwergewebekonfektion
Worringer Straße 99
4000 Düsseldorf
Tel. (011) 362696

Emsdetten

Agm. Grobgarn-Industrie in der Bundesrepublik Deutschland
Weststraße 49
4407 Emsdetten
Tel. (02572) 6056

Frankfurt

Industrievereinigung Chemiefaser
Karlstraße 21
6000 Frankfurt/M. 1
Tel. (069) 234121

Industrieverband Garne (Natur- und Chemiefasergarne)
Schaumainkai 87
6000 Frankfurt/M. 70
Tel. (069) 6313055

Industrieverband Gewebe aus Baumwolle und anderen Fasern
Schaumainkai 87
6000 Frankfurt/M. 70
Tel. (069) 6313026

Verein Deutscher Handarbeitsgarn-Fabrikanten
Schaumainkai 87
6000 Frankfurt/M. 70
Tel. (069) 632936

Verein Deutscher Kammgarnspinner
Schaumainkai 87
6000 Frankfurt/M. 70
Tel. (069) 6313055

Gesamtverband der deutschen Textilveredlungsindustrie
Schaumainkai 91
6000 Frankfurt/M. 70
Tel. (069) 63302–0

Verband der Wollfilzfabriken
Schaumainkai 87
6000 Frankfurt/M. 70
Tel. (069) 632936

Hannover

Fachverband der Schlauchwebereien
Rumannstraße 10
3000 Hannover
Tel. (0511) 344444

Hof (Saale)

Verband der Nordbayerischen Textilindustrie
Blücherstraße 4
8670 Hof/Saale
Tel. (09281) 9954/55

Köln

Verband der Deutschen Tuch- und Kleiderstoffindustrie
Hauptstraße 71
5000 Köln 50
Tel. (0221) 392096/97

Krefeld

Verband der Nordrheinischen Textilindustrie
von-Beckerath-Straße 11
4150 Krefeld
Tel. (02151) 1731–1738

Industrieverband deutscher Bandweber und Flechter
von-Beckerath-Straße 11
4150 Krefeld
Tel. (02151) 63260

Verband der Deutschen
Seiden- und
Samtindustrie
von-Beckerath-Straße 11
4150 Krefeld
Tel. (02151) 63260

Mönchengladbach

Verband der niederrheinischen Textilindustrie
Adenauerplatz 5
4050 Mönchengladbach
Tel. (02161) 26072

Mörfelden-Walldorf

Agm. Deutscher
Filztuchfabriken
Nordendstraße 68
6082 Mörfelden-Walldorf 2
Tel. (06105) 7949

München

Verband der Südbayerischen Textilindustrie
Gewürzmühlstr. 5
8000 München 22
Tel. (089) 292545

Münster

Verband der Nord-Westdeutschen Textilindustrie
Moltkestraße 19
4400 Münster
Tel. (0251) 5230314

Neustadt

Landesverband der Textilindustrie von Hessen u. Rheinland-Pfalz
Friedrich-Ebert-Straße 11/13
6730 Neustadt 1
Tel. (06321) 852–0

Nürtingen

Gesamtverband Baumwollstrickgarn-Industrie
Postfach 269
7440 Nürtingen-Neckarhs.
Tel. (07022) 5821

Stuttgart

Verband der Baden-Württembergischen
Textilindustrie
Kernerstraße 59
7000 Stuttgart 1
Tel. (0711) 240858/59

Gesamtverband der
Deutschen
Maschen-Industrie
Olgastraße 77
7000 Stuttgart 1
Tel. (0711) 21031–0

Wiesbaden

BVM-Bundesvereinigung
Verbandmittel und
Medicalprodukte
Viktoriastraße 45
6200 Wiesbaden
Tel. (06121) 307088

Industrieverband
Reißspinnstoffe,
textiles Reinigungs- und
Poliermaterial
Viktoriastraße 45
6200 Wiesbaden
Tel. (06121) 307088

Industrieverband
Vliesstoffe
Viktoriastraße 45
6200 Wiesbaden
Tel. (06121) 307088

Verband der
Nähfadenindustrie
Kappesgarten 13
6200 Wiesbaden-Bierstadt
Tel. (06121) 502508

Industrieverband
Tauwerk und
Technische Garne
Kappesgarten 13
6200 Wiesbaden-Bierstadt
Tel. (06121) 502508

Wuppertal

Arbeitgeberverband der
rechtsrheinischen
Textilindustrie
Wettinerstraße 11
5600 Wuppertal 2
Tel. (0202) 593005

Verband der Deutschen
Heimtextilien-Industrie
Hans-Böckler-Straße 205
5600 Wuppertal-Elberfeld 1
Tel. (0202) 750035–37

Branch. ass.

Fachverband Berufs- und Sportbekleidungsindustrie e. V.
Gf: Peschen
Kaiserstraße 133,
4050 Mönchengladbach

Verband der Damenoberbekleidungsindustrie e. V.
HGf: Volker Hartmann
Mevissenstraße 15,
5000 Köln 1

Verband der Herrenbekleidungsindustrie e. V.
HGf: G. F. H. Rasch
Gf: Roman Schubert
President:
Friedrich W. Brinkmann
Mevissenstraße 15,
5000 Köln 1

Fachverband Damenhut e. V.
Gf: Bundesverband Bekleidungsindustrie e. V.
Mevissenstraße 15,
5000 Köln 1

Fachverband Krawatten- und Schalindustrie
Gf: Dr. Peter Frohn
Ostwall 227,
4150 Krefeld 1

Verband der Deutschen Lederbekleidungsindustrie
Gf: Wolfgang Eckstein
«Haus der Textil- und Bekleidungsindustrie»
Gewürzmühlstraße 5/III,
8000 München 22

Verband Mieder- und Badebekleidung e. V.
Gf: n. n.
Mevissenstraße 15,
5000 Köln 1

Fachverband Mütze e. V.
Gf: Bundesverband Bekleidungsindustrie e. V.
Mevissenstraße 15,
5000 Köln 1

Verband der Deutschen Rauchwaren- und Pelzwirtschaft e. V. HGf:
Walter Langenberger
Düsseldorfer Straße 1/7 III,
6000 Frankfurt/M.

Industrie-Verband Wäsche und Hausbekleidung
Gf: Wolfgang Kröger
Detmolder Straße 12,
4800 Bielefeld 1

Arbeitskreis Dienstbekleidung im HAKA-Verband
Gf: Roman Schubert
Mevissenstraße 15,
5000 Köln 1

Reg. Ass.

Arbeitgeberverband der Bekleidungsindustrie Aschaffenburg u. Unterfranken e. V.
Gf: Thomas Rittger
Ludwigstraße 11,
8750 Aschaffenburg

Landesverband der Bekleidungsindustrie für Baden e. V.
Gf: RA Karl Hauer
Lotzbeckstraße 14,
7630 Lahr/Schwarzwald

Verband der Bayerischen Bekleidungsindustrie e. V.
HGf: Wolfgang Eckstein
Gf: Jörg Ackert
Gewürzmühlstraße 5,
8000 München 22

Verband der Berliner Bekleidungsindustrie e. V.
HGf: Volker Hartmann
Gf: Wolfgang Schmidt
Wichmannstraße 20,
1000 Berlin 30

Verband der Bekleidungsindustrie Hessen e. V. Gf:
RA Ernst Rudolf Völger
Hugenottenallee 31,
6078 Neu-Isenburg

Unternehmerschaft Bekleidungsindustrie Niederrhein
Gf: Dr. Peter Frohn,
Dr. Hans-Günter Fix
Ostwall 227,
4150 Krefeld 1

Gesamtvereinigung Bekleidungsindustrie Niedersachsen und Bremen e. V.
GF:
Jürgen von Teichmann
Bahnhofstraße 14,
2900 Oldenburg

Wirtschaftsvereinigung Bekleidungsindustrie Nordrhein e. V.
Gf: Friedrich Peschen
Ostwall 227,
4150 Krefeld 1

Verband der Nord-Westdeutschen Bekleidungsindustrie e. V.
HGf: RA Jörg Bühler
Gf: RA Evelyn Kiso,
Wolfgang Kröger
Detmolder Straße 12,
4800 Bielefeld

Landesverband der Bekleidungsindustrie Rheinland-Pfalz
Gf: Dr. Alfred Hirt
Friedrich-Ebert-Straße 11/13

6730 Neustadt / Weinstraße

Verband der Südwestdeutschen Bekleidungsindustrie e. V.
Gf: Ass. Thomas Huhn
Rößlinweg 4,
7000 Stuttgart 1

Research

Bekleidungsphysiologisches Institut Hohenstein e. V., Schloß Hohenstein
7124 Bönnigheim

Deutsches Mode-Institut e. V.
Flughafen / Durchgangsstraße 120
4000 Düsseldorf 30

Bekleidungstechnisches Institut e. V.
Kaiserstraße 133
4050 Mönchengladbach

Deutsches Institut für Herrenmode
Messeplatz 1,
5000 Köln 21

Forschungsgemeinschaft Bekleidungsindustrie e. V.
Mevissenstraße 15,
5000 Köln

Forschungsinstitut Hohenstein
Schloß Hohenstein,
7124 Bönnigheim

Institut für Bekleidungsmaschinen e. V.
Ringstraße 21,
5100 Aachen-Brand

Bundesanstalt für Materialprüfung
Unter den Eichen 87,
1000 Berlin 45

Messen

«Berliner Durchreise – International Fashion Fair»
«Berliner Mode-Tage»
Berliner Mode-Messe-Gesellschaft mbH
Marburger Straße 3,
1000 Berlin 30

«Münchner Mode-Woche»
Mode-Woche München GmbH
Theresienhöhe 15,
8000 München 12

«IGEDO»
Internationale Modemesse GmbH
Danziger Straße 101,
4000 Düsseldorf 30

«Interstoff»
Messe Frankfurt GmbH
Ludwig-Erhard-Anlage 1
6000 Frankfurt am Main 1

«Internationale Herrenmodewoche»
«Internationale Messe für Bekleidungsmaschinen»
«Internationale Messe für Jugend und Kind»
Interjeans
Messe und Ausstellungs-Ges. mbH Köln
Messeplatz,
5000 Köln 21 (Deutz)

Als Informationsquelle wurden folgende Veröffentlichungen genutzt:

Blätter zur Berufskunde, Eine Dokumentation der Bundesanstalt für Arbeit, W. Bertelsmann Verlag KG, Bielefeld 1988

Einstieg für Aufsteiger, Qualifizierende Fortbildung in der Textilindustrie, Hrsg. Gesamttextil, Frankfurt / M. 1988

Klarer Kurs, Informationen über Berufe in der Textilindustrie, Hrsg. Gesamttextil, Frankfurt / M. 1987

(Angaben ohne Gewähr)

XII Anhang

Literatur- und Quellenverzeichnis

‹Mode zum Lesen› – eine Auswahl

Apel, Friedmar: Angezogen – ausgezogen. Bilder und Texte zum inszenierten Leben.
1984 by Quadriga Verlag, J. Severin, Berlin

Barthes, Roland
Die Sprache der Mode
edition suhrkamp, 1985 Ffm.

Bergmann, Simone
Make-up. Fotomodelle erzählen aus ihrem Leben
Otto Maier Verlag Ravensburg, 1981

Boehn, Max von: Die Mode.
1963, Bruckmann Verlag KG, München

Bovenschen, Silvia (Hg.): Die Listen der Mode
Suhrkamp Verlag, Frankfurt am Main, 1986

König, René: Menschheit auf dem Laufsteg. Die Mode im Zivilisationsprozeß.
1985, Hanser Verlag, München.

Loschek, Ingrid: Reclams Mode- und Kostümlexikon.
1988, Philipp Reclam
«Mode und Opposition» aus: ‹Die zweite Haut›, Elefanten Press Berlin, 1987

Münchener Stadtmuseum (Hg.): Anziehungskräfte. Varieté de la mode 1786–1986.
1986 by Stadt München, Ausstellungskatalog

Riederer, Marietta: Wie Mode Mode wird.
1962. F. Bruckmann KG, München

Sommer, Carlo & Wind, Thomas: Mode. Die Hüllen des Ich. 1988, Psychologie Heute, Beltz, Weinheim im Taunus.

Wilson, Elisabeth: In Träume gehüllt
1989, Ernst Kabel Verlag, Hamburg

Autorenverzeichnis

Friedmar Apel, lebt in Berlin

Katja Aschke, 1936 in Hanau / Main geboren, lebt als freie Publizistin in Berlin. Zahlreiche Fernsehdokumentationen wie ‹Junge Spinner, alte Knacker›, ‹Christiane F.›, ‹Mode – made in Germany› Buchveröffentlichungen: ‹Was geh'n mich alte Leute an?› Beltz Verlag, Weinheim 1984, Hg.: Kleider machen viele Leute. Mode machen, aber wie? Rowohlt Taschenbuchverlag, Reinbek 1989.

Carl Heinz Bauer, 1924 in Düsseldorf geb., 1951 als erster Modezeichner nach dem Krieg beim «Chambre Syndical de la Haute Couture Paris» akkreditiert. Zahlreiche Zeichnungen und Reportagen in Fach- und Publikumszeitschriften, sowie Konzeptionen und Kostümentwürfe für Theater und Textil-Firmen. Seit 1971 Professur für Graphik-Modedesign an der Fachhochschule Aachen.

Simone Bergmann, Journalistin, lebt in Hamburg.

Lothar Cromm, 1927 in Frankfurt am Main geboren. Seit 1964 als Textilfachjournalist tätig. Von 1969 bis 1976 Chefredakteur der «Textil-Mitteilungen». Seit 1976 als Chefkorrespondent und Ressortleiter Industrie bei der Fachzeitschrift «Textil-Wirtschaft» in Frankfurt tätig. Veröffentlichungen: ‹PLV-Passiver Lohnveredlungsverkehr›, DFV-Verlag, Frankfurt am Main.

Walter Ferner, 1933 in Dillingen an der Saar geboren. Nach kaufmännischer Lehre und Abitur Studium der Wirtschaftswissenschaften an der Universität Saarbrükken. Dort bis 1965 Assistent am Institut für Industriebetriebslehre. Nach Promotion Eintritt in die Firmengruppe Vorwerk in Wuppertal. Nach Leitung der Unternehmensplanung von 1968–75 Geschäftsführer mehrerer Tochtergesellschaften. Seit 1976 Vorsitzender des Vorstands der NINO AG in Nordhorn.

Alice Franck, 1960 in Aachen geb., lebt als Journalistin und Lektorin in Berlin. Arbeitete im Ressort Kultur für Zeitung, Funk und Fernsehen, produzierte 1985 im Rahmen des Festivals der Weltkulturen HORIZONTE ein Literaturprogramm über asiatische Literatur sowie das Literaturprogramm der 750-JAHR-FEIER Berlins für die Berliner Festspiele GmbH. Von 1986 bis 1989 Herausgeberin der Rowohlt Taschenbuchreihe ‹panther›. Veröffentlichungen: Hg., Klaus Hoffmann, Wenn ich sing' (1986, rororo 5754); gemeinsam mit Christoph Klimke (Hg.), Ciao, Italien! Ein Land auf den zweiten Blick (1988, panther 12368); Hg., 30 unter 40. Junge Autoren von heute – die Besten von morgen (1988, panther 12279), gemeinsam mit Guntram Vesper (Hg.), C'est la vie. Impressionen – Frankreich en passant, (Hg.) Back to the USA. Amerika-Bilder. (1989 panther)

Manfred Görgemanns, 1944 bei Düsseldorf geb. 1968 Abschluß der Akademie für Textilwesen in Aachen. Von 1968–76 Arbeit als Dessinateur in der Wollindustrie. 1976 Einstieg bei der ABRAHAM AG in Zürich als Dessinateur. Seit 1982 Direktor der Kreation und seit 1988 Mitteilhaber der Firma.

Monika Graef-Rudolf, 1940 in Berlin geb. Nach Studium an der FU arbeitete sie fünfzehn Jahre lang als Redakteurin (Jugend- und Frauenseite) beim Berliner TAGESSPIEGEL. Seit 1984 in der Berliner Redaktion der Textil-Wirtschaft tätig. Mitarbeit an verschiedenen Buchveröffentlichungen.

Gerd Hartung, 1913 in Berlin geb. Als Modegraphiker, -designer und -journalist tätig. Bis 1945 Kollektionen für Firmen der Berliner Modegesellschaft, nach 1945 Industriekollektionen. Zahlreiche Veröffentlichungen in Kultur-, Mode- und Fachzeitschriften. Ausstellungen in Berlin, Hamburg und Venedig. Seit 1983 Lehrauftrag am Lette-Verein / Berlin und seit 1986 ebenfalls an der Hochschule der Künste / Berlin.

Gabriele Honnef-Harling, geb. 1948 in Nordwalde / Westfalen; arbeitet als Kunstkritikerin und organisiert Ausstellungen; sie lebt in Bonn.

Klaus Honnef, geb. 1939 in Tilsit; Professor für Theorie der Fotografie an der Universität Kassel; Leiter der Abteilung Wechselausstellung des Rheinischen Landesmuseums Bonn; lebt in Bonn.

Ellen Jordan-Hellmuthhäuser, geb. 1940 in Erlau / Thüringen. Nach Ausbildung als Damenschneiderin Tätigkeit als Modegestalterin und Entwerferin in der DOB. Seit 1968 Dozentin an der Hochschule der Bildenden Künste / Berlin. Dort seit 1973 Professorin.

Klaus Kahle, geb. 1945 in Bückeburg. Nach Abitur Studium an der Ingenieurschule für Textilwesen in Aachen. Von 1969–73 Dessinateur in einer Tuchfabrik. Von 1973–83 Produktmanager für Garn / Stoffentwicklung beim Internationalen Wollsekretariat in Düsseldorf. Von 1983–84 Produktmanager DOB bei Lodenfrey in München. Seit 1984 Einkaufsleiter für den Stoffbereich bei ESCADA in München.
Veröffentlichungen: Wollsiegel-Stofflexikon für das INTERNATIONALE WOLLSEKRETARIAT

Gerhard Kromick (Arbeitssignet KIM), 1930 in Berlin geb. Von 1947–51 Ausbildung zum Mode-Presse-Illustrator. 1961 Übergang zur Modefotografie. Seit 1978 Lehrtätigkeit an verschiedenen Fächern des Modezeichnens an der Berufsfachschule für Fotografie, Graphik und Mode im Lette-Verein Berlin.

Ingrid Loschek, 1950 in München geb.. Studium der Theaterwissenschaft und Kostümkunde in Wien, London und Manchester. Lebt als freie Publizistin und Dozentin an Fachhochschulen für Gestaltung und Instituten für Kunstgeschichte in München.

Joachim Mittmann, geb. 1935 in Lodz. Nach Studium der Textiltechnik in Aachen, mehrjährige Tätigkeit als Dessinateur in den Betrieben der Wollindustrie. Lehrtätigkeit an der Fachhochschule Aachen. 1979 Wechsel zur Fachhochschule Niederrhein. Heute dort Professor im Fachbereich Textil- und Bekleidungstechnik.

Eleonore Müller-Stindl, in der CSSR geb. Nach dem Abitur journalistische Ausbildung in einer großen Wort / Bildagentur. Betreute drei Jahre die SPIEGEL-Dokumentation, Bereich Ausland. Wechselte zur Mode über und war für Schnitt-Modehefte zuständig. Baute ab Herbst 1958 die Damenmode-Redaktion bei der Fachzeitung «Textil-Wirtschaft» auf, wo sie bis Ende 1984 Ressort-Chefin für Damen-Mode und Stoffe war. Führt seit 1987 für die Textil-Wirtschaft Sonderaufgaben mit Schwerpunkt Stoffe und branchenübergreifende Themen durch und berichtet für Zeitschriften und SAT 1 über internationale Mode.

Christian Pfannenschmidt, geb. 1953 in Hamburg. Dort als freier Journalist und Buchautor nach Abschluß der Henri Nannen Schule tätig. Vier Jahre Reporter beim Zeit-Magazin. Seit 1989 in der Chefredaktion der Zeitschrift ‹VIVA›.
Eugen Rapp, 1944 in Brannenburg am Inn geboren, 1973 Diplom der Akademie der Bildenden Künste in Wien. Seit 1983 Verleger und Chefredakteur des kritischen Informationsdienstes KLAR-TEXT.

Marietta Riederer, in München geb., begann für die ‹Frankfurter Zeitung› als Modezeichnerin in Paris, wurde dann Mitarbeiterin der ‹Dame›, der ‹Neuen Linie› und ‹Vossischen Zeitung› in Berlin. Lehrte in München an der Meisterschule für Mode. Zeichnete und schrieb bis zu ihrem Tod 1986 für die ‹Frankfurter Allgemeine Zeitung› u. a.

Maggie Riepl, Jahrgang 1952, in Hamburg geboren und aufgewachsen. Nach dem Studium der Germanistik und Geschichte Volontariat bei Bild-Berlin. 1980–86 Redakteurin bei der Berliner Morgenpost in verschiedenen Ressorts (Ratgeber, Lokales, Mode). Arbeitet in Berlin seit 1986 als freie Publizistin.

Malwi Schmitt, lebt und arbeitet in Berlin.

Carlo Michael Sommer, Jg. 1955 lebt und arbeitet als Soziologe in Mannheim. Zahlreiche Einzelveröffentlichungen und Fernsehbeiträge zum Thema Mode. Veröffentlichungen: «Menschen, Stile, Kreationen. Ein Streifzug durch die verwirrende Welt der Jugendstile›. Ullstein Verlag, Berlin 1986.
‹Mode. Die Hüllen des Ich›. Beltz Verlag Weinheim 1988.

Gretel Wagner, Jg. 1925, Studium der Archäologie, Kunstgeschichte und Germanistik in Greifswald, Kiel und Berlin. Seit 1956 an der Lipperheideschen Kostümbibliothek in Berlin. Mitarbeit an zahlreichen Ausstellungen.

Uwe Westphal, 1951 geb., Studium an der HDK Berlin. Arbeitet als freier Journalist in Berlin und London für verschiedene Zeitungen und den Rundfunk.
Veröffentlichungen: ‹Berliner Konfektion und Mode. Die Zerstörung einer Tradition›. Berlin 1986
Werbung im Dritten Reich, Berlin 1989

Regina Willnecker, 1948 in Bielefeld geb. Nach Gymnasium Schneiderlehre in der Industrie, abgeschlossenes Fachhochschulstudium im Fachbereich Mode-design. Volontariat als Journalistin bei der Tageszeitung. Später Mitarbeit bei Fachzeitschriften, Illustrierten, Frauenzeitschriften und Boulevard-Blättern. Seit 1982 freie Journalistin mit ausgewiesenem Fachgebiet Mode / Textil.

Thomas Wind, Jg. 1949, lebt und arbeitet als Soziologe in Mannheim. Veröffentlichte zahlreiche Einzelveröffentlichungen und Fernsehbeiträge zum Thema Mode.
Veröffentlichungen: Menschen, Stile, Kreationen. Ein Streifzug durch die verwirrende Welt der Jugendstile. Ullstein Verlag, Berlin 1986

Claudia Winkelmann, 1947 in Berlin geb. Studium ‹Modedesign› am Lette-Verein / Berlin. 1967 Verlagsvolontariat bei Wiesbadener Kleinverlag. Seit 1969 Arbeit für die Textil-Fachpresse. Seit 1980 Leitung des Ressorts ‹Mode› bei der TEXTIL-WIRTSCHAFT in Frankfurt am Main.

Frauen und Beruf

Dorothea Assig
Mut gehört dazu
Informationen für Frauen, die beruflich selbständig sind oder werden wollen (8343)

Margaret Henning/Anne Jardim
Frau und Karriere
Erwartungen, Vorstellungen, Verhaltensweisen (8376)

Marlene Kück (Hg.)
Der unwiderstehliche Charme des Geldes
Vom Umgang mit Geld aus der Sicht der Frauen (8506)

Ruth Markel
Karriere ist weiblich
Wegweiser für Frauen in ein erfolgreiches Berufsleben (8501) Juli '89

Evelyn Schultz-Medow
Nehmen Sie kein Blatt vor den Mund
Ein Rede-Kurs für Frauen (8433)

Brigitta Wistrand
Dies ist mein Leben
Persönliche Selbstentfaltung und beruflicher Erfolg (8337)

SACHBUCH rororo

C 2355/1

Berufsratgeber

Kurt Weichler

Arbeitsfeld Computer
Der Schlüssel zu den Computerberufen
(8702)

Arbeitsfeld Umwelt
Der Schlüssel zu den naturnahen
Berufen (8701)

Arbeitsfeld Gesundheit
Der Schlüssel zu den medizinischen
Berufen (8704)

Arbeitsfeld Kultur
Der Schlüssel zu den kreativen Berufen
(8705)

Arbeitsfeld Wirtschaft
Der Schlüssel zu den kaufmännischen
Berufen (9707)

Arbeitsfeld Technik
Der Schlüssel zu den Ingenieurberufen
(8708)

rororo sachbuch
8703

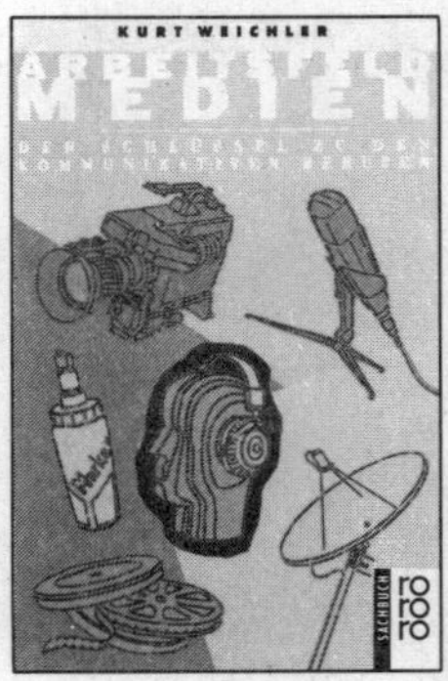

rororo sachbuch
8706

rororo SACHBUCH

C 2333/3